집단-격자 문화이론과
정부·행정의 분석

도서출판 윤성사 212
집단–격자 문화이론과 정부·행정의 분석

제1판 제1쇄 2024년 1월 2일

지 은 이   주재현
펴 낸 이   정재훈
꾸 민 이   (주)디자인뜰

펴 낸 곳   도서출판 윤성사
주   소   우_04317 서울특별시 용산구 효창원로 64길 10 백오빌딩 지하 1층
전   화   대표번호_02)313-3814 / 영업부_02)313-3813 / 팩스_02)313-3812
전 자 우 편   yspublish@daum.net
등   록   2017. 1. 23

ISBN 979-11-93058-15-2 (93350)
값 18,000원

ⓒ 주재현, 2024

지은이와의 협의에 따라 인지를 생략합니다.

이 책의 전부 또는 일부 내용을 재사용하려면 반드시 사전에 저작권자와
도서출판 윤성사의 동의를 받아야 합니다.

잘못 만들어진 책은 구입하신 서점에서 교환 가능합니다.

집단-격자 문화이론과 정부·행정의 분석

주재현

A Cultural Analysis of Government and Administration :
Applying Grid-Group Cultural Theory

머리말

INTRODUCTION

　집단-격자 문화이론(Grid-Group Cultural Theory)은 문화인류학자인 더글라스(M. Douglas)가 창안하고, 윌다브스키(A. Wildavsky)와 그의 동료들에 의해 사회연구에 전파된 분석 틀이다. 행정학과 정책학 분야에서는 1980년대와 1990년대 들어 윌다브스키와 후드(C. Hood) 등이 집단-격자 문화이론(이하 문화이론)을 적용한 선구적인 연구를 수행했고, 이후 점차 행정 및 정책 현상 연구에 적용이 확대되고 있다. 우리나라에서도 2000년대 이후 문화이론을 적용한 행정 및 정책연구가 나타났지만, 그 주제와 범위는 아직 제한적이다. 이 책은 문화이론에 대한 이론적 논의와 이론을 적용해서 행정·정부·정책 현상을 분석한 내용을 소개함으로써 문화이론의 확산에 기여하려는 의도로 작성되었다.

　문화이론은 격자(grid)와 집단(group)이라는 두 축을 기준으로 개인주의(individualism), 계층주의(hierarchy), 평등주의(egalitarianism), 운명주의(fatalism)의 네 문화 형태를 제시한다. 이러한 다수의 문화 형태는 문화의 변동과 관련하여 고전적 정치문화 이론의 한계인 단선적인 변화의 방향성(즉, 전통문화로부터 근대문화로)을 회피할 수 있어 서구중심적 편견에서 벗어날 수 있는 논리적 근거를 제공한다. 또한 문화이론은 개인과 조직, 사회 등 다양한 분석수준을 포괄할 수 있어, 행정 조직문화에 관한 기존 이론이 지니는 한계를 넘어 정부 조직 내뿐만 아니라 조직 외부에서도 행해지고 있는 행정 및 정책 관련 행위를 적절하게 포괄할 수 있는 장점을 지닌다. 이처럼 집단-격자 문화이론은 기존 정치문화 이론 및 행정 조직문화 이론의 한계를 넘어서는 장점을 지니고 있다.

　문화이론에서 문화는 정신적·비물질적 측면으로서의 삶의 양식으로 이해된다. 이러한 문화는 사회 내 갈등·권력관계·불평등 등의 지속 및 변화와 관련이 있으며, 미시·거시적 차원에서 사회에 영향을 주고, 사람들의 행동 방식 형성과 깊이 관련되어 있다. 따라서 이러한 문화 개념은 정부·행정, 그리고 정책의 분석과 밀접한 연관성을 지닌다.

　이하에서 순차적으로 드러나는 바와 같이 문화이론에서 제시된 문화 형태들은 이미 행정의 분석에서 널리 받아들여지고 있는 주요 개념(계층제, 감시·감독, 통합, 순종

머리말

집단-격자 문화이론과 정부·행정의 분석

INTROD

[loyalty]; 시장, 경쟁, 이탈[exit]; 네트워크, 참여, 협력, 설득[voice] 등)이나 정부 운영의 이념(보수적 조합주의, 자유주의, 사회민주주의 등)과 정합성이 높음을 알 수 있다. 이는 정부 운영이나 행정 현상 또한 사회적 현상의 하나로서 문화이론을 구성하는 주요 개념으로 적절하게 파악될 수 있음을 의미한다. 이 책은 이미 존재하고 있던 이러한 정합성을 명시적으로 드러내서 정리하려는 노력으로 이해될 수 있다.

문화이론에서 제시하는 문화 개념은 행정 및 정책 현상의 설명변수로 사용되거나 현상 이해를 위한 유형론의 근거로 사용될 수 있다. 이 책은 후자, 즉 행정 현상의 분석과 이해를 위해 문화의 유형론을 활용하는 접근에 더 큰 비중을 둔다. 따라서 이론적 논의와 현상 분석의 대부분은 행정 현상의 유형 파악과 관련된 내용 위주로 구성되며, 현상 설명을 위한 설명변수로서의 문화 개념 활용은 책의 후반부에서 부분적으로 제시된다.

이 책은 그간 저자가 행정·정부·정책 현상에 대해 문화이론을 직접 적용해서 분석한 연구, 이미 출간된 논문 중 문화이론을 적용해서 재해석한 연구, 그리고 출간을 위해 새로 작성한 원고를 모아 수정 및 업데이트하고 체계적으로 정리한 내용으로 구성되어 있다.

이 책의 1장은 집단-격자 문화이론에 대한 이론적 논의를 정리하고 전달함으로써 문화이론에 대한 독자의 이해를 돕는다. 특히 문화이론이 행정·정부·정책 현상을 이해하기 위한 지적 수단이 될 수 있음을 보이는데 주된 관심을 둔다.

이어서 1부는 행정 현상과 관련된 주제(행정문화, 행정개혁과 행정통제, 공공서비스의 중복 해소 노력, 공무원의 책임성 갈등)를 대상으로 문화이론을 적용하여 분석한 성과를 소개한다. 이 과정에서 한국의 행정문화, 노무현 정부의 인사행정개혁 사례, 이명박·박근혜 정부의 방과 후 돌봄서비스 사례, 사회복지전담공무원의 책임성 갈등 인식과 대응 등이 분석의 소재로 사용된다. 위에서 언급했던 대로 1부에서 다룬 주제들은 행정 현상의 분석과 이해를 위해 문화의 유형론을 활용하는 접근에 해당한다.

2부는 정부와 정책의 분석과 관련된 주제(거버넌스 체제의 형태, 복지국가의 유형, 정책 형성 설명)를 대상으로 문화이론을 적용한 성과를 소개한다. 여기서는 영국 행정개혁 사

A Cultural Analysis of Government and Administration :
Applying Grid-Group Cultural Theory

례, 복지국가 유형의 설명, 국민기초생활보장제도의 채택 설명 등이 분석의 소재로 사용된다. 이 중 거버넌스 체제의 형태는 문화의 유형론을 활용하는 접근에 해당하지만, 복지국가의 유형과 국민기초생활보장제도의 채택 사례는 현상 설명을 위한 변수로써 문화 개념을 활용하는 접근에 해당한다.

마지막으로 에필로그는 우리나라 근현대사의 전개과정에서 나타났던 사회와 문화의 변동에 대해 문화이론을 적용해서 거시적이고 탐색적인 수준에서 논의했다. 한국 사회의 변동이 문화이론에서 제시된 네 가지 문화 형태의 변화에 견주어서 이해될 수 있음을 서술했으며, 이러한 사회와 문화의 변화가 우리 정부와 행정의 운용, 그리고 정책의 채택을 이해하는 토대가 될 수 있음을 함축하고자 했다.

책 내용의 정리와 편집과정에서 집단-격자 문화이론이 반복 서술되는 것을 피하고자 1부와 2부의 분석내용을 전달하는 과정에서 문화이론에 해당되는 부분은 생략하고자 했으나, 논리적인 전개를 위해 1장(이론적 논의)의 내용과 일부 중복 서술이 불가피했음을 밝힌다. 또한 책 내용 중 제4장(공공서비스 중복에 대한 대응: 이명박·박근혜 정부 방과 후 돌봄서비스 사례분석)의 공동저자(신동석) 및 제5장(공무원 책임성 갈등: 사회복지전담공무원의 갈등 인식과 대응 분석)의 공동저자(한승주, 임지혜)는 해당 논문이 이 책에 포함되는 것을 양해해 주었다. 공동 저자분들의 호의에 감사를 표한다. 여러 가지 어려움에도 불구하고 선뜻 출판을 결정하신 윤성사의 정재훈 사장님과 출간에 애써 주신 직원 여러분께 감사의 말씀을 전한다. 늘 저자의 곁에서 힘이 되어주는 아내 오현숙에게 감사와 사랑의 마음을 전하며, 지난 6월에 새 가정을 일군 영하와 나경에게 늘 행복과 행운이 함께 하길 기원한다.

2023년 12월
명지대학교 행정학과 교수
주재현

목차

집단-격자 문화이론과 **정부 · 행정의 분석**

머리말 / 5

| 제1장 | 집단-격자 문화이론의 이해와 적용: 이론적 논의 · · · · · · · · · · · · · · · · 17

   1. 문화 개념과 행정 · 정책의 연구 / 17
   2. 집단-격자 문화이론 / 22
      1) 문화와 문화의 형태 / 22
      2) 문화와 선호 형성 / 26
   3. 문화이론의 적용 / 29
      1) 공공조직의 관리와 운영방식 / 30
      2) 관료제 통제기제 / 36
      3) 공공서비스 중복 대응 방안 / 40
      4) 행정 공무원의 책임성 갈등 대응 전략 / 45
      5) 거버넌스 체제의 형태와 행정개혁 모형 / 48
      6) 복지국가의 형태와 복지 선호도 / 54

제1부 행정의 분석   66

| 제2장 | 한국 행정문화 · 67

   1. 서론 / 67

2. 연구접근법 / 70
3. 한국 행정문화 분석 / 74
　　1) 한국행정연구원 인식조사의 조사설계 개요 / 74
　　2) 공무원 승진 결정요인에 대한 공무원 인식조사 결과의 비교 / 76
　　3) 공무원과 시민 인식조사 결과의 문화이론적 분석 / 79
4. 결론: 한국 행정문화의 지속과 변화 / 88

| 제3장 | 행정개혁과 행정통제: 노무현 정부의 인사행정개혁 사례분석 ········ 92

1. 서론 / 92
2. 선행연구 검토 및 분석 틀의 제시 / 95
　　1) 공공기관 통제의 유형론 / 95
　　2) 연구 분석 틀: 후드의 통제 유형론 / 97
3. 노무현 정부 행정개혁의 정향 및 분석 대상의 선정 / 98
　　1) 노무현 정부 행정개혁의 정향: 신공공관리, 뉴거버넌스,
　　　　관료제 통제기제 / 98
　　2) 분석 대상 개혁과제의 선정 / 99
4. 노무현 정부 인사행정개혁의 관료제 통제기제 분석 / 101
　　1) 국가 인사기능의 통합과 인사자율권 확대 / 101
　　2) 사회 형평적 인재 등용 / 103
　　3) 고위공무원단제도의 도입·시행 / 105
　　4) 성과관리 강화 / 108
　　5) 공무원 노동조합 합법화 / 110
　　6) 총액인건비제도 / 111

5. 결론 / 113

**|제4장| 공공서비스 중복에 대한 대응:
이명박·박근혜 정부 방과 후 돌봄서비스 사례분석** ·················· 121

1. 서론 / 121
2. 방과 후 돌봄서비스: 세 중앙행정기관 제도의 내용과 중복 현황 / 124
   1) 방과 후 학교: 교육부 / 125
   2) 지역아동센터: 보건복지부 / 127
   3) 청소년 방과 후 아카데미: 여성가족부 / 129
   4) 방과 후 돌봄서비스의 중복 / 132
3. 방과 후 돌봄서비스 관련 제도변화 분석 / 134
   1) 보건복지가족부 중심의 통합 시도: 부분 통합과 중복 / 134
   2) 교육부 중심의 협업 추진과 변화: 통합과 협력 / 136
4. 결론: 요약 및 토론 / 139

|제5장| 공무원 책임성 갈등: 사회복지전담공무원의 갈등 인식과 대응 분석 ··· 144

1. 서론 / 144
2. 공무원의 책임성 갈등과 삶의 양식 / 146
   1) 공무원의 책임성 갈등 / 146
   2) 삶의 양식과 책임성 갈등의 인식 및 대응 / 149

3. 연구 방법 / 153
　　1) 조사 대상 및 방법 / 153
　　2) 조사 내용 / 155
4. 사회복지전담공무원의 삶의 양식과 책임성 갈등 대응 분석 / 158
　　1) 사회복지전담공무원의 삶의 양식 / 158
　　2) 삶의 양식과 대응 전략의 차이 / 160
　　3) 삶의 양식과 책임성 갈등 인식 차이 / 162
　　4) 책임성 갈등 상황별 대응 전략의 차이 / 164
5. 결론 / 167

제2부 정부와 정책의 분석　　173

| 제6장 | 거버넌스 체제의 형태: 영국 행정개혁 사례분석 ·················· 174

1. 서론 / 174
2. 영국 행정개혁 사례의 분석 / 177
　　1) 신공공관리 행정개혁: 의무경쟁입찰제도 / 177
　　2) 뉴거버넌스 행정개혁: 연계형 정부 / 182
3. 거버넌스 체제 혼합 현상에 대한 토론 / 188
4. 결론 / 191

| 제7장 | 복지국가의 유형 · 196

　1. 서론 / 196
　2. 사회복지제도의 편차에 대한 문화이론적 설명 / 198
　　　1) 기본욕구, 사회적 위험, 그리고 사회복지 / 198
　　　2) 문화 형태별 사회복지의 발전 가능성과 형태 / 200
　3. 복지국가의 유형과 문화적 차이 / 203
　4. 결론 / 208

| 제8장 | 정책형성: 국민기초생활보장제도 사례분석 · · · · · · · · · · · · · · 212

　1. 서론 / 212
　2. 이론적 논의 / 214
　　　1) 정책변동 설명요인접근 / 215
　　　2) 기존 비교사례연구 검토: 문화요인의 설명력 / 216
　　　3) 삶의 양식과 선호 형성 / 218
　　　4) 삶의 양식별 사회복지제도 및 선호의 차이 / 220
　3. 국민기초생활보장제도 정책형성과정 분석 / 223
　　　1) 정책채택 설명 / 223
　　　2) 복지 선호도와 문화 분석 / 229
　4. 결론 / 238

에필로그 근현대 한국 사회와 문화의 변동: 탐색적 논의　　244

찾아보기 / 254

저자 소개 / 256

A Cultural Analysis of Government and Administration :
Applying Grid-Group Cultural Theory

집단-격자 문화이론과 정부·행정의 분석

집단-격자 문화이론과
정부·행정의 분석

제1장
집단-격자 문화이론의 이해와 적용: 이론적 논의

1 문화 개념과 행정·정책의 연구

문화 개념의 일반적인 정의에 따르면, 문화는 인간이 실재(reality)를 정의하는 의미(meaning)의 집합적 구성 체계로서 여기에는 지식·가치·이념 등이 포함된다(Pfau-Effinger, 2005: 4). 문화는 좀 더 넓은 관점에서 이해되기도 하는 데, 이 경우 가치와 이념뿐만 아니라 인간 간의 역동적인 사회적 관계까지 포착하는 삶의 양식(way of life) 개념(Thmopson, Ellis & Wildavsky, 1990)으로 이해되거나, 하나의 집단 또는 범주별로 인간을 구분하는 집합적 사고방식(Hofstede, 1991)으로 표현되고, 한 사회의 삶을 형성하는 전반적인 전체(Smith, 2000: 2)로 정의되기도 한다. 이 책에서는 문화 개념의 사회과학적인 활용에 더 적절하다고 볼 수 있는 광의의 관점을 택한다. 즉, 이 책에서 문화는 정신적·비물질적 측면으로서의 삶의 양식으로 이해된다. 이러한 문화는 사회 내 갈등·권력관계·불평등 등의 지속 및 변화와 관련이 있으며, 미시·거시적 차원에서 사회에 영향을 주고, 사람들의 행동 방식 형성과 깊이 관련되어 있다(Smith,

2000). 따라서 이러한 문화 개념은 정부·행정, 그리고 정책의 분석과 밀접한 연관성을 지닌다(주재현 외, 2016: 125-126).

문화 개념이 정치·사회현상을 거시적으로 파악할 수 있는 유용한 도구라는 점은 이미 고전적인 연구에서 확인된다(예컨대, Parsons, 1967; Almond & Verba, 1963; Inglehart, 1977 등). 파슨스(Talcott Parsons) 등의 기능론(functionalism)에서 문화는 인간사회가 유지·발전되는데 있어 반드시 수행되어야 할 기본적 기능의 하나로 파악되었다. 즉, 정치적·경제적인 기능과 더불어 사회문화적 기능이 수행되어야만 한 사회가 유지되고 발전될 수 있다는 것이다. 한편, 정치·행정학 분야에서는 알몬드(Gabriel Almond)를 중심으로 한 정치문화 연구가 크게 활성화되었다. 알몬드와 그의 동료들은 정치문화를 특정 정치체계에서 그 구성원들의 정치적 정향(political orientation)의 총화로 보았는데, 여기서 정치적 정향이란 정치체계에 대한 인식과 평가 및 정보(지식)를 비롯해서 그들이 지닌 정치적 태도와 신념 및 관심 등을 말한다. 알몬드 등은 정치문화의 유형을 지방형(parochial), 신민형(subject), 참여형(participant)의 셋으로 구분했고, 전통사회의 정치문화를 지방형으로, 서구 민주주의 산업사회의 정치문화를 참여형으로 파악함으로써 후술할 근대화 이론(modernization theory)과 맥을 같이 했다.

정치문화에 대한 학문적 관심은 행정학에도 영향을 미쳤다. 행정 연구와 관련해서 문화 개념이 주목을 받았던 시기는 1950~60년대의 근대화 이론으로 거슬러 올라간다(Siffin, 1959; Riggs, 1964). 제2차 세계대전 후 식민 지배에서 벗어난 신흥독립국들의 서구식 근대화 과정과 관련하여 근대화 이론은 신흥독립국에 도입된 각종 서구식 제도가 제대로 작동하지 않는 원인을 해당 국가의 전통문화에서 찾았다. 전통적 가치 정향과 근대적 가치 정향이라는 이분법에 근거한 근대화 이론은 한국의 행정문화 연구에도 지대한 영향을 끼쳤으며, 한국에서 근대적인 정부 관료제가 제대로 작동하지 않는 원인을 그러한 제도를 떠받쳐 줄 근대적인 문화적 토대의 결여에서 찾고자 했다. 그리고 근대적 문화가 결여되게 된 배경으로 관료의 사회화 과정을 들고 있다. 사회화 과정을 통해 전통문화가 내면화된 관료의 가치·신념·정서가 근대적 제도와 부합하지 않았다는 것이다. 이러한 입장에서는 한국의 행정문화가 운명주의, 가족주의, 권위주의, 정적 인간주의, 의식주의, 비물질주의 등의 요소를 지니는 것으로 보았다(백완기, 1982; Kim, 1982 등).

그러나 신흥독립국에 대한 근대화 이론의 분석과 처방은 이론적·경험적·이념적인 면에서 많은 비판을 받았다(조석준, 2004; 박종민·김영철, 2001; 박천오, 2008 등 참조). 이론적·경험적 측면에서의 비판에는 분석 단위를 국가로 하고 해당 국가 전체의 문화적 동질성을 전제함으로써 그 국가 내에 존재하는 문화적 다양성을 고려하지 못했다는 점, 한 국가에 대한 종단적 비교분석이나 여러 국가에 대한 횡단적 비교분석을 시도하지 못했다는 점 등이 포함된다. 또한, 전통사회와 근대사회라는 이분법에 토대를 둠으로 인해 전통사회로부터 근대사회로의 전이, 즉 전통적인 문화 형태로부터 근대적인 문화 형태로 '바람직한' 변화를 이루어야만 신흥독립국에서 서구식 제도가 작동할 수 있을 것이라는 처방을 제시했는 데, 이는 서구 중심적 편견(ethnocentrism)을 함축하고 있다는 이념적인 비판으로 연결되었다. 이와 더불어 정치·행정 현상에 대한 문화변수의 설명력에 대해서도 비판이 가해졌다. 정치·행정 현상에 영향을 미치는 요인에는 정부의 특성, 이익집단의 활동, 경제적 상황 등의 좀 더 직접적인 요인들이 존재하며, 가치관 등 문화적 요인의 설명력은 거시적이고 배경적인 수준에 머문다는 것이다(Elkins & Simeon, 1979; 조영훈, 2010; 주재현 외, 2017a: 169). 문화적 요인의 중요성을 강조했던 기능론과 정치문화 연구의 영향력이 줄어든 후 다원주의와 공공선택론이 정치·행정학계를 주도했던 30여 년 동안 문화 개념은 학계의 주류 관심사가 되지 못했다.

그러나 같은 기간 동안 학계의 한 축을 형성하며 꾸준히 성장해 온 신제도론(new institutionalism)의 학문적 영향력이 커짐과 동시에 문화 개념이 다시 주목받게 되었다. 신제도론에서 제도(institutions)는 정치 및 경제체제의 다양한 단위 내에 있는 개인 간 관계의 틀이 되는 공식적 규칙, 운용 절차, 표준화된 관행과 문화 등을 의미한다(Hall, 1986: 19; Thelen & Steinmo, 1992: 2; Dowding, 1994: 108). 제도란 행위자가 자신의 이해관계를 정의하고, 행위전략을 결정하고, 궁극적으로 행동을 수행하는데 영향을 미치지만, 역으로 인간의 행위에 의해 변화될 수 있는 데, 이 제도의 한 축을 형성하고 있는 요소가 문화라는 것이다. 이러한 공식적·비공식적 제도의 의미가 제고됨과 더불어 행정 및 정책 현상의 분석에 있어 문화적 측면에 관한 관심이 다시 나타나게 되었다(예컨대, Douglas & Wildavsky, 1982; Inglehart, 1988; Quinn & Cameron, 1983; 박종민 편, 2002 등 참조).

재조명된 문화 개념으로 정부·행정 및 정책 현상을 분석하는 데 고려될 수 있는 이론적 자원에는 알몬드 등의 고전적인 정치문화 이론, 집단-격자 문화이론(grid-group cultural theory), 트리앤디스(Harry Triandis)의 문화유형론, 경쟁가치모형(competing values model) 등이 있다. 더글라스(Mary Douglas)와 윌다브스키(Aaron Wildavsky) 등에 의해 체계화된 집단-격자 문화이론[1]은 문화적 편향(cultural bias), 사회적 관계(social relations), 삶의 양식(ways of life) 등의 개념을 사용하여 문화유형에 대한 보편적인 이론적 틀을 구축하고 다양한 분석수준에 이를 적용한다. 트리앤디스가 주도하는 문화유형론은 정체성(개인주의와 집합주의)과 권력관계(수직주의와 수평주의)의 두 축을 교차하여 생성되는 네 개의 문화유형을 제시한다(Triandis, 1999; 2001). 퀸(Robert Quinn), 카메론(Kim Cameron) 등에 의해 개발된 경쟁가치모형 또한 보편성을 지닌 문화유형론을 제시하고 있으나(Quinn & Cameron, 1983; Cameron & Quinn, 1999), 주된 분석 대상 또는 수준이 공식적 조직이라는 점에서 앞의 두 접근과 차이를 보인다.

본 연구는 정부·행정 및 정책 현상 분석을 위한 분석 틀로 더글라스와 윌다브스키의 문화이론을 활용하고자 한다. 문화이론의 유용성이 높은 이유는 크게 세 측면에서 파악될 수 있다(주재현, 2011 참조).

첫째, 문화이론은 고전적인 정치문화 이론과 달리 이분법적인 문화 유형론에서 벗어나 있다. 문화이론은 '격자(grid)'와 '집단(group)'이라는 두 축을 기준으로 개인주의(individualism), 계층주의(hierarchy), 평등주의(egalitarianism), 운명주의(fatalism)의 네 문화 형태를 제시한다. 이러한 다수의 문화 형태는 단선적인 변화의 방향성(즉, 전통문화로부터 근대문화로)을 회피할 수 있어 서구 중심적 편견에서 벗어날 수 있는 논리적 근거를 제공한다. 문화이론 외의 다른 이론적 자원도 네 개의 문화 형태를 제시하고 있으나 문화이론이 더 포괄적이다. 경쟁가치모형의 경우, 조직 내 '재량/통제의 정도' 및 '내부지향·화합/외부지향·경쟁의 정도'의 두 축을 기준으로 집단문화(group culture: clan), 혁신문화(developmental culture: adhocracy), 합리문화(rational culture: market), 위계문화(hierarchy)의 조직문화 형태를 제시한다. 문화이론은 대체로 경쟁가치모형에서 제시되는 조직문화 형태를 모두 포괄하고 있으며, 이에 더하여 운명주의

---

[1] 반복적인 기술을 피하고자 아래에서는 '집단-격자 문화이론'을 '문화이론'으로 표기하도록 한다.

라는 추가적인 문화 형태를 보여주고 있다. 문화이론의 이러한 포괄성은 정부·행정 및 정책 현상을 분석하는 데 유용성이 높다고 하겠다.

또한 문화이론은 원형적인(prototypical) 문화 형태뿐만 아니라 원형의 요소가 두 개 이상 포함된 다수의 혼합형(hybrid)을 도출하고, 이를 현상의 분석과 대안의 제시에 활용한다. 이는 문화이론에서 제시하는 네 개의 문화 형태가 너무 단순하다는 비판(Hood, 1998: 226-227 참조)에 대한 대응의 의미도 지닌다. 특히, 문화이론이 제시하는 혼합형은 네 개의 원형에 기반해서 도출되기 때문에 자의성과 비논리성 및 간결성(parsimony) 훼손의 문제에서 벗어나 있다.

둘째, 문화이론은 문화의 변동을 파악하는 데 의미 있는 성찰을 제공한다. 후술하는 바와 같이 문화이론은 문화(삶의 양식)가 변할 수 있다고 본다. 트리앤디스의 문화 유형론— 수직적 집합주의, 수평적 집합주의, 수직적 개인주의, 수평적 개인주의 —은 내용 면에서 더글라스와 윌다브스키의 문화 유형론과 일부 유사성을 보인다. '정체성/권력 관계'의 두 기준이 후술할 '집단/격자'와 중첩되는 부분이 있기 때문이다.[2] 이 점에서 트리앤디스의 문화 유형론도 경쟁가치모형보다 행정·정책 현상의 분석에 유용성이 높다고 볼 수 있다. 그러나 트리앤디스의 유형론에는 문화의 변동에 대한 개념적 논의가 취약하다. 문화가 하나의 형태로 고착되어 있지 않고 변하고 있으며, 이러한 문화의 변동이 정부·행정 및 정책 현상의 분석에 반영될 필요가 있다는 점에서 문화이론의 강점이 부각된다.

셋째는 특히 행정문화 개념과의 관련성이다. 행정문화에 대한 개념 정의는 협의와 광의로 구분될 수 있다. 협의의 관점은 행정문화를 행정체제 내의 관료 간에 업무수행 등과 관련하여 공유된 가치관이나 사고방식으로 이해하는 반면, 광의의 관점은 협의의 개념 정의에 더하여 행정에 대한 국민의 인식과 사고방식까지 포함하는 넓은 시각에서 행정문화를 이해한다(박천오, 2008: 217-218). 행정조직 내의 행위자뿐만 아니라 조직 외의 행위자들도 관심의 대상으로 하는 이 책은 행정문화에 대한 광의의 개념 정의를 전제로 한다. 행정과 정책 관련 행위가 행정조직 내뿐만 아니라 조직 외에서도

---

2) 그러나 두 유형론에서 제시되는 문화 형태가 완벽하게 일치하지는 않는다. 두 이론의 유형분류 기준이 완전히 동일하지는 않기 때문이다.

행해지고 있다는 점에서 행정에 대한 시민의 인식과 사고방식을 논의의 대상에 포함해야 할 필요성과 행정문화에 대한 광의의 개념 정의의 의의를 찾을 수 있다. 이러한 맥락에서, 분석의 수준을 공식 조직 내에 한정하고 있는 경쟁가치모형보다 다양한 분석수준을 포괄할 수 있는 문화이론이 더 유용하다고 하겠다.

2 집단-격자 문화이론[3]

1) 문화와 문화의 형태

문화이론은 문화적 편향(cultural bias), 사회적 관계(social relations), 삶의 양식(ways of life) 등의 기본 요소와 이 요소 간의 관계를 통해 사회가 어떻게 형성·유지·변화되는지를 분석하고 설명한다. 문화적 편향은 사회구성원의 공유된 가치와 신념을 말하며, 사회적 관계는 사회구성원 간의 관계의 패턴을 의미한다. 사회구성원들의 가치·신념·선호·인식 등을 포함한 문화적 편향은 사회적 관계를 정당화함으로써 그들의 행동에 영향을 미친다. 사회적 관계는 문화적 편향의 형성을 규정하며, 이러한 문화적 편향은 다시 사회적 관계를 유지하는데 기여한다. 삶의 양식은 문화적 편향과 사회적 관계의 유기적 조합에 의해 형성되는 상태를 일컫는다. 즉, 특정한 문화적 편향과 특정한 사회적 관계의 패턴 간에 상호지지적인 관계가 형성되면서 하나의 삶의 양식(문화)[4]이 성립된다.

문화이론은 사회적 관계를 사회가 한 개인의 삶에 개입하는 방식으로 파악하고, 이를 '집단'(group)과 '격자'(grid)라는 두 가지 차원에서 이해한다. '집단'은 개인이 자신을

---

[3] 문화이론에 대한 이하의 논의는 Douglas & Wildavsky(1982), Thompson et al.(1990), Schwarz & Thompson(1990), 박종민 편(2002), 주재현(2004a), 주재현 외(2016: 2017a; 2017b), 신현중 외(2019), 주재현(2019) 등을 참조하였다.

[4] 집단-격자 문화이론은 '문화' 개념을 특정 사회의 사회적 관계와 집합적 사고방식을 포함한 광의로 이해하며 '삶의 양식'과 같은 개념으로 본다. 이에 이 책에서도 '문화'와 '삶의 양식'을 동일한 개념으로 파악하며, 문맥과 상황에 맞춰 혼용한다.

한 집단의 일원으로 인식하는 정체감(group identity)의 정도로서, '집단'이 약할수록 개인 중심적이고 강할수록 연대적(solidaristic)이다. '격자'는 한 개인의 삶이 외적으로 부과된 규제 · 처방 · 역할 구분(role differentiation) 등에 의해 제약받을 가능성의 정도로서, '격자'가 약할수록 자율적인 판단의 영역이 커지고 사회적인 계층이나 차등이 적으며, 강할수록 자율적인 판단의 영역이 적어지고 사회적 계층이나 차등이 크다(Kahan et al., 2007). 문화이론은 집단과 격자라는 두 차원을 결합해서 네 개의 이념형적 삶의 양식(문화)을 도출한다(〈표 1-1〉 참조).[5]

〈표 1-1〉 문화(삶의 양식)의 유형

		집단(group)	
		강	약
격자 (grid)	강	계층주의 문화 (Hierarchy)	운명주의 문화 (Fatalism)
	약	평등주의 문화 (Egalitarianism)	개인주의 문화 (Individualism)

계층주의 문화는 강한 집단 경계와 강한 사회적 처방의 두 요소를 지닌 문화 형태이다. 이러한 문화 형태 하에서 각 개인은 다른 구성원— 특히 지배계층 —으로부터의 통제와 사회적으로 부과된 역할에 의해서 구속된다. 이러한 사회에서는 계층에 따라 권위의 부여와 부여된 권위의 행사 정도에 있어서 차별이 존재하며, 개인 간에 존재하는 불평등은 적재적소(適材適所)를 통해서 사회적 조화(social harmony)를 이룰 수 있다는 주장에 의해서 정당화된다. 계층주의 문화를 지닌 사회는 사회 내적 갈등을 해소할 수 있는 다양한 조정 및 통제 수단을 보유하고 있다. 그러나 구성원들은 집단의 일원으로서의 자기 정체성과 소속감이 강하고 그들의 다양한 욕구를 집단을 통해 충족시킴으로써 집단에 대한 의존도를 높인다.

---

5) Thompson, Ellis, & Wildavsky(1990)는 더글라스(M. Douglas)가 제시한 네 개의 문화 형태에 하나(은둔주의)를 추가하여 5개의 문화(삶의 양식) 형태를 제시하였으나, 이 책에서는 원래의 유형론이 논리적으로 더 설득력이 있다고 판단하여 이를 분석 틀로 사용했다.

개인주의 문화는 약한 집단 경계와 약한 사회적 처방을 특징으로 하는 문화 형태이다. 사회와 집단의 모든 경계는 임시적인 성향을 지니며 타협을 통해서 변화될 가능성을 지니고 있다. 또한 사회구성원의 행동을 규제할 사회적 처방과 역할의 강도는 상대적으로 약하다. 따라서 구성원 간의 관계를 당사자의 자율에 의해 규정할 수 있으며, 시장에서의 계약관계로 표상되는 사회관계가 성립한다. 개인은 자신의 성취를 위해 타인과 경합하고 있으며, 자신이 성취하지 못하면 다른 사람에게 그 성공을 빼앗기게 되는 경쟁 사회이다. 그러나, 이들의 삶은 제로섬 게임(zero-sum game)은 아니며 포지티브섬 게임(positive-sum game)의 특성을 보인다.

평등주의 문화는 집단 경계는 강하지만 사회적 처방의 정도는 몹시 낮은 문화 형태이다. 이러한 문화를 지닌 사회는 집단 구성원의 정체감과 공동체 의식이 몹시 높다는 점에서 계층주의 사회와 유사하지만, 계층주의 사회와는 달리 구성원의 역할 규정이 정교하지 않다. 인종·성별·사회신분 등의 여러 기준을 통해 각자 해야 할 일을 엄격하게 규정함으로써 나타날 수 있는 불평등을 우려해서 정교한 역할 규정을 피한다. 그러나 집단 내적 역할 분화가 발달되어 있지 않으므로 집단 구성원 간의 관계가 불명료하고, 집단 내의 권위행사를 뒷받침하는 지위의 구분이 구체화되어 있지 않기 때문에 이러한 문화 형태를 지닌 사회는 내부적인 갈등을 조정하기 어려운 특징을 지닌다.

운명주의 문화는 집단 경계는 약하지만, 사회적 처방의 정도는 몹시 높은 문화 형태이다. 이러한 문화를 지닌 사회의 구성원들은 강한 규제적 처방에 의해 통제되지만, 집단에의 소속감은 약하다. 그들은 계층주의 사회의 구성원과 마찬가지로 어떻게 시간을 소비하며, 누구와 관련을 맺으며, 무엇을 입고 먹으며, 어디서 살고, 무슨 일을 할 것인지 등에 대해서 강한 규제를 받지만, 계층주의 사회와는 달리 그들의 삶을 지배하는 결정을 내리는 집단의 멤버십으로부터는 벗어나 있다. 따라서 그들은 '원자화된' 상태로, 현재의 규제가 얼마나 지속될지, 언제 변화될지, 변화되는 규제가 그들의 삶에 어떻게 영향을 미칠지 등의 사안에 대해 예측하지 못한 채 주어지는 규제를 수동적으로 수용해야 하는 상황에 놓여 있다.

문화이론은 현실 세계에 존재하는 개인과 사회는 이러한 네 개의 문화 중에서 주가 되는 문화를 지니고 있으나, 한 개인이나 사회가 하나의 문화만을 지니고 있는 것은 아니라는 점을 지적한다. 모든 개인과 사회에는 복수의 문화가 병존하고 있으며, 그

중 한두 개의 문화가 중심적인 문화를 구성하고 있다.[6] 또한 문화이론은 문화 간의 혼합 또는 구성비는 변화할 수 있는 것으로 본다. 문화는 새로운 발견이나 발명, 다른 집단이나 사회와의 접촉, 심각한 사회적·자연적 충격 등에 의해 사회구성원이 새롭게 경험하는 '경이'(surprises)를 매개로 해서 변화할 수 있다. 이에 더하여, 문화이론은 한 사회 내에서 특정 문화가 주도할 경우(예컨대, 개인주의), 이에 대한 반작용으로 다른 문화(예컨대, 평등주의)가 성장하게 되고, 이는 결국 사회 내 문화의 변동으로 귀결될 수 있다고 주장한다(Thompson et al., 1990).

문화이론가들은 현대 자본주의 사회에서 주도권을 행사할 가능성이 큰 문화의 형태는 계층주의와 개인주의의 연합(coalition)으로 본다. 법규의 권위를 토대로 자본주의적 시장 질서를 유지할 수 있게 하는 계층주의와 경쟁을 통해 시장체제에 주된 동력을 제공하는 개인주의가 유기적으로 결합할 때, '기성질서 또는 기득권층'(establishment)이 형성될 수 있다는 것이다.[7] 평등주의는 대체로 이들 기성질서/기득권층에 대한 도전 세력이 표출하는 삶의 양식으로 파악된다(Thompson et al., 1990).

계층주의와 개인주의의 결합은 비단 자본주의 체제라는 거시적인 수준뿐만 아니라 하위 수준의 조직— 정부, 기업 등 —에서도 주된 문화 형태로 자리 잡을 가능성이 크다. 순수한 개인주의는 과다한 경쟁으로 인한 조직 내 불안정 상태를 야기할 수 있고, 순수한 계층주의는 탄력을 잃고 화석화된 조직으로 귀결될 수 있다. 한편, 순수한 평

---

6) '사회' 단위의 예를 들어보면, 한 군대조직의 구성원 다수가 계층주의 삶의 양식으로 살아가고 있을 때 그 조직의 주된 문화는 계층주의 문화이고 그 조직은 계층주의 사회로 볼 수 있다. 그러나 해당 군대조직의 일부 구성원이 군대 생활에 적응하지 못하고 집단 소속감도 느끼지 못하지만, 군대에서 벗어나지 못한 채(의무병제로 가정) 자신에게 부과된 임무를 수행하며 살아가고 있다면 그 소수의 구성원은 운명주의 삶의 양식을 지니고 있는 것으로 볼 수 있다.

7) 경쟁과 성과를 강조하는 개인주의적 삶의 양식을 핵심으로 하는 시장경제 체제에서 경쟁자들을 물리치고 성공한 이들(주로 기업인)은 그 사회계층의 상층부에 편입된다. 상층부에 위치하게 된 개인주의자(개인주의적 삶의 양식을 주된 삶의 양식으로 하는 이들; 다른 삶의 양식도 마찬가지로 표현함)는 새로운 도전자에 의해 자신의 위치가 유지되기 어려울 수 있음을 인지하고, 자신의 기득권을 영구적인 것으로 만들고자 시도하게 된다. 이 과정에서 정부의 고위직에 위치해서 사회·경제 질서의 유지와 사회적 가치의 권위적인 배분을 담당하고 있는 계층주의자와 연합을 형성하려는 동기를 갖게 된다. 개인주의자는 자신의 물질적 자원을 활용해서 특정 계층주의자를 지원하고, 해당 계층주의자는 정부의 권위를 활용해서 특정 개인주의자의 기득권 유지를 도우면서 이들 간의 연합이 기성질서 또는 기득권층을 형성하게 된다(Thompson et. al., 1990).

등주의는 내적인 갈등으로 인해 조직의 유지 자체가 어렵게 될 위험을 지닌다.[8] 따라서 안정적·효율적이면서도 생동감 있는 조직의 형성과 작동을 위해서는 계층주의와 개인주의의 유기적인 결합이 필요하다. 한편, 평등주의는 계층주의와 개인주의의 결합이 지속되면서 나타날 수 있는 고착 상태에 대해서 비판과 자극을 제공함으로써 조직의 역동성에 기여할 수 있다(Wildavsky, 1989; Coyle, 1997).

정부 조직은 내적으로 조직을 관리·운영하고 있음과 더불어 외적으로 사회구성원 (일반시민)을 상대하고 있다. 조직의 관리·운영과 관련해서는 일반적으로 계층주의와 개인주의 문화의 연합적인 접근이 필요하겠지만, 사회구성원(시민)을 대함에 있어서는 계층주의·개인주의·평등주의 문화[9] 중 어떤 문화 형태를 위주로 하는가의 쟁점이 제기될 수 있다. 계층주의를 위주로 한다면 가부장적인 국가의 모습이 부각될 것이고, 개인주의를 위주로 한다면 야경국가의 모습이 두드러질 것이며, 평등주의를 위주로 한다면 시민참여를 강조하는 국가의 모습이 부각될 것으로 추론할 수 있다. 그리고 정부 내의 각 부처는 자신의 기능에 따라 특정 문화를 상대적으로 더 강조하는 모습을 보일 수 있다.[10]

2) 문화와 선호 형성

문화이론은 '사회'에 대해서는 물론 사회구성원 '개인'의 삶의 양식과 선호 형성의 관계에 대해서도 독창적인 이론적 논의를 제시하고 있다(이하 주재현, 2019: 9-10; 신현중 외, 2019: 159, 161-162 참조). 경제학 및 합리적 선택론은 행위자의 선호(preferences)를 해당 행위자의 자기이익(self-interests)과 같은 것으로 본다(Wildavsky, 1987: 3-4;

---

[8] 비영리 자원조직이 평등주의 문화와 가장 근접한 조직유형으로 볼 수 있다. 그러나 비영리 자원조직에서도 계층주의 문화의 요소(공식적인 권위의 계층제, 역할구분, 질서 등)가 결여된다면 안정된 조직의 운영과 유지가 어렵게 된다.

[9] 이 경우에는 운명주의를 제외하도록 한다. 국가가 시민을 대함에 있어 운명주의 문화 형태를 취하는 것은 시민을 정치 및 정책과정에서 소외시킴을 의미한다. 따라서 민주주의를 전제로 하는 논의의 맥락에 부합하지 않은 것으로 볼 수 있다.

[10] 우리나라 정부의 예를 들면, 국가재정을 관리하는 기획재정부가 정부 내에서 개인주의 문화 요소를 대변한다면, 복지서비스를 제공하는 보건복지부는 평등주의 문화 요소를 대변하는 것으로 파악할 수 있다.

Dodds, 2013: 189-190). 그러나 문화이론에서는 선호를 특정 사안에 대한 개별 행위자의 호불호(好不好)에 대한 관념(ideas)으로 파악한다. 여기서 관념은 해당 사안이 행위자 자신과 사회에 가져올 긍정적 효과에 대한 믿음(belief)을 말한다. 긍정적 효과에 대한 믿음은 해당 사안이 자신의 이익에 긍정적으로 기여할 것이라는 믿음뿐만 아니라 바람직한 사회의 모습에 대한 자신의 신념 실현에 긍정적으로 기여할 것이라는 믿음까지 포함한다(Lockhart, 2001: 11-12).

수단적 합리성 개념에 토대를 두고 있는 주류 사회과학에서 행위자의 선호는 '주어진' 것으로 간주된다. 개별 행위자는 각종 사안에 대한 나름의 선호를 이미 가지고 있으며, 합리적 행위자는 자신이 가지고 있는 선호를 체계적으로 정리할 수 있고, 이를 토대로 적절한 문제해결 수단을 논리적으로 선택할 수 있는 것으로 전제된다(Dodd, 2013: 189-193). 그러나 여기서는 합리적인 행위자의 선호가 어떻게 형성되었는지에 관한 관심은 결여되어 있다. 반면 문화이론은 행위자의 선호가 어떻게 형성되는지에 대한 독자적인 이론적 논의를 전개한다.

문화이론에 따르면, 개별 행위자는 타인들과 사회적 관계를 갖기 전에는 자신의 선호가 무엇인지 정확하게 파악하기 힘들다. 행위자의 선호는 다른 사람들과의 상호작용 속에서 일종의 학습 과정을 거치면서 형성되며, 다른 사람들과 상호작용하지 않는 사람은 동물적인 욕구 외에 자신이 원하는 것이 무엇인지를 알기 어렵다는 것이다(Thompson et al., 1990: 56-57; Wildavsky, 1987: 4-5).

문화이론은 사회적 관계와 삶의 양식이 개별 행위자가 자신의 정체성이 무엇인지, 어떤 행위를 해야 하는지, 어떻게 살아가야 하는지 등에 관한 판단과 결정을 내리는 데 있어 매우 큰 영향을 미치는 것으로 파악한다. 그리고 이러한 판단과 결정의 토대에는 그 행위자가 무엇을 선호하는지가 가로놓여 있다. 결국 사회적 관계와 삶의 양식은 행위자의 선호 형성에 영향을 미치고, 이는 그들의 정체성과 행동 경로의 결정에 영향을 미친다고 할 수 있다. 다만, 사회적 관계와 삶의 양식에 의해 형성되는 선호의 패턴은 삶의 양식과 마찬가지로 네 개의 이념형으로 정리될 수 있다(Thompson et al., 1990: 57 참조).[11]

---

11) 문화이론가들은 네 개의 선호 패턴 중에서 하나를 선택하는 것은 마치 네 개의 세트 메뉴 중 하나를 선택하

문화이론은 사회적 관계/삶의 양식과 선호 형성 간의 인과관계를 두 가지 방식으로 설명한다. 첫째는 더글라스(Douglas), 윌다브스키(Wildavsky), 톰슨(Thopmson) 등 전통적 이론가들의 기능론적 설명방식으로서, 전통적 이론가들은 연역적 논리와 우연적 논리를 제시한다. 한 개인에 있어 어떤 삶의 양식으로 살아갈 것인가를 선택하는 것이 그 인간의 가장 근본적인 선택인 데,[12] 일단 삶의 양식이 정해지면 그는 그것으로부터 자신의 세부적인 선호를 연역해낼 수 있다(Wildavsky, 1987: 8). 이때 연역의 근거는 특정의 선호가 자신의 삶의 양식을 유지·강화하는 데 효과가 있는지이다. 그러나 한 개인의 모든 선호가 이러한 연역적인 도출로 정해지는 것은 아니며, 많은 경우에 있어 특정 행동의 의도치 않았던 효과가 삶의 양식의 유지·강화에 기여하는 결과를 가져올 수 있으며, 이 또한 그의 선호 형성의 주요한 부분이다(Thompson et al., 1990: 57-59). 요컨대, 전통적 이론가들은 한 행위자가 특정 선호를 갖게 된 원인은 그러한 선호가 그의 사회적 관계 및 삶의 양식의 유지·강화에 기여하기— 기능적이기(functional)—때문이라는 것이다(Thompson et al., 1990: 66; Chalmers, 1997: 167).[13]

둘째, 카한(Kahan), 브라만(Braman) 등 상대적으로 최근의 연구자들은 사회적 관계/삶의 양식과 선호 형성 간의 인과관계에 대해 사회심리학적 설명방식을 제시한다. 카한 등은 사회심리학의 '내집단/외집단 동학(in-group/out-group dynamics)'을 적용해서, 개별 행위자는 서로 상충하는 주장들(서로 다른 선호에 토대를 둔)에 직면하면 자신이 신뢰하는 사람들의 판단에 의존한다고 주장한다. 그런데 그가 신뢰하는 사람들은 일반적으로 그 자신과 세계관을 공유하는 사람들일 가능성이 크고, 그들은 '인지부조화 회피'(cognitive-dissonance avoidance)와 '감정'(affect) 기제에 의해 같은 방향으로 편향되었을 가능성이 크다는 것이다. 즉, 개별 행위자는 자신과 자신이 신뢰하는 같은 집단 소속의 사람들이 지닌 가치관과 자존감에 위협이 되는 정보는 의도적으로 무시하는 경향이 있고, 또한 행위자와 그가 속한 집단 구성원들은 자신들이 지닌 가치관에 위협적인 활동에 대해서는 부정적인 감정적 반응을 보인다는 것이다(Kahan, 2006:

는 것과 같아서 선택과 더불어 여러 세부적인 선호가 함께 채택되는 것으로 이해하고 있다.

12) 삶의 양식을 선택한다는 것은 곧 사회적 관계에 대한 선택으로서, 한 개인이 어떤 이들의 집단에 속할 것이며, 그들과 어떻게 살아가기를 원하는지를 선택하는 것을 의미한다.

13) 특정 선호가 가져온 결과(특정 사회적 관계와 삶의 양식의 유지·강화)가 선호 형성의 원인이라는 논리이다.

153-155). 이처럼 한 집단에 속한 각 행위자는 집단 내 타인의 인지와 조화를 이루고 그 자신과 여타 구성원의 긍정적 감정을 일으키는 정보와 활동을 선호하는 방향으로 편향을 갖게 된다고 볼 수 있다.

기능론적 설명이건 사회심리학적 설명이건, 문화이론가들에 의하면 개별 행위자는 자신이 갖게 된 사회적 관계 및 삶의 양식과 더불어 이와 상응하는 선호 패턴을 갖게 되는데, 자신의 것과 다른 사회적 관계/삶의 양식을 경험하면서 자신의 사회적 관계/삶의 양식을 방어하거나 다른 것을 반대하는 과정을 통해 자신의 선호를 더욱 구체화하고 강화하게 된다는 것이다(Wildavsky, 1987; Kahan, 2006).

❸ 문화이론의 적용

문화이론에서 제시하는 문화 개념은 행정 및 정책 현상의 설명변수로 사용되거나 현상 이해를 위한 유형론의 근거로 사용될 수 있다. 전자의 대표적인 예로는 1960년대 후반 미국에서 자연환경 보존에 관한 관심이 높아졌고, 그에 따라 환경정책이 크게 활성화되었던 현상을 문화의 변화로 설명하고자 했던 더글라스와 윌다브스키(Douglas & Wildavsky, 1982)를 들 수 있고, 후자를 대표하는 예로는 공공관리 설계(public management design)의 형태를 분류하고 분석하는데 문화의 유형론을 적용했던 후드(Hood, 1998)를 들 수 있다. 이 책은 후자, 즉 행정 현상의 이해와 분석을 위해 문화의 유형론을 활용하는 접근에 더 큰 비중을 둔다. 따라서 아래의 이론적 논의도 행정 현상의 유형 파악과 관련된 내용 위주로 구성된다. 현상 설명을 위한 설명변수로서의 문화 개념 활용은 제2부의 7장(복지국가의 유형)과 8장(정책형성: 국민기초생활보장제도 사례분석)에서 제시된다.

이하에서 순차적으로 드러나는 바와 같이 문화이론에서 제시된 문화 형태들은 이미 행정의 분석에서 널리 받아들여지고 있는 주요 개념(예컨대, 계층제, 감시·감독, 통합, 순종[loyalty]; 시장, 경쟁, 이탈[exit]; 네트워크, 참여, 협력, 설득[voice] 등)이나 정부 운영의 이념(보수적 조합주의, 자유주의, 사회민주주의 등)과 정합성이 높음을 알 수 있다. 이는 정부 운영이나 행정 현상 또한 사회적 현상의 하나로서 문화이론을 구성하는 문화적 편향, 사회적 관계, 삶의 양식(문화) 등의 개념으로 적절하게 파악될 수 있음을 의미한다. 이 책은 이미 존재하고 있던 이러한 정합성을 명시적으로 드러내서 정리하려는 노력으로 이해될 수 있다.

1) 공공조직의 관리와 운영방식

문화이론을 적용한 행정 현상의 분석에 큰 공헌을 한 윌다브스키(Wildavsky)는 정부 팽창, 리더십, 책임(responsibility) 등의 주제에 문화이론을 적용했으며(Wildavsky, 1985; 1987; 1989), 코일(Coyle, 1997)은 조직의 유형론에 문화이론을 적용한 바 있고, 특히 후드(Hood, 1998)는 공공서비스의 생산과 전달을 위한 조직 설계의 접근방식을 분류하고 분석하는데 문화이론의 분석 틀을 활용했다. 이러한 기존 문헌들은 행정 분석에 대한 문화이론의 유용성을 보여주었으나 공공조직의 내적 관리와 운영에 관한 구체적인 쟁점— 인사관리, 조직 내 의사결정과정, 조직 내 의사소통 패턴, 조직 내 인간관계, 조직 목표와 구성원 간 관계 등 —을 체계적으로 논의함에 있어서는 제한된다. 이에 여기서는 기존 문헌을 참조하되, 기존 문헌의 도움을 받기 어려운 부분에 대해서는 문화이론의 기본 논리를 토대로 조직의 내적 관리와 운영에 관한 위의 쟁점에 대해 탐색적인 수준에서 논의한다.[14]

공공조직의 관리와 운영방식에 있어 원형적인 문화 형태별로 다음과 같은 차이가 나타날 수 있다. 첫째, 조직의 목표와 조직 구성원 간의 관계에서, 계층주의 문화는 조직의 목표가 구성원 개인의 존재에 우선한다. 조직의 목표를 달성하기 위해서 때에 따라 개인의 희생이 요구될 수 있으며, 조직 구성원은 전체로서의 조직 목표 달성을 위한 도구로 간주된다(Wildavsky, 1987: 284). 조직 구성원은 높은 집단 소속감을 지니고 '중심부'(center)[15]의 권위를 인정하고 있으므로, 자신이 조직을 위한 수단으로 활용되는 것을 받아들일 것으로 여겨진다(Hood, 1998: 73). 조직 구성원이 조직의 목표를 달성하기 위한 도구로 간주된다는 점은 운명주의 문화에서도 발견된다. 그러나 운명

---

14) 이하의 논의는 주재현(2011: 8-14)을 참조했다.
15) 조직 또는 사회의 권위와 권력이 집중된 지역 또는 집단을 말한다.

주의 문화에서 조직 구성원은 집단 정체감이 취약하기 때문에, 자신의 활동과 조직의 목표 달성 간의 관계를 주체적으로 연계시키지 못한다. 단지 스스로 통제하지 못하는 조직 내 삶의 현실에서 상관의 명령을 무기력하게 수행할 뿐이다. 개인주의 문화에서, 조직 구성원은 자신의 성공에 우선적인 관심을 두며, 조직은 구성원 개인의 성공을 위한 도구로 인식된다. 개인은 집단 소속감이 약하므로 자신의 성공에 도움을 주지 못하는 조직을 떠나는데 큰 부담을 느끼지 않는다. 집단 정체성이 높은 평등주의자에게 조직의 목표 달성은 의미 있는 사안이다. 그러나 그들은 자발적인 희생의 경우를 제외하고는, 조직 목표 달성을 위해 조직 구성원을 도구로 사용할 수 있다는 생각을 갖지 않는다. 구성원의 희생을 강요할 수 있는 강제적 권위를 지닌 '중심부'가 존재하지 않으며, 인간 개개인의 존엄성을 강조하기 때문이다.

둘째, 조직 내 인간관계에 있어, 계층주의 문화는 상관과 부하 간의 명령-복종 관계를 기본으로 한다. 상관은 부하에게 복종을 요구하지만, 동시에 부하에 대한 가부장적 애정과 관심을 보이며, 부하는 상관에 대한 신뢰와 존경을 토대로 상관의 명령을 수행할 것으로 기대된다. 계층주의 문화에서 상정하는 집단 정체감이 조직 내 하부집단(sub-group)별로 특히 강하게 나타나는 현상도 발견될 수 있다. 특히 출신과 배경을 기준으로 해서 형성된 조직 내 하부집단의 정체감이 강해서 이들 하부집단 내에서 밀접한 인간관계가 형성될 수 있다.[16] 운명주의 문화에서도 상관과 부하 간에 명령-복종 관계가 강하게 나타나지만, 여기서는 상관과 부하 간의 신뢰와 교류가 결여되어 있다(Hood, 1998: 147). 스스로 자신의 삶을 통제할 수 있다고 믿지 못하는 운명주의자는 상하관계를 이탈하기 위해 조직을 떠나는 모험을 감행하지 못한다. 한편, 개인주의 문화에서는 모든 인간관계가 개인 간의 합의에 따라 형성되고 해체될 수 있다. 상관이 부하에게 업무에 관한 명령을 내리고 부하는 이 명령에 복종해야 하지만, 이는 계약이나 합의를 전제로 한 관계이다. 집단 정체감이 취약하므로, 어느 한쪽이 언제든 조직을 떠날 수 있고, 그렇게 되면 이들 간의 관계는 종료된다. 평등주의 문화에서는 상하

---

[16] 출신과 배경을 근거로 해서 선후배 관계가 형성되고, 이들 간에 도움을 주고받는 현상이 나타날 수 있다. 따라서 계층주의 문화에서는 주로 도움을 베풀 수 있는 위치에 있는 선배는 후배로부터 대접을 받을만하다는 인식이 형성된다. 선배를 존중하는 이러한 인식은 소집단의 영역을 넘어 조직 전체로 확장되었으며, 계층주의 문화에서는 일반적으로 연장자를 존중하는 현상이 나타난다.

관계보다 동료 의식이 인간관계의 기본이 된다. 조직구조로서의 계층제 상의 상하관계가 존재하지만, 상관이 부하를 대하는 태도는 여타 문화들에 비해 훨씬 더 수평적이다. 부하는 상관의 존재를 인정하지만, 그가 범접할 수 없는 권위를 지닌 존재로 보는 경향은 약하다. 평등주의 문화를 지닌 조직은 비교적 평등하고 상호존중 하는 분위기를 특징으로 한다(Hood, 1998: 124; Wildavsky, 1989: 100-107).[17]

이러한 조직 내 인간관계의 성향은 조직과 외부인 간의 관계에도 반영된다. 정부 부문의 경우, 정부 조직과 일반시민 간의 관계는 특히 계층주의 문화와 평등주의 문화 간에 상당한 차이를 보일 수 있다. 계층주의 문화에서 정부 조직은 일반시민이 넘볼 수 없는 권위와 권한을 지니는 것으로 여겨진다. 따라서 정부 조직과 공무원은 일반시민보다 우월한 위치에 있는 것으로 간주되며, 시민에게 필요한 서비스를 시민의 요구가 아닌 정부 조직 자체의 판단에 따라 결정하고 전달하는 것이 바람직한 것으로 여겨진다. 만약 일반시민도 계층주의 삶의 양식으로 살아가고 있다면, 정부 조직과 공무원의 이러한 태도는 시민에게 수용될 것이다. 그러나 시민의 삶의 양식이 평등주의에 가까운 경우에는 정부 조직과 공무원의 이러한 태도는 상당한 비판을 받게 될 것이다.[18] 한편, 평등주의 문화에서는 정부 조직 및 공무원과 일반시민 간의 거리감은 매우 좁혀진다. 정부가 지닌 모든 정보를 시민에게 공개하기는 힘들지만, 정부와 공무원은 시민이 요구하는 정보를 최대한 공개하여 정부와 시민 간의 괴리를 극복하고자 한다. 공무원과 시민 모두 사회 전체적인 집단 정체감이 높다는 점이 양 부문 간의 상호접근을 쉽게 한다(Hood, 1998: 122 참조).

셋째, 조직 내 의사소통 패턴은 인간관계를 반영한다. 계층주의 문화와 운명주의 문화에서는 상의하달(top-down)식의 의사소통이 주를 이룬다. 상관의 의사는 부하에게 의미 있게 수용될 것으로 기대되나, 보고를 제외한 하의상달(bottom-up)식의 의사소

---

17) 평등주의자는 기본적으로 인간 간의 상하관계, 나아가 리더(leaders)와 대중(mass)의 구분을 배격하고자 한다. 그러한 구분이 불평등의 한 형태라고 보기 때문이다. 그러나 평등주의자도 필요시(예: 위기상황 등)에는 리더가 필요함을 인정한다. 이 경우 리더는 전통적 권위나 합리적·법적 권위보다는 카리스마적인 권위를 지닌 이들로 이해된다(Wildavsky, 1987: 290; 1989).

18) 정부 조직과 공무원의 태도는 시민에게 '고압적'인 것으로 해석될 수 있다. 계층주의 삶의 양식을 지닌 시민은 공무원의 '고압적'인 태도를 수용할 가능성이 크나, 평등주의 삶의 양식을 지닌 시민은 그러한 태도에 도전하고 시정을 요구할 가능성이 크다.

통은 매우 제한된 경우에만 허용되며, 그나마 그런 기회도 적절하게 활용되지 않는다. 반면, 개인주의 문화와 평등주의 문화에서는 조직의 하층에 있는 구성원이 상관에게 자기 의사를 표출하는데 심리적 제약을 받지 않는다. 개인주의자는 합의된 규칙의 틀 내에서 상관의 의사를 수용하고 자신의 의견을 위로 전달하는 것을 당연한 것으로 여기며, 평등주의자는 조직 내 계층의 상하에 무관하게 동료 의식이 강하기 때문에 수평적인 의사소통은 물론 상하 계층 간 쌍방향 의사소통도 활발하게 진행될 수 있다.

넷째, 이러한 의사소통 패턴은 조직 내 의사결정과정과도 밀접히 관련된다. 상의하달식 의사소통이 일반화된 계층주의 문화와 운명주의 문화에서는 주로 조직의 상층부가 주요 정책을 결정한다. 일반 조직 구성원이 의사결정과정에 참여할 수 있는 공식화된 통로가 마련되어 있으나, 이는 대체로 형식적인 수준에서 운영된다. 그러나 개인주의자는 자신에게 부여된 권한의 범위 내에서 공식적인 의사결정과정에 참여하여 자신의 의견을 제시하는 것을 자연스러운 것으로 여긴다. 단, 개인주의자는 집단 정체성이 약하기 때문에, 자신의 업무나 이익과 직접 관련된 사안 이외의 경우에는 적극적으로 자신의 의견을 상부에 표출할 것으로 기대하기 힘들다.[19] 조직 내 의사결정과정이 개방될 가능성이 가장 큰 문화는 평등주의이다. 평등주의 문화에서는 일반 조직 구성원이 의사결정과정에 참여하는 것을 당연한 것으로 받아들인다. 이에 더해서 조직 상층부가 일반 구성원의 참여를 바람직한 것으로 여기고, 그들의 참여를 조장할 수 있다. 일반 구성원의 참여를 통해서 집행부와 일반 구성원 간의 괴리를 막을 수 있다고 여기기 때문이다(Wildavsky, 1987: 289; Hood, 1998: 120-122).

다섯째, 인사관리의 측면에서, 계층주의 문화는 채용·승진·보수 등의 주요 사안에서 계급제를 토대로 한 보수적인 관리방식을 지향한다. 즉, 조직의 구조와 직무가 지니는 특성보다는 공무원의 인적 특성을 기준으로 계급구조를 형성·운영한다. 따라서 계층주의 문화에서는 조직 외부의 인사가 중간 관리직으로 진입하는 개방형 임용제는 성립되기 힘들다. 또한 승진 여부는 기본적으로 교육수준이나 교육훈련 정도, 근무연수, 경력 및 보직관리 정도 등의 요인에 토대를 두고 결정된다. 교육수준·훈련·

---

[19] 같은 맥락에서, 개인주의자는 자신의 업무와 관련이 없는 타 구성원의 업무에 대해서는 별 관심을 기울이지 않는다.

근무연수·경력 등 각종 자격조건을 충족한 연장자나 선배가 연소자나 후배에 앞서 승진하는 것이 조직의 안정적 운영에 긴요한 조건이라고 여겨지기 때문이다. 개인적인 능력이 중요시되는 경우는 대체로 동기나 동급자 간의 경합으로 한정된다.

한편, 조직 내 하부집단(sub-group)의 존재도 승진에 영향을 미칠 수 있다. 각종 연줄(지연·혈연·학연 등)이나 임용출신 구분 등에 의해 형성된 하부집단은 그 내부의 선후배 관계를 토대로 승진 결정에 영향력을 행사할 수 있다. 선배가 소집단 내 후배를 다른 이들보다 우선하여 승진시키고자 힘쓸 수 있기 때문이다. 계층주의 문화의 집단 응집성이 조직 내 소집단에서 활성화되는 경우 이러한 현상이 나타날 수 있다. 보수 수준의 결정 역시 기본적으로 계급을 토대로 하며, 같은 계급 내에서는 경력·직급·연령·학력 등의 요인이 세부적인 차이를 초래한다.

운명주의 문화에서 채용·승진·보수 등 주요 사안의 결정은 모두 조직 최상층부에 속한다. 누구를 채용할지, 어느 부서에 배치할지, 누구를 승진시킬지, 어느 정도의 보수를 줄지 등에 관한 결정은 전적으로 최상층부가 알아서 할 일이다. 일반 조직 구성원은 어떤 기준에 의해서 결정이 이루어지는지, 어떤 내부 메커니즘이 작동하는지 등에 대해 알기 어렵고, 혹 알게 된다고 해도 이에 대해 영향력을 행사할 수 없다. 모든 것은 일반 구성원의 관여 범위를 넘어선 영역에서 행해지며, 그들은 그러한 결정 내용을 수용할 뿐이다.

평등주의 문화는 주요 인사관리 영역에 대한 조직 구성원의 관여를 허용한다. 특히 정보의 공개는 일반적인 것으로 받아들인다. 조직 구성원 모두의 참여와 합의에 의해서 기준을 정하고, 그러한 기준을 정당하게 적용해서 채용과 승진, 그리고 보수 수준이 결정되며, 그 결정과정을 일반 조직 구성원이 알 수 있어야만 조직 운영의 정당성을 확보할 수 있다고 여겨진다.

개인주의 문화는 채용·승진·보수 등 주요 인사 관련 사안에서 개인의 실력·능력·실적 등을 가장 중요한 고려사항으로 한다. 여기서는 학력수준, 연령, 경력, 연줄 등으로 인해 유능한 인사가 채용·승진·보수 등에서 불이익을 받는 일은 생각하기 힘들다. 각 개인은 자신의 성공을 위해 타인과 경쟁하고 있으며, 개인의 실력·능력·실적 등이 아닌 다른 요인에 의해서 경쟁의 결과가 결정되는 것이 받아들여지지 않기 때문이다. 계층주의 문화와 달리, 개인주의 문화에서는 개인의 실적에 근거해서 조직에의 진입과 퇴거가 이루어지며, 성과에 의해서 승진 여부와 보수 수준의 차등이 결정된다(Hood, 1998: 104-109).[20] 개인주의 문화에서 조직의 안정성과 동료의식은 중요한 가치가 아니다. 경쟁체제로 인해 조직의 안정성과 동료의식은 훼손될지 모르나, 궁극적으로 경쟁은 조직의 목표 달성에 더욱 크게 기여할 것으로 기대된다.

개인주의 문화는 절차보다 성과와 결과를 중요시한다. 목표를 달성하기 위해서 가장 적합한 수단을 선택하면 될 뿐, 수단이 목표를 대체해서는 안 되는 것으로 판단된다. 따라서 목표 달성 정도에 대한 성과평가를 실시하고, 이 평가 결과를 승진 여부와 보수 수준을 결정하기 위한 자료로 활용한다. 개인주의 문화에서는 수단 선택의 재량을 비교적 넓게 허용함으로써 조직 내 융통성·변화적응성과 창의성 수준을 높일 수 있고, 혁신적인 아이디어를 지닌 외부 인사를 조직으로 유치하는 것이 가능하다. 이러한 개인주의 문화와 대척점에 서 있는 것은 계층주의 문화다. 성과와 결과를 도외시하지는 않으나 계층주의 문화는 절차를 매우 중요시한다. 절차는 조직의 안정적인 운영을 위한 규정에 토대를 두고 있고, 이 규정은 오랜 기간 쌓아온 조직의 집단적 지혜와 전통의 결집으로 이해되기 때문이다. 전통적 규정의 내용은 대체로 위에서 서술한 계급제적 관리방식으로 구성된다.

다음 〈표 1-2〉는 위의 논의를 정리한 것이며, 각 문화 형태별 공공조직 관리·운영상의 특징은 경험적인 연구를 위한 구체적인 지표로 발전될 수 있다. 후술할 한국행정연구원의 설문조사 항목 중 일부를 정리한 〈표 2-2〉에 제시된 설문 문항들이 이러한 지표의 예가 될 수 있다.

---

20) 같은 수준의 성과를 냈다면, 담당한 업무의 중요도와 난도가 높은 이에게 더 많은 보상이 지급될 것이다.

〈표 1-2〉 문화 형태별 공공조직 관리·운영상의 특징

	계층주의	운명주의	개인주의	평등주의
조직목표와 조직구성원 관계	• 조직구성원은 조직 목표 달성을 위한 수단 • 개인의 수단화에 대한 구성원들의 긍정과 수용 • 높은 조직소속감	• 조직구성원은 조직 목표 달성을 위한 수단 • 개인의 수단화에 대한 구성원들의 무기력한 수용	• 조직은 개인의 성공을 위한 도구 • 자유로운 조직 진입과 퇴거	• 조직구성원의 도구화에 대한 부정 • 인간 개개인의 존엄성 강조
조직 내 인간관계	• 상관-부하간 명령-복종 관계 • 상관-부하간 상호관심과 신뢰 • 조직 내 하부집단 안의 집단정체감 (정부조직과 일반시민간의 괴리)	• 상관-부하간 명령-복종 관계 • 조직구성원간 신뢰와 교류의 결여	• 계약과 합의에 의한 인간관계 • 자유의지에 근거한 관계형성과 종료	• 동료의식이 조직 내 인간관계의 기본 • 상호존중과 평등성에 기반한 인간관계 (정부조직과 일반시민간의 높은 상호접근)
조직 내 의사소통 패턴	• 하향식 의사소통	• 하향식 의사소통	• 자유로운 의사표출의 인정(그러나 구성원 개개인의 관심영역에 한정)	• 수평적 및 수직적 차원에서의 쌍방향 의사소통
조직 내 의사결정과정	• 조직 상층부 중심의 의사결정 • 제도화된 의견수렴의 형식적 수행	• 조직 상층부에 의한 의사결정 • 제도화된 의견수렴의 형식적 수행	• 조직구성원 일반의 의사결정과정 참여 (그러나 구성원 개개인의 관심 영역에 한정)	• 조직구성원 일반의 의사결정과정 참여 • 조직 상층부의 일반 구성원 참여 독려·조장
인사관리	• 계급제를 토대로 한 보수적 관리방식 • 자격요건과 연공서열 중심 • 조직 내 하부집단(연줄)의 영향력 • 과정과 절차의 가치를 우선시	• 조직 최상층부의 임의적인 인사관리 • 이에 대한 일반 구성원의 무기력한 수용	• 개인의 실력·능력·실적 중심의 관리 • 성과 차이에 의한 차등 인정(경쟁체제) • 절차보다 결과와 성과의 중시(재량과 창의성 강조)	• 인사관리 사안에 대한 조직구성원의 관여 인정(정보의 공개)

자료: 주재현(2011: 14).

2) 관료제 통제기제

앞서 논의한 바와 같이 문화이론이 제시하는 문화의 형태는 인간사회 내에 존재하는 다양한 삶의 양식을 반영한다. 이러한 삶의 양식들은 조직과 제도 내에서 활동하는 인간의 행태 및 그러한 인간들로 구성된 조직의 활동에 영향을 미친다. 사회적 관계를

틀지우는 두 요소— 집단과 격자 —는 사회적 행위자가 어떤 행위를 해야 하는지, 어떻게 살아가야 하는지 등에 관한 판단과 결정을 내림에 있어 매우 중요한 영향을 미치기 때문이다. 이렇게 볼 때, 삶의 양식(문화)은 인간과 조직의 활동을 규율하고 통제하는 효과를 가질 수 있으며, 삶의 양식(문화)의 유형은 인간과 조직에 대한 통제의 유형으로 전환될 수 있다. 이에 후드(Hood, 1996; 1998 등)는 행정 공무원과 관료제를 대상으로 하는 행정통제의 유형론을 발전시켰다.

후드에 의해 제시된 관료제 통제기제의 유형은 원형과 혼합형으로 구분하여 살펴볼 수 있다. 원형은 감독·경쟁·상호성·비항상성 등 네 개의 통제기제이고, 혼합형은 이 원형들이 복합적으로 작용하고 있는 통제기제이다. 네 개의 원형 중 '경쟁'은 개인주의(low grid, low group), '감독'은 계층주의(high grid, high group), '상호성'은 평등주의(low grid, high group), '비항상성'은 운명주의(high grid, low group)에 해당하는 통제형태다. 아래에서는 먼저 원형에 대해 살펴본 후, 이어서 혼합형에 대해 검토한다.[21]

(1) 원형적 관료제 통제기제

① 감독

감독(oversight)은 관료제 내·외의 기관이나 행위자에 의한 공식적 감사·검사·평가 등에 의해서 조직과 조직인을 통제하는 것으로서, 특정의 사람 또는 기관에 관료제와 그 구성원의 행동을 감시·조사·평가하고 그들에게 명령을 내릴 수 있는 권한을 부여하는 통제기제를 말한다. 이때 '특정의 사람'은 관료제 내부와 외부 모두에서 나올 수 있다. 조직 내부의 경우에는 권위의 계층제 상에서 통제 대상자의 상위에 위치해 있는 인사가 통제권을 부여받거나, 특정 기관이나 부서가 통제 대상자와 그들의 조직에 대한 감찰·조사권을 부여받는다. 관료제 외부에서 통제권을 행사하는 기관들로는 의회, 법원, 심판소, 독립적인 회계기관이나 조사기관, 상위행정기관, 시민단체 또는 국제기구 등을 들 수 있다. 내·외부 감독자의 감찰·조사·평가의 내용에는 규정

---

21) 이하의 내용은 Hood(1996; 1998), Hood & James(1997), Hood et al.(2004) 및 주재현(2009: 53-56)을 참조했다.

준수 여부, 재무감사, 업무성과 평가, 생산되는 서비스의 질적 수준 평가 등이 포함된다. 이러한 감독 기제는 대의제 민주주의제도 하에서 가장 일반적으로 고려될 수 있는 통제기제라 할 수 있다.

② 경쟁

경쟁(competition)은 경합(rivalry)의 유도를 통해 행정관료와 관료제를 통제하는 방식을 말한다. 사적 재화와 서비스를 생산·소비하는 시장에서와 마찬가지로 공적인 성격을 지닌 재화와 서비스에서도 경쟁 기제를 활용하고, 서비스 생산자가 소비자인 시민에게 더 반응적이 되도록 해야, 효과적으로 책임성을 확보할 수 있다는 논리이다. 또한 경쟁 기제를 통해 비용을 줄이고, 서비스의 질을 높이며, 권력의 집중을 피할 수 있으리라고 본다. 전통적인 경쟁 기제는 공무원의 선발과 승진에 적용되었다. 그러나 최근의 행정개혁에서 활용되는 경쟁 기제는 좀 더 포괄적이다. 행정조직 내에서 사용되는 경쟁 기제에는 선발과 승진 외에도, 조직 외부 인사에 대한 공직의 개방과 경쟁, 개인 및 작업단위 간의 경쟁을 통한 급여의 차별 인정(성과급) 등을 들 수 있다. 경쟁 기제는 조직 내에 적용되는 것을 넘어서서 공공기관 간의 경쟁, 공공기관과 민간기관 간의 경쟁을 통한 공공서비스의 질적 향상 노력으로 나아간다.[22] 이는 공공서비스 제공을 담당할 주체의 경쟁적 선정이나 고객을 유치하기 위한 기관 간 또는 부서 간의 경쟁을 의미한다. 이러한 상대적으로 새로운 경쟁 기제는 공공선택론의 관료제 통제론에 의해 주도적으로 제안되었다.

③ 상호성

상호성(mutuality)은 조직 또는 사회 내의 공식·비공식 집단과정과 압력을 통해서 행정관료와 관료제를 통제하는 방식이다. 조직 내의 집단과정이란 집단구성원 상호 간의 자율적이고 지속적인 감독·평가·협조를 관료(제) 통제의 핵심 요소로 삼는 것이다. 앞서 살펴본 조직 내적 '감독'(oversight)은 조직 내의 상부로부터 가해지

---

[22] 경쟁 기제는 자유주의적·시장지향적 체제에서만 적용할 수 있는 것은 아니다. 권위주의적 체제에서도 경쟁 기제를 적용한 관료제 통제가 가능하다(예: 안보체계의 중복적인 운용을 통한 견제와 균형의 모색).

는 압력을 의미하지만, 상호성은 대체로 수평적인 수준에서 행해지는 압력(horizontal influence)에 해당한다. 즉, 상급자에 대한 책임이라기보다는 동료집단에 대한 자율적인 책임(peer-group accountability)을 의미한다.[23] 사회 내의 집단과정은 사회 일반으로부터의 관료(제) 통제로서, 관료제(공공서비스 생산자)와 시민(소비자인 고객) 간의 대면적인 집단 상호작용과 네트워킹을 최대화하여 관료제와 시민 간의 차이를 해소하는 것이다. 이는 '분권화된 공동체 자치정부' 개념과 '공동생산' 개념, 그리고 '대표관료제' 개념과 연결된다. '상호성'은 특히 사회의 응집성이나 공동체 의식의 관점에서 볼 때 위에서 정리한 '경쟁'과 대척점에 위치해 있는 관점으로서, 사회 응집성이나 공동체 의식의 회복을 통해 관료제 내·외의 참여를 조장하는 관료제 통제기제다.

④ 비항상성

비항상성(contrieved randomness)은 조직의 운영형태에 대한 예측 불가능성을 높임으로써 관료(제)를 통제하는 방식이다. 이 통제기제는 관료들이 여타 조직 구성원 또는 자신의 고객과 과도한 친밀감을 형성하여 부패한 동맹관계를 형성할 수 있는 기회와 동기를 제한하려는 의도로 운용된다. '비항상성' 관점을 반영하고 있는 통제 수단의 예로는 잦은 전보체계, 연고 없는 지역으로의 배치, 예정되지 않은 점검, 절차의 가변성과 유동성 등이 있다. 좀 더 상위 차원의 예로는 무작위추출방식에 의한 배심원 또는 감사의 선정을 들 수 있다. 위의 세 가지 통제기제만큼 두드러지지는 않지만, 비항상성 관점은 관료제 통제를 위한 독자적인 영역을 지니고 있다.

(2) 혼합형 관료제 통제기제

혼합형 관료제 통제기제는 위에서 검토한 관료제 통제의 원형적 요소가 둘 이상 포함된 통제 형태를 말한다. 문화(삶의 양식)와 마찬가지로, 현실적으로 존재하는 관료제 통제 수단은 순수 원형적인 형태보다는 오히려 혼합형의 성격을 지닌 경우가 대부분이라고 할 수 있다. 논리적인 차원에서 다음과 같은 11개의 혼합형이 가능하다.

---

[23] 이는 '공무원 윤리의식의 내재화'라는 전통적 관점을 포괄한다.

① 감독 × 경쟁
② 감독 × 상호성
③ 감독 × 비항상성
④ 경쟁 × 상호성
⑤ 경쟁 × 비항상성
⑥ 상호성 × 비항상성
⑦ 감독 × 경쟁 × 상호성
⑧ 감독 × 경쟁 × 비항상성
⑨ 감독 × 상호성 × 비항상성
⑩ 경쟁 × 상호성 × 비항상성
⑪ 감독 × 경쟁 × 상호성 × 비항상성

아래의 [그림 1-1]은 행정통제의 원형과 혼합형을 간략히 정리하고 있다.

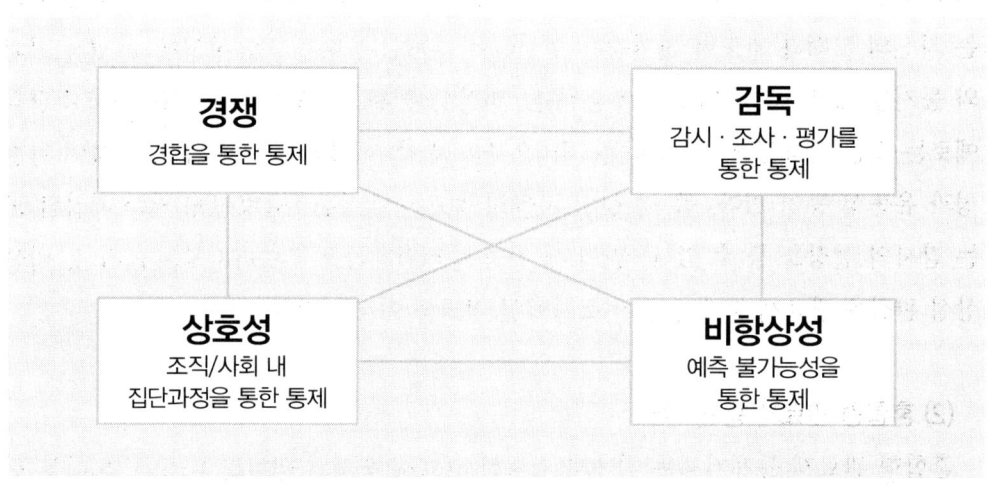

자료: 주재현(2009: 56); Hood & James(1997: 192)를 수정하여 작성함.

[그림 1-1] 행정통제의 원형과 혼합형

3) 공공서비스 중복 대응 방안

삶의 양식(문화)은 개인이나 조직이 직면한 크고 작은 문제에 대한 해결책에 대해서도 기본적인 대안의 형태를 제공한다. 공공부문에서 여러 기관에 의해 유사한 서비스가 제공되는 현상을 하나의 문제로 인식할 경우, 문화 형태에 따라 세 개의 접근방식이 고려될 수 있다(운명주의 제외[24]). 첫째, 계층주의 문화의 해결책으로서, 서비스 중복 제공 기관들의 상위에 있는 기관(또는 관리자)의 명령으로 서비스 제공 상의 중복을 제거하고 일사불란한 관료제적 조직구조의 구축을 통해서 효율성을 높이는 접근방식이다('통합'). 둘째, 개인주의 문화의 해결방안으로서, 공공부문에도 복수의 경쟁적인 서비스 제공기관 중에서 소비자 선택이 가능한 제도를 구축해야 한다는 접근방식이다('경쟁'). 셋째, 평등주의 문화의 대응책으로서, 복수의 기관 간에 협력체계를 구축하고 협의에 의해 중복을 최소화해야 한다는 주장이다('협력')(Thompson et al., 1991; Hood & Jackson, 1991). 공공서비스의 중복 상황에 직면한 현실 세계의 정부는 위의 세 대안을 원형 또는 혼합형의 형태로 적용하게 된다. 아래에서는 각 대안에 대해 살펴본다.[25]

(1) 원형적 대응 방안

① 통합

통합(integration)은 중복적인 서비스를 정리해서 하나의 기관이 서비스의 생산과 전달을 책임지게 하는 접근방식이다. 이렇게 하기 위해서는 때에 따라 여러 기관에 흩어져 있는 관련 기능을 하나의 기관으로 집중해야 할 필요성이 있을 수 있다. 그러나 동등한 수준에 있는 기관들이 자발적으로 한 기관에 서비스 제공권을 통합할 가능성은 그리 크지 않기 때문에, 통합은 여러 기관의 상위에 있는 관리자(또는 기관)의 명령을 통해서 이루어지는 경우가 일반적이다. 따라서 '통합'은 기본적으로 계층제적인 조정방식에 토대를 둔다. 계층제적인 조정방식은 정부의 공식적 법규나 행정 명령 등을 통해서 통제 및 조정이 이루어지는 것을 말한다. 이 접근방식에서는 행정 관료제의 논리, 즉 법적·합리적 권위에 토대를 둔 조직 운영방식이 행정조직 내·외를 대상으로

---

[24] 운명주의 문화의 경우, 시간의 경과에 따라 우연히 나타날 수 있는 조정 외에 서비스 중복에 대한 적극적인 대안의 제시가 쉽지 않다.

[25] 이하의 내용은 주재현·신동석(2014: 106-109)을 참조했다.

하는 정책결정과 집행에서 핵심적인 역할을 담당한다(Etzioni-Halevy, 1983: 27; Hood, 1998; Hague & Harrop, 2004).

이러한 통합적인 접근은 공공서비스 제공의 파편화(fragmentation)를 감소시킬 수 있지만, 역기능을 초래할 가능성이 있음을 간과해서는 안 된다. 상위 기관(또는 관리자)의 판단이 잘못되었을 가능성이 상존할 뿐 아니라, 서비스의 통합은 서비스 이용자와 제공자 사이의 거리를 증가시켜 서비스에 대한 접근성을 낮출 수 있으며, 이는 자칫 서비스 제공기관의 책임성을 낮출 가능성을 지닌다. 또한 통합 과정에서 부작용이 나타날 수 있다. 예컨대, 기존 서비스 제공기관 간의 갈등이 고조될 수 있고, 다른 목적·기술·인식을 가진 기존 기관들의 인력이 단일 조직으로 통합될 경우, 조직 내의 갈등을 야기할 가능성도 무시할 수 없다(Hood, 1998; Gilbert & Specht, 1974; 조성한 외, 2006).

② 경쟁

공공부문 내에서 기관 간의 경쟁(competition)을 높여야 한다는 입장은 경쟁이 공공기관의 서비스 수준 제고 노력을 강화하고 궁극적으로 책임성을 높일 수 있다고 주장한다. 즉, 공공기관을 통제하기 위해서는 '중복'(redundancy; duplication; overlap)과 그들 간의 경쟁이 필요하다는 것이다. 이러한 주장은 중복을 최소화하려는 관리 사상과는 정반대의 관점이지만, 이 입장은 민간부문 시장과 달리 경쟁이 없는 공공부문처럼 '무능하고 비효율적인' 행위자도 퇴출당할 위험이 없는 경우 그러한 행위자에게 긴장과 적극성을 부과하기 위해서 의도적인 중복과 경쟁을 적용할 수 있다고 주장한다(Gilbert & Specht, 1974; Hood, 1998). 공공부문에 이 관리방식을 적용하는 것은 먼저 유사 기능을 수행하는 다수의 기관이 존재하도록 유도한 후, 이들 기관 간에 경쟁을 유발하여 좀 더 높은 경제성과 서비스의 품질을 확보하는 방안으로 구체화할 수 있다. 여기서 주목해야 할 점은 서비스 이용자에게 직·간접적으로 서비스 제공자를 선택할 수 있는 권한을 부여하는 것이다. 이는 마치 민간시장에 존재하는 소비자-생산자 관계와 유사한 관계를 공공부문에도 구축하는 것으로 볼 수 있다(Self, 1993; Pollitt, 1993).

이러한 경쟁방식은 소비자 선택의 범위를 증가시킬 뿐만 아니라 기관과 전문가에게 활력을 주고 서비스 이용자의 요구에 민감하게 하며 기업가 정신과 창의성을 일깨운다. 그러나 이 전략이 항상 의도하는 결과만을 가져오는 것은 아니다. 특히, 신규 기관의 등장으로 기관 간의 경쟁이 야기된 경우, 같은 고객과 자원을 대상으로 건전한 경쟁을 하는 대신에 수성하려는 기존의 기관과 시스템에 새로운 발판을 마련하고자 하는 신설 기관 사이에 해결하기 어려운 갈등이 야기될 수 있으며, 때에 따라서는 서비스 전달체계의 인적·물적 자원, 시간, 정보, 지식 등이 낭비됨으로써 오히려 비효율성이 나타날 수도 있다(Hood, 1998; 조성한 외, 2006).

③ 협력

협력(partnership) 방식은 광범위한 지역을 대상으로 하는 특정 서비스 조직이 유사 기능을 수행하는 다른 조직과 연계·조정을 꾀하는 방식이다. 이는 지리적으로 연계가 가능한 지역 내의 관련 기관들이 기술, 인적 자원, 물적 자원, 지식 등을 공동으로 이용하는 체제로 구현된다. 협력은 자율적인 기관들이 자발적으로 협조하는 것을 전제로 하기 때문에 종종 쌍무협정(bilateral agreement)을 맺는 경향이 있다. 협력적인 접근은 관련 기관 간의 신뢰에 토대를 둔 조정기제다. 여기서는 여러 관련 기관이 대립적인 존재가 아니라 서로 협력하고 신뢰하는 존재로 파악된다. 역동성·복합성·다양성으로 특징지어지는 현대사회에서 가장 효과성이 높은 조정기제는 통합이나 경쟁이 아니라 협력이라는 진단과 이에 대한 믿음이 이 조정기제의 등장 배경을 형성하고 있다(Kooiman, 1993a; 2003; Vliet, 1993).

협력 방식은 정부 내 단일기관에 의한 통합적인 서비스 제공이 쉽지 않은 정책문제에 직면할 경우 정부가 취할 수 있는 기본적인 접근법이 될 수 있다. 그러나 다수의 기관이 서비스의 생산과 전달에 관여하기 때문에 파편화(fragmentation)와 집행결손(implementation deficit)[26]의 쟁점이 제기될 수 있다. 또한 협력 프로그램의 성립과 운영을 위해서 충족되어야 할 조건이 다수라는 점이 이 접근방식이 효과적으로 실행되

---

26) 일련의 서비스 제공 과정에서 여러 정부 수준에서 다수의 기관을 거쳐서 집행이 수행되기 위해서는 이 서비스 제공 과정에 참여하여 일정 역할을 담당할 것으로 요구되는 기관 간의 협조가 거의 완벽한 정도에 이르러야 한다. 만약 그렇지 않으면, 많은 수의 작은 결함들이 누적되어 궁극적으로 서비스 제공의 실패를 낳게 된다(주재현, 2016: 124-125; Hood, 1986; Pressman & Wildavsky, 1973).

기 어렵다는 점을 방증한다(주재현, 2004b).

(2) 혼합형 대응 방안

혼합형 대응 방안은 원형적 대응 방안의 요소가 둘 이상 포함된 대응 형태를 말하며, 여기에는 다음과 같은 여러 가능성이 존재한다. 먼저 두 원형적 요소가 혼합될 가능성은 [통합×경쟁], [통합×협력], [경쟁×협력]의 세 가지이지만, 각 경우에 있어 어떤 요소가 주가 되는지까지 고려하면 여섯 가지의 가능성이 존재한다.

[통합×경쟁]은 논리적으로는 성립하기 어려운 혼합방식이다. 서비스 제공을 하나의 기관으로 통합하면서 동시에 경쟁을 제고하는 것은 논리적이지 않다. 그러나 통합의 범위가 완전하지 못할 경우에는 현실적으로 성립될 수 있다. 즉, 기존의 중복적인 서비스를 완벽하게 하나의 기관으로 통합하지 못한 채 중복 기능 중의 일부만을 통합하거나 일부 지역에서만 통합할 경우, 여타 기능에 대해서는 경쟁 기제를 도입할 수 있고, 또 여타 지역에서는 경쟁체제를 성립시킬 수 있다. 물론 경쟁 기제를 주된 요소로 하되, 일부 기능이나 지역에서만 통합을 추구하는 것도 가능하다.

[통합×협력]도 위와 같은 맥락에서 성립될 수 있다. 기존의 중복적인 서비스를 완벽하게 하나의 기관으로 통합하지 않은 상태에서 중복 기능 중의 일부만을 통합하거나 일부 지역에서만 통합할 경우, 여타 기능에 대해서는 협력 기제를 도입할 수 있고, 또 여타 지역에서는 협력체제를 모색할 수 있다. 반대로 협력 기제를 주된 요소로 하고, 일부 기능이나 지역에 대해서만 통합을 추구할 수도 있다.

[경쟁×협력]도 논리적으로는 고려하기 쉽지 않다. 여러 기관이 경쟁하면서 동시에 협력하는 상황을 상정하기 어렵기 때문이다. 그러나 이 경우에도 중복적인 기능 중의 일부에 대해서만 경쟁 기제를 적용하고 나머지 기능에 대해서는 역할 분담에 의한 협력체제를 구축할 수 있다. 또한 일부 지역에서는 경쟁체제로 운영하고, 다른 지역에서는 협력체제를 구축하는 것도 가능하다. 어떤 요소의 비중을 높게 책정하는가에 따라 그 양상이 다르게 나타날 수 있다는 점도 언급될 수 있다.

다음으로, 세 원형적 요소가 모두 포함되는 것은 [통합×경쟁×협력]의 경우이다. 세 요소를 모두 포함하는 것 역시 논리적으로 성립되기 어려우나 현실적으로는 나타날 수 있다. 통합의 대상이 일부 기능이나 지역에 한정되고 여타 기능이나 지역에서 경쟁과 협력 방식이 복합적으로 적용될 경우, 이러한 대응 방식이 성립할 수 있다. 여기서도 어떤 요소가 더 강조되는지에 따라 다양한 가능성이 나타날 수 있다.

논리적으로 성립되기 어려운 대안이 실제 정책 상황에서 나타날 수 있는 이유는 현실 세계가 원형적인 대응 방안만으로 취급될 수 있을 만큼 단순하지 않다는 점과 정책 주체인 정부의 문제해결 역량이 제한되어 있다는 점에 기인한다. 하나의 원형적 대응 방안을 토대로 서비스의 중복문제를 해소할 수 있는 완벽한 제도를 구축하는 것은 현실의 복합성과 정부 역량의 한계로 인해 실현되기 어렵다. 이러한 상황에서 서비스 중복에 대한 정부의 대응은 혼합형의 형태로 나타날 수밖에 없다고 하겠다. 〈표 1-3〉은 이상 논의한 원형과 혼합형을 정리한 것이다.

〈표 1-3〉 공공서비스 중복에 대한 정부의 대응 방안

형태	세부 형태
원형	■ 통합(계층주의 문화) ■ 경쟁(개인주의 문화) ■ 협력(평등주의 문화)

혼합형	■ **통합**×경쟁; **경쟁**×통합
	■ **통합**×협력; **협력**×통합
	■ **경쟁**×협력; **협력**×경쟁
	■ **통합**×경쟁×협력; **통합**×협력×경쟁
	   경쟁×통합×협력; **경쟁**×협력×통합
	   협력×통합×경쟁; **협력**×경쟁×통합

주: 혼합형에서의 강조는 주된 대응요소를 의미함.
자료: 주재현·신동석(2014: 109).

4) 행정 공무원의 책임성 갈등 대응 전략

동시에 다양한 역할을 수행할 기대 하에 놓인 오늘날의 공무원은 때때로 수행할 책임이 서로 충돌하는 상황에 직면할 수 있다(Romzek & Dubnick, 1987; Cendón, 2000; 주재현·한승주, 2015). 지켜야 할 여러 가치 사이에 하나를 선택해야 하는 갈등 상황에 직면했을 때, 공무원은 어떻게 대응할 것인가? 이 책은 책임성 갈등 상황에 놓인 공무원의 인식과 대응이, 개인이 지닌 삶의 양식(문화 형태)에 따라 달라질 수 있다고 보고,

이를 EVLN(이탈, 설득, 순종, 방치)과 관련지어 논의한다.[27]

책임성 갈등 상황에 직면한 조직 구성원의 대응은 일반적으로 이탈·설득·순종·방치 중 하나의 양태로 나타날 수 있다(Hirschman, 1970; Farrell, 1983; Rusbult et al., 1982; 주재현·한승주, 2015: 11-15). 이탈(Exit) 전략은 현재의 조직이나 위치를 포기하고 다른 것을 선택하는 전략인데, 당면한 책임성의 충돌 상황에서 조직을 떠나거나 보직을 변경하는 방식으로 충돌 상황을 벗어나려는 양태 등이 여기에 해당한다. 설득(Voice) 전략은 문제 상황을 변화시키기 위한 적극적인 저항 전략으로서, 책임성의 충돌 때 조직 상사나 상위기관 또는 관련 이해당사자를 향해 자신의 의견을 직접 개진하며 충돌의 완화 및 개선을 위해 적극적으로 행동하는 것이다. 순종(Loyalty) 전략은 조직 상부의 판단을 수용하고 위로부터의 명령 및 지시에 따르는 것으로서, 상사·상위기관의 지시 혹은 공식 법규에 가까운 방향으로 선택하는 것을 말한다. 방치(Neglect) 전략은 조직에서 이탈하지 않은 채 조직에 부정적 영향을 주는 행위로서, 문제 상황이 사라질 때까지 참고 기다리며 때에 따라 주어진 일을 형식적으로 처리하거나 추가적 노력을 투입하지 않는 행동 등으로 나타날 수 있다.

문화이론의 분석 틀을 적용하는 이 책은 책임성 갈등에 직면한 공무원의 대응 전략이 공무원 개인의 삶의 양식(문화 형태)에 따라 다를 수 있다고 본다. 물론 관료제적인 행정조직에 속해 있는 공무원의 대응 전략은 주로 순종이나 방치의 양태로 나타날 것으로 예상해 볼 수 있다. 그러나 그렇다고 하더라도, 삶의 양식에 따른 대응 전략의 상대적 차이는 존재할 수 있다.

개인적인 이익 추구와 관련된 능동적인 선택을 강조하는 이탈 전략, 전문가로서의 입장과 공동체 전체의 이익을 위한 적극적 참여를 강조하는 설득 전략, 상위기관·상사·법규의 우선성을 강조하는 순종 전략, 수동적이고 소극적인 차원에서 갈등 상황에 적응하고자 하는 방치 전략은 각 삶의 양식의 특성과 아래와 같이 연결될 수 있다.[28]

---

[27] 이하의 내용은 주재현·한승주·임지혜(2017b: 144-146)를 참조했다.

[28] 아래의 논의는 삶의 양식과 대응 전략의 관련성을 개괄적으로 제시한 선행연구(김서용·박원수, 2005: 82)를 확대·발전시킨 것이다.

계층주의자[29]는 집단과 권위 및 위계를 존중하며 집단에 대한 의존도가 높으므로 책임성 갈등 상황에서 순종 전략을 선택할 가능성이 상대적으로 높을 수 있다. 계층주의자는 조직 구성원이 보유하고 있는 권위의 정도가 각 구성원이 위치하고 있는 계층에 따라 차이가 있어야 하고, 계층제 상부의 권위를 하부 구성원이 수용해야 함을 받아들인다. 구성원들은 집단 소속감이 높아 계층제 상부의 정당한 명령과 하부의 복종이 조직 전체의 유지와 성장에 기여할 수 있다고 믿는다. 또한 계층주의자는 의사결정 권자에 의한 권위적 결정(법, 규정 등)에 따르는 것을 당연하게 여긴다. 따라서 계층주의자가 책임성 갈등을 인지할 경우, 그는 갈등 상황의 곤란함을 상부의 지시나 법규에 의존해 해결하려는 선택을 다른 삶의 양식에 비해 더 선호할 수 있다.

평등주의자는 집단 공동체 의식을 중요시하되 위계질서보다는 동료의식을 전제로 하는 수평적 인간관계를 추구하므로, 책임성 갈등 상황에서 설득 전략을 선택할 가능성이 상대적으로 높을 수 있다. 평등주의자는 운명주의자나 개인주의자와 달리 조직의 성공과 발전을 위해 조직 내에서 자신의 임무를 적극적으로 수행하려 들고, 계층주의자와 달리 상부의 지시에 구속되는 정도가 약하다. 따라서 책임성 갈등을 인지할 경우 갈등 상황의 곤란함을 상부의 지시에 무조건적으로 따르거나 조직을 이탈하는 등의 방식으로 해소하기보다 조직 내부에서 자신이 옳다고 판단한 바를 적극적으로 표출하며 해결하려는 선택을 다른 삶의 양식에 비해 더 선호할 수 있다.

운명주의자는 집단 소속감이 낮되 규율에 대한 수용 정도가 높으므로, 자신이 처해 있는 어려움을 조직에 의존하거나 조직을 이탈하지 못한 채 개인적으로 해소해 나가야 한다. 따라서 그들은 개인 수준에서의 상황적응·현실타협·고립적 태도 등을 나타낼 것으로 보이며, 책임성 갈등 상황에서 방치 전략을 선택할 가능성이 상대적으로 높을 수 있다. 운명주의자는 계층주의자처럼 조직 내 위계적 역할 수행을 받아들이며 지시나 명령을 적극적으로 벗어나지는 않지만, 개인주의자처럼 고립적 특성이 있으므로 조직에 대한 충성도는 높지 않다. 따라서 책임성이 충돌하는 상황에서 운명주의자는 다른 삶의 양식에 비해 방치 전략을 더 선호할 수 있을 것이다. 방치 전략이 갈등

---

[29] 이하에서 계층주의자는 계층주의적 삶의 양식으로 살아가는 공무원을 의미하며, 평등주의자·운명주의자·개인주의자도 마찬가지 의미로 사용된다.

상황의 곤란함을 형식적으로 수용하여 상부에 복종하듯 행동하지만 실제로는 지연·방치하는 소극적 대응이기 때문이다.

개인주의자는 자율성·타협·성취경쟁 등을 추구하며 개인적인 이익 추구에 능동적이기 때문에, 책임성 갈등 상황에서 이탈 전략을 선택할 가능성이 상대적으로 높다.[30] 개인주의자는 상부로부터의 명령 이행과 조직 규율 준수의 절대성에 대한 인식이 상대적으로 약하고 집단 소속감이 낮으므로, 책임성 갈등을 인지하게 되면 조직과 업무를 벗어나는 방식으로 갈등 상황의 피로를 벗어나려는 선택을 다른 삶의 양식에 비해 더 선호할 수 있을 것이다.

정리하면, 개인주의 삶의 양식이 강한 경우는 이탈 전략을 선호할 가능성이, 계층주의 삶의 양식이 강한 경우는 순종 전략을 선호할 가능성이, 평등주의 삶의 양식이 강한 경우는 설득 전략을 선호할 가능성이, 그리고 운명주의 삶의 양식이 강한 경우는 방치 전략을 선호할 가능성이 상대적으로 더 크다고 추론할 수 있다.

5) 거버넌스 체제의 형태와 행정개혁 모형

거버넌스 체제(governance system)는 공공 및 민간부문의 다양한 행위자(agents)와 기관(agencies) 간의 관계 및 그들의 행동에 질서와 균형을 부여하는 제도적 틀을 말하며, 통치구조(governing structure) 또는 조정기제(coordinating mechanism) 등의 개념으로 불리기도 한다(Rhodes, 1996; Bevir, 2007; 유재원·이승모, 2008; 주재현, 2019 참조).[31] 일반적으로 원형적인(prototypical) 거버넌스 체제에는 계층제(hierarchies), 시장(markets), 네트워크(networks)의 세 가지가 있다(Thompson et al., 1991). '계층제'는 정부의 공식적 법규나 행정 명령 등을 통해서, '시장'은 경쟁 기제를 활용해서, 그리고

---

30) 공무원 조직에서는 개인주의 성향이 높더라도 순종과 방치의 대응을 할 가능성이 존재한다. 여기서는 다른 삶의 양식과 비교할 때, 개인주의자가 이탈 전략을 선택할 가능성이 타 집단에 비해 상대적으로 높을 것이라는 의미이며, 개인주의 성향이 높을 때 이탈 전략이 가장 우선시 된다는 의미는 아니다. 다른 성향 집단도 마찬가지이다.

31) '통치구조'는 한 국가 내 자원의 권위적 배분 현상에 주로 관련되고 정부 조직관리 측면과의 관련성은 약한 개념으로 해석될 여지가 있으며, '조정기제'는 조직 내적 갈등관리나 공공서비스 중복의 조정 등으로 한정되어 이해될 여지가 있다. 따라서 여기서는 '거버넌스 체제' 개념을 사용한다.

'네트워크'는 신뢰와 파트너십에 토대를 두고 통치와 조정이 이루어지는 거버넌스 체제를 말한다. 계층제는 규제와 조화를 강조하는 계층주의 문화, 시장은 개인의 자조(自助)와 경쟁을 강조하는 개인주의 문화, 네트워크는 차등의 배제와 협력을 강조하는 평등주의 문화에 각각 조응하는 거버넌스 체제이다.[32] 앞의 여러 주제에서 언급된 바와 같이 현실 세계의 거버넌스 체제는 원형의 형태가 아니라 혼합형의 형태로 운영되는 것이 일반적이다.

이 책에서는 19세기 말 이후 서구 국가를 중심으로 추진되어 온 행정개혁이 거버넌스 체제의 변화를 모색하는 노력으로 파악한다. 즉, 19세기 말 미국을 중심으로 나타난 '진보주의' 행정개혁(Progressive Public Administration) 이후 1970년대 말에 이르기까지는 '계층제'에 의존하는 거버넌스 체제가 주류를 형성했으나(Hood, 1994), 신공공관리(New Public Management) 행정개혁은 '시장'을, 뉴거버넌스(New Governance) 행정개혁은 '네트워크'를 지배적인 거버넌스 체제로 채택하려는 노력이었다. 아래에서는 세 개의 원형적 거버넌스 체제와 행정개혁 모형에 대해 논의한다.[33]

(1) 계층제: 행정중심론

'계층제' 거버넌스 체제는 정부의 공식적 법규나 행정 명령 등을 통해서 자원의 배분과 통제 및 조정이 이루어지는 방식으로서 계층주의 문화를 토대로 한다. 이 접근법에서는 행정 관료제의 논리, 즉 법적·합리적 권위에 토대를 둔 조직 운영방식이 행정 조직 내·외를 대상으로 하는 정책결정과 집행에서 핵심적인 역할을 담당한다. 이 거버넌스 체제는 두 개의 행정중심론적 행정개혁 조류와 연결된다. 하나는 고전적 행정(Old Public Administration) 개념이고, 다른 하나는 행정국가(Administrative State) 개념이다.

고전적 행정은 행정 책임(accountability)의 문제에 대해 공식적·계층제적·법적인

---

32) 현실 세계에 대한 주체적인 통제의 어려움을 주요 문화적 편향으로 하는 운명주의 문화에서는 독자적인 거버넌스 체제를 논리적으로 도출하기 어렵다. 다만, 운명주의 문화가 중심적인 문화 형태인 사회라고 하더라도 사회적 규제를 담당하는 사회의 상층부는 계층주의자일 가능성이 크기 때문에 이러한 사회에서 성립될 수 있는 거버넌스 체제는 계층제 형태에 가까울 것으로 예상해 볼 수 있다.

33) 이하의 내용은 주재현(2012: 240-244), 주재현(2021: 108-113)을 참조했다.

관점을 견지한다. 즉, 행정 공무원은 심각한 정도의 재량을 행사해서는 안 되며, 그들은 단지 계층제 상의 상관, 선출된 공직자, 또는 사법부에 의해서 설정된 법규·규칙·기준 등을 실행에 옮기면 되는 것으로 여겨진다. 따라서 행정 공무원이 일반시민에 대해 직접적인 책임을 지는 것은 필요하지도 적절하지도 않으며, 일반시민의 의지를 파악하여 이를 정책화하는 책임은 오직 선출된 공직자에 의해서만 가능한 것으로 파악된다. 행정 공무원에게 요구되는 것은 전문성과 업무수행 역량일 뿐이며, 책임 있는 행정행위는 과학적이고 가치중립적인 원칙에 토대를 두고 있는 것으로 이해된다(Denhardt & Denhardt, 2003: 129; Hughes, 2003: 236-237; Henry, 1975).

행정국가는 광범위한 역할을 수행하는 행정 체제(정부 관료제)가 공공부문의 운영에서 주도적인 역할을 수행하는 국가를 말한다. 20세기의 전반기 동안 전개된 행정국가화 현상은 고전적 행정 개념의 유지를 어렵게 만들었다. 행정국가에서는 거대 정부 관료제가 국정을 주도하며 국민 생활에 심대한 영향을 미친다(Waldo, 1948; 오석홍, 2008: 120). 행정국가화하기 이전의 행정은 협의의 집행·관리기능에 제한되었으나, 행정국가화와 더불어 입법부의 기능인 정책결정 기능까지도 담당하기 시작했다. 정부 관료제가 질서유지나 치안 등의 '안정' 유지자의 기능을 넘어서서 '변화'를 유도하는 기능까지 맡게 된 것이다(박동서, 1981: 32; O'Toole, 1987 참조).

행정 관료제의 역할 범위와 정치-행정 관계에 대한 인식 차이가 존재하지만, 고전적 행정 개념과 행정국가 개념 모두 '계층제'를 지배적인 거버넌스 체제로 보고 있다는 점에서는 일치한다. 즉, 국가와 사회를 대상으로 한 주요 정책의 결정과 집행, 그리고 정부 조직의 운영은 '시장' 기제나 '네트워크' 방식을 통해서가 아니라 정부 관료제를 통해야 한다는 것이다. 베버(M. Weber)에 의해서 정립된 관료제적 조직 운영의 특징은 다음과 같다. ① 각 부서 업무의 영역이 명백하게 규정된다. ② 조직의 상부에 하부에 대한 감독과 책임이 부여된다. ③ 공·사의 구분이 철저하다.[34] ④ 선출이 아닌 임명에 의해 보임되며, 조직과 구성원 간의 관계는 계약에 근거한다. ⑤ 관료는 객관적인 자격요건(훈련, 시험, 자격증 등)에 의해서 선발된다. ⑥ 관료는 자의적인 해고로부터 보호되며, 서열 및(또는) 업적에 의해 승진한다. ⑦ 관료 활동에 대한 규제는 일반적이

---

34) 업무 외의 영역에서 상급자에 복종할 필요가 없다.

고 일관성 있는 추상적 규칙에 의한다. ⑧ 공적 의무는 증오·선의 등과 무관한 비사인성(impersonality)에 기반해서 수행된다. ⑨ 관료제적 조직은 종종 비관료적인 총수(지위 승계, 피선출 등에 의해 보임됨)에 의해서 지휘된다(Etzioni-Halevy, 1983: 27; Hague & Harrop, 2004).

(2) 시장: 신공공관리론

'시장'은 경쟁(competition) 기제를 활용해서 자원의 배분과 통제 및 조정을 시행하는 거버넌스 체제로서 개인주의 문화를 토대로 한다. 이 방식을 지배적인 거버넌스 체제로 할 경우, 정부 조직 또한 시장의 논리를 적용받아 활동하는 행위자의 하나에 불과하며, 정부 조직의 내적 운영도 경쟁 기제의 적용을 받게 된다. 이러한 개념을 행정개혁에 도입한 이론적 조류가 신공공관리론(New Public Management: NPM)이다.

신공공관리론은 경쟁 기제를 관료조직 운영과 공공서비스 생산의 핵심적 수단으로 채택하고 있다. NPM은 공공부문과 시장부문 간에 조직 운영상의 차이가 존재하지 않는다고 보고 있으며, 공공부문의 작업방식이 절차와 규칙을 강조하는 것으로부터 결과(성과)에 주목하는 것으로 전환되어야 한다고 주장한다(Hood, 1994: 129; Dunleavy & Hood, 1994: 9-10). NPM에서 시장부문과 공공부문이 다르지 않다고 보는 것은 시장부문에서 개발되고 검증된 관리기법이 공공부문에도 적용될 수 있음을 의미한다. 시장부문이 공공부문보다 효율적이기 때문에 기업조직을 관리하는 데 활용되는 관리기법을 공공조직에 적용하면 공공부문의 효율성이 제고될 수 있다는 것이다. 법적 절차나 규칙보다 결과를 중시하는 것 역시 비용 절감이나 효율성을 강조하는 시장부문의 영향력이 공공부문에 미치게 됨을 의미한다.

NPM이 제시하는 주요 교리(doctrines)는 다음과 같다(Hood, 1994: 129-132; Aucoin, 1990; Kettl, 2005). 첫째, 공공부문 내 조직 간은 물론 공공조직과 민간조직(기업뿐 아니라 비영리조직도 포함) 간의 경쟁을 강조한다. 경쟁을 조장하기 위한 수단은 '시장성 테스트'와 '민간위탁' 등이다. 경쟁이 효율성의 증진과 서비스 질의 향상을 가져온다고 믿기 때문이다. 이러한 경쟁은 정책조언 영역보다는 정책집행 영역에서, 특히 사회 및 복지서비스 전달 영역에서 두드러진다.

둘째, 공공조직 내 구성원 간의 경쟁을 조장하기 위해 인센티브 제도를 도입하고,

성과평가 기제를 강화한다. 성과평가 결과를 토대로 차등적인 임금이 지급되는 것이 정당한 것으로 받아들여진다. 이를 위해서 명백하고 측정가능한 성과기준을 설정하고 이를 준거로 평가를 시도한다. 성과기준은 상관의 자의적이고 일관성 없는 명령이 아니라 적절한 조사와 토의를 통해 미리 설정된 산출지표를 위주로 한다. 이러한 접근은 '주인-대리인' 이론의 주장을 수용한 것으로 볼 수 있으며, NPM에서 관료는 더 이상 신뢰의 대상이 아니라 통제의 대상으로 인식되고 있음을 알 수 있다.

셋째, 공공부문 조직의 상층 관리부가 외부의 관찰에 쉽게 노출될 수 있고, 좀 더 적극적으로 조직의 운영에 관여하도록 하는 조직관리 스타일을 지향한다. NPM은 전통적 행정조직의 상층 관리부가 조직의 관리보다는 정무직 공무원에 대한 정책조언을 선호했고 외부에 잘 노출되지 않았으며, 그 여파의 하나로서 상층부 관료의 조직관리가 느슨하게 전개되었다고 본다. 따라서 이제는 조직 상층부 관료들이 정무직 공무원에 대한 정책조언보다 직접적인 조직관리에 더 적극적으로 관여하도록 유도하고 그들에게 조직관리 상의 책임을 물어야 하며, 이를 위해서 상층부 관료가 더 잘 노출되도록 제도를 구축하되, 그들에게 더 많은 관리상의 재량권을 부여해야 한다고 주장한다.

넷째, 상층 관리부의 노출과 책임을 조장하는 수단의 하나로서, 종전의 상대적으로 대규모라고 볼 수 있는 공공조직을 여러 세부 조직으로 나눈 후 각 조직에 단일의 임무를 부여하는 조직구성 접근을 채택한다. 각 세부 조직의 관리자는 경쟁을 통해서 선발되어 조직의 운영을 책임지고 그 성과에 따라 보상과 진퇴 여부가 결정되며, 외부의 관찰에 쉽게 노출된다. 관리자는 조직의 성과를 높이기 위해 시장부문에서 검증된 관리기법을 적절히 활용할 것으로 기대되며, 해당 기법은 적절히 적용될 경우 비용 절감이나 서비스 품질 향상을 가져올 것으로 기대된다.

(3) 네트워크: 뉴거버넌스론

'네트워크'는 신뢰와 파트너십에 토대를 둔 거버넌스 체제로서 평등주의 문화에 기반하고 있다. 여기서는 국가와 사회가 대립적인 존재가 아니라 서로 협력하고 신뢰하는 존재로 파악된다. 역동성·복합성·다양성으로 특징지어지는 현대사회(Kooiman, 1993b; 2003)에서 가장 효과성이 높은 거버넌스 체제는 '계층제'나 '시장'이 아니라 '네트워크'라는 진단과 이에 대한 믿음이 이 거버넌스 체제의 등장 배경을 형성하고 있다. 이처럼 네트워크를 강조하고, 협력과 신뢰형성을 중요시하는 관점은 또 하나의 행정개혁 조류인 뉴거버넌스론과 밀접한 연관성을 지니고 있다.

거버넌스에 대한 다양한 용법[35]) 중에서, 거버넌스 체제에 대한 이분법적 관점을 넘어서서 새로운 접근을 가능하게 하는 개념적 포괄성을 지닌 '뉴거버넌스' 개념은 사회적 사이버네틱스 체계(socio-cybernetic system)와 자기조직화 네트워크(self-organizing networks)의 용법이라 하겠으며,[36]) 따라서 여기서는 뉴거버넌스를 '자기조직화하는 조직 간의 네트워크'로 정의한다(Rhodes, 1996: 660). 이렇게 정의된 뉴거버넌스의 특징은 첫째, 조직 간의 상호의존성이다. 거버넌스는 정부보다 폭넓은 개념으로서 정부 외의 행위자도 포함한다. 이에 따라 정부부문·시장부문·자원부문 간의 경계가 불분명해진다. 둘째, 자원을 교환하고 목적을 공유할 필요성을 지닌 네트워크 참여자 간에 지속적인 상호작용이 존재한다. 셋째, 이러한 상호작용은 신뢰와 협조에 뿌리를 두고 있으며, 네트워크 참여자 간의 협상과정을 거쳐 동의된 게임의 규칙에 따라서 규제된다. 넷째, 정부가 네트워크를 조종할(steering) 수는 있지만, 그것은 간접적이고 불완전한 형태에 머문다. 네트워크는 정부로부터 상당한 정도의 자율성을 지니고 있으며 자기조직화한다.

네트워크의 활성화를 가능하게 하는 구체적인 조건과 관련해서는 다음과 같은 객관적·주관적 조건들이 제시되고 있다(Kooiman, 1993c; Vliet, 1993; Kouwenhoven, 1993). 먼저 '객관적'인 조건을 살펴보면, ① 전통적인 권위와 문제해결 수단의 실패 또는 쇠퇴, ②이익을 중재할 수 있게 하는 조직 형태와 패턴이 아직 제대로 정립되어 있지 않

---

35) 로즈(Rhodes , 1996: 653-659)의 정리에 따르면 거버넌스라는 개념은 최소한 다음과 같은 여섯 가지 의미로 사용되고 있다. 첫째, 거버넌스를 최소국가(minimal state)로 이해하는 것이다. 둘째, 거버넌스를 기업거버넌스(corporate governance)로 이해하는 것으로서 이는 민간부문과도 같은 정보의 개방, 완결성, 그리고 책임 있는 역할 수행을 공공부문에 적용하는 것을 의미한다. 셋째, 거버넌스를 신공공관리(New Public Management)로 파악하는 것이다. 넷째, 거버넌스가 '바람직한 국가운영(good governance)'을 의미하는 경우로서, 이는 개발도상국이 갖춰 나가야 할 자유민주주의체제를 신공공관리 개념과 접맥시켜 놓은 것을 말한다. 다섯째, 거버넌스를 사회적 사이버네틱스 체계(socio-cybernetic system)로 이해하는 것이다. 여섯째, 자기조직화 네트워크(self-organizing networks)로 거버넌스를 해석하는 관점이다(주재현, 2021: 65). 이 책에서는 '거버넌스'와 '거버넌스 체제' 개념을 구별해서 사용한다.

36) 개념의 혼란을 피하기 위해 이러한 거버넌스 개념을 '뉴거버넌스'로 명명하며, 특히 여기서는 네트워크와 파트너십에 초점을 두는 행정개혁을 '뉴거버넌스 행정개혁'으로 부른다.

은 새로운 사회정치적 활동 영역의 등장, ③ 특정의 공공부문과 민간부문 행위자 모두에게 관련되는 커다란 관심 사항의 부각, ④ 여러 행위자의 목적 및 이익의 수렴과 그들 간의 협력을 통한 시너지 효과 산출 가능성의 존재 등이 있다. 한편, 네트워크에 관여하고 있는 행위자들의 심리상태와 관계된 '주관적' 조건에는 ① 상호신뢰(trust)와 이해(understanding)의 존재, ② 책임을 공유할 준비성 등이 있다. 이러한 객관적, 주관적 조건들이 특정의 촉발요인이나 중개요인의 도움을 받을 경우, 네트워크의 활성화가 가능하다는 것이다.

〈표 1-4〉는 세 거버넌스 체제의 주요 특징을 행정개혁 모형과 관련지어 정리한 것이다.

〈표 1-4〉 거버넌스 체제의 주요 특징

구분기준	계층제	시장	네트워크
문화적 토대	계층주의 문화	개인주의 문화	평등주의 문화
행정개혁 모형	행정중심론	신공공관리론	뉴거버넌스론
관리 가치	합법성(법령, 규칙)	결과	신뢰
작동 원리	명령과 통제(감시·감독)	경쟁	파트너십
공공서비스	공공기관 직접 생산	민영화, 민간위탁, 경쟁입찰 등	공동 공급(다양한 행위자 참여)
관리 방식	관료제 중심	고객 지향	공동목표 지향

자료: 주재현(2012: 244), 주재현(2021: 113)을 일부 수정함.

6) 복지국가의 형태와 복지 선호도[37]

(1) 기본욕구, 사회적 위험, 그리고 사회복지

인간은 그 존립을 유지하기 위해 필수 불가피하게 충족시켜야 할 욕구(needs)를 지니고 있다. 이러한 욕구 중 개인별로 지니고 있는 주관적 욕망(desire)과는 달리 모든 인간에게 공통적이며 인간성을 유지하는 데 필수적이라고 사회적이라고 인정된 욕구

---

37) 이하의 내용은 주재현(2004a: 284-288)과 주재현(2019: 10-13)을 참조했다.

를 기본욕구(basic needs)라고 부른다.

한편, 인간은 삶을 영위하는 과정에서 안전(security)을 위협하는 여러 형태의 위험(risks)에 직면해 있다. 예를 들어, 각종 재해(교통사고, 산업재해, 자연재해 등)는 인간의 생명을 직접적으로 위협한다. 또한 부양자의 사망, 크고 작은 질병, 실업, 여성의 경우 임신과 분만, 그리고 나이를 먹게 되는 것 등도 직·간접적으로 인간의 안전을 위협하며, 이 밖에도 우리의 안전을 위협하는 요인은 다양하다. 그런데, 이러한 위험 요인들은 대부분 그 위험을 겪게 되는 개인 본인이나 그 가족의 소득을 상실하게 하거나 감소시켜서 그들의 인간적 생활을 위협한다는 공통점을 지닌다. 즉, 이러한 위험은 인간의 기본욕구 충족을 어렵게 하는 요인이라고 할 수 있다.

이러한 위험에 대비하고, 위험에 들게 된 경우 이를 헤쳐 나오는데 있어 가장 일반적인 방안은 개인 스스로 대처하는 것이다. 이 방안은 위험에 들기 이전에 미리 조심하거나 위험에 대비하여 준비하며, 또한 그런 상태에 처했을 경우 스스로의 책임 하에 이를 극복하고 자신의 기본욕구를 충족시키기 위해서 노력하는 것이다.

그런데, 어느 한 개인이 위험에 대비하고 기본욕구 충족을 위해 노력하는 것을 개인의 책임에만 맡겨 놓기 어려운 경우가 발생할 수 있다. 특정 위험이 사회구성원 대부분에게 보편적으로 발생할 가능성이 크고, 위험의 발생과 그 결과에 대한 책임을 개인에게만 맡겨 놓을 수 없는 경우, 사회가 공동체적 차원에서 그러한 위험에 집단적으로 대처할 수 있다는 것이다. 예를 들어, 우리나라에서 1997년에 외환위기가 발생하고 그 결과의 하나로 다수의 사회구성원이 실업 상태에 빠지게 된 경우를 들 수 있다. 이처럼 실업자가 실업에 이르게 되고, 그로 인해 기본욕구 충족에 어려움을 겪게 된 것을 그들 자신의 책임만으로 돌릴 수 없는 경우, 사회는 그와 같은 종류의 위험을 사회적 위험(social risks)으로 받아들이고 이에 대한 대비와 대처를 사회적 차원에서 전개할 수 있다.[38] 사회복지란 이처럼 사회적 위험이 존재하는 상황에서 인간의 기본욕구 충족을 위한 사회적 노력의 일환으로 나오게 된다.

그러나 인간의 기본욕구에는 어떤 것들이 있는지, 어떤 위험이 사회적 위험이고 어

---

[38] 이처럼 사회적 위험으로 인해 개인의 기본욕구를 충족시키지 못하는 사회구성원의 수가 상당히 많을 때, 그들이 그러한 사회적 위험으로부터 탈피하려는 집단적 욕구를 사회적 욕구(social needs)라고 말할 수 있으며, 이는 사회문제(social problems)가 존재하는 상황으로 볼 수 있다.

느 정도의 상태가 사회적 욕구가 존재하는 상황인지, 그리고 사회문제를 해결하기 위해 어떤 행위 주체가 어떤 사회복지 활동을 전개해야 하는지에 관한 판단은 사회에 따라 다르다. 같은 위험(예: 실업)에 대해서 이를 개인적으로 대처해 나가야 할 위험으로 인식하는지 아니면, 사회적으로 책임을 공유할 위험으로 인식하는지는 사회에 따라 다르게 나타난다. 또한 해당 위험이 사회적 위험으로 인정된다고 하더라도 이에 대해 어떤 행위 주체(예: 정부, 기업, 자선단체, 공제회, 친족 등)가 어느 정도의 개입을 해야 할지에 대한 공감대의 형성도 사회에 따라 다르다. 아래에서는 이러한 차이가 나타나는 이유를 위에서 정리한 문화이론의 분석 틀을 적용하여 살펴본다.

(2) 문화 형태별 사회복지의 발전 가능성과 형태

개인주의 문화가 중심이 되는 사회는 사회 내 역할 규정과 집단에의 소속감이 모두 약하다. 이와 같은 사회에서는 구성원이 각자의 기본욕구 충족을 노동시장에서의 경쟁과 취업을 통해 스스로의 힘으로 해결하는 것이 일반적이고, 그렇게 하는 것에 대해서 별다른 의문이 제기되지 않는다. 또한 개인주의 사회에서는 사회구성원이 직면해 있는 위험에 대비하기 위해 집단 또는 사회 전체를 대상으로 한 행동 지침과 규제가 개발되기 힘들며, 위험 상황에 빠진 구성원에 대해서도 사회적으로 구제방안을 마련하기가 쉽지 않다. 따라서, 각 개인은 스스로 위험에 대비해야 하고 위험 상황에 든 경우에도 스스로 이를 헤쳐 나가기 위해 노력한다. 위험에 대한 사회적 책임 의식이 약하고 위험에 대한 책임은 기본적으로 개인에게 부과되어 있기 때문이다. 한편, 이러한 개인적 노력을 뒷받침하기 위해 복지상품을 제공하는 시장이 활성화된다. 개인적 책임 의식이 광범위하게 퍼져 있으므로 기본욕구를 충족하지 못하는 사람의 수가 늘어나도 이를 사회적 욕구의 발현이라고 인식하기 힘들고, 그와 같은 상황을 사회문제로 받아들이기가 쉽지 않다. 이러한 사회에서는 시장을 벗어나서 구성원 간의 의도적인 상호부조 행위가 활발하게 나타나기 힘들며, 개인적인 차원에서 자신의 복지를 추구하는 것은 당연한 것으로 받아들여지지만 제도적 사회복지가 발전하기는 어렵다.

운명주의 문화 형태가 보편적인 가치관을 구성하는 사회는 사회적인 역할 규제의 정도는 높지만, 집단에의 소속 의식의 정도는 낮은 사회이다. 이러한 사회에서 개인은 자신에게 부과된 역할을 충실히 수행하고 그에 따른 보상을 받게 되지만, 그 이상의 것을 기대할 수는 없다. 반대로 역할을 적절하게 수행하지 못하게 되면 사회로부터의 보상은 중단된다. 개인은 스스로 자신의 기본욕구를 충족시켜야 한다는 점에서 개인주의적인 사회와 같지만, 개인주의 사회에서만큼의 자유로운 행동은 보장되지 않는다. 오직 부과된 역할을 수행하고 이를 통해 대부분 최소한의 기본욕구를 충족시킬 수 있을 뿐이다. 따라서, 개인주의 사회에서만큼 시장이 활성화되기는 힘들다. 운명주의 사회는 위험에 대한 사회적 책임 의식이 개발되어 있지 않다는 점에 있어 개인주의 사회와 공통점을 지닌다. 그러나 개인 차원에서 위험에 대비할 수 있는 행동을 모색함에 있어서는 개인주의 사회만큼의 재량이 보장되어 있지 않다. 오직 주어진 틀 내에서의 제한된 행동 대안만을 추구할 수 있을 뿐이며, 소속 의식을 갖지 못하고 무력감에 젖어 있는 구성원 간에는 상호부조 노력도 개발되기 힘들다. 사회의 집행부인 정부는 구성원들을 마치 기계의 부품과 같은 존재로 여기고 그들을 필요로 하지만 그들의 행복과 안녕에 대한 책임 의식을 지니고 있지 않다. 따라서 운명주의 사회에서는 개인 욕구를 충족시키지 못하는 구성원들로 인해 사회적 욕구가 제기될 수 있다는 사고방식이 자라나기 힘들며, 사회문제란 오직 사회의 원활한 작동에 장애가 야기되는 경우만을 의미한다. 이러한 사회에서는 개인 차원에서 복지를 추구하는 것도 제약되어 있으며, 제도적 사회복지의 발전 역시 사회의 작동에 장애가 발생하는 극히 제한된 경우에 있어서만 정부에 의해 고려될 수 있게 된다.

세 번째로 계층주의 문화 형태가 강조되는 사회는 사회적인 역할 규제의 정도와 집단에의 소속 의식이 모두 높은 사회이다. 계층주의 사회의 개인은 자신에게 부과된 역할을 충실하게 수행하고 그에 따른 보상을 얻는다는 점에서 운명주의 사회의 구성원과 같지만, 사회로부터 개인적인 역할 수행에 따른 보상 이상의 것을 기대할 수 있다는 점에서 운명주의 사회의 구성원과는 다르다. 즉, 계층주의 사회의 구성원은 사회에의 소속 의식이 높으며, 그에 따른 반대급부로서 사회로부터의 추가적인 보상을 기대할 수 있다. 이러한 사회의 개인도 기본적으로 자신의 기본욕구를 충족시키기 위해서 자신에게 부여된 역할을 수행하고 있지만, 동시에 그들은 자신의 역할 수행이 단지 자신만의 행복을 위한 것이 아니라 자신이 속한 사회의 집단적 안녕에 기여할 수 있다고 믿고 있다. 이러한 집단에의 소속 의식은 구성원 간의 상호부조 활동을 가능하게 하며, 사회와 정부의 지도부는 구성원들의 행복과 안녕에 대한 책임을 지고자 한다. 따라서, 계층주의 사회에서는 위험에 대한 사회적 책임의 개념이 발전할 수 있다. 사회구성원이 직면해 있는 위험에 대비하기 위해 집단 또는 사회 전체를 대상으로 한 행동지침과 규제가 개발될 수 있고, 위험 상황에 빠진 구성원에 대해서도 사회적으로 구제방안을 마련하려고 노력하게 된다. 특히 기본욕구를 충족시키지 못하는 개인의 수가 많아지는 것은 사회 전체의 차원에서 사회적 욕구가 제기되고 있는 사회문제의 상황이라고 인정되며, 이 사회문제를 해결하기 위해 사회복지제도가 정부의 주도 하에 발전하게 된다.

마지막으로 평등주의 문화 형태가 보편적인 가치관을 구성하는 사회는 사회적인 역할 규제의 정도는 낮지만, 집단에의 소속 의식은 높은 사회이다. 이러한 평등주의 사회는 개인에게 특정한 역할을 수행할 것을 강제하지 않으며, 따라서 구성원들이 받는 보상은 그들이 수행하는 역할로부터 나온다기보다는 사회의 구성원이라는 그 자체로부터 연유한다고 볼 수 있다. 개인의 기본욕구 충족은 그 개인에게만 맡겨져 있지 않고 사회 전체의 과제로 인식된다. 삶의 과정에서 개인이 봉착하게 되는 위험 중 많은 부분은 개인적 위험이 아니라 사회적 위험으로 받아들여지며, 이에 대한 대비와 책임의 소재는 우선적으로 사회에 놓여 있는 것으로 여겨진다. 사회의 이러한 책임 의식은 정부에 의해 충분히 반영되어 집단적 의사결정으로 나타나게 된다. 따라서, 사회구성원이 직면해 있는 위험에 대비하기 위한 집단적 노력을 수행하는 것과 위험 상황에 빠진 구성원에 대한 사회적·정책적 구제방안을 마련하려는 노력은 당연한 것으로 인식된다. 평등주의 사회에서는 사회구성원 간의 상호부조 노력은 사회의 기본적인 구성요소이며, 사회적 위험을 해소하기 위한 사회복지제도의 발전은 자연스러운 것이 된다. 계층주의 사회에서 발전하는 사회복지제도가 가부장적 책임 의식에서 나온 것인 반면, 평등주의 사회에서 추구하는 사회복지제도는 모든 사회구성원이 공동체를 구성하는 동등한 동료라는 의식의 발로라는 점이 특징적이라 하겠다.

다음 〈표 1-5〉는 기본욕구의 충족 책임, 사회적 위험에 관한 의식, 그리고 사회복지에 대한 삶의 양식별 차이를 정리하고 있다.

〈표 1-5〉 기본욕구, 사회적 책임, 사회복지에 대한 문화 형태별 차이

삶의 양식	기본욕구 충족 책임	사회적 위험 의식	사회복지
개인주의	개인책임	약함	잔여적 형태
운명주의	개인책임	약함	잔여적 형태
계층주의	개인책임(주) + 사회책임(종)	강함(가부장적 책임 의식)	제도적 형태
평등주의	개인책임(종) + 사회책임(주)	강함(공동체적 동료 의식)	제도적 형태

자료: 주재현(2019: 12)을 일부 수정함.

(3) 문화 형태별 사회복지 선호도

사회구성원 개인의 사회복지 선호도(이하 복지 선호도)와 관련해서, 개인주의자(개인주의적 삶의 양식을 지닌 행위자)는 다른 사회구성원에 대한 유대감이 깊지 않아 복지 선호도가 높지 않으리라고 추론할 수 있는데, 이들은 또한 개인의 자율성을 중시하므로 국가/사회적인 복지활동의 활성화에 대해 부정적인 입장일 것으로 볼 수 있다. 이들에게 있어 공정한 경쟁 기회의 부여는 중요하지만, 공정한 경쟁의 결과로서 나타나는 불평등과 계층은 당연한 것으로 여겨진다. 운명주의자는 사회적 유대감이 깊지 않아 복지 선호도가 높지 않을 것이고, 변화주도자로서의 의지가 미약하여 사회적 계층과 불평등의 획기적 개선에 대한 선호 역시 높지 않으리라고 추론할 수 있다. 이들은 또한 개인의 자율성 침해에 관한 관심을 지니기 어렵다. 한편, 계층주의자는 사회적 유대감이 깊고 복지 선호도가 일정 수준 이상일 것이지만, 이 유대감과 복지 선호도는 국가/사회적인 복지활동이 현재의 사회적 계층(및 불평등)을 크게 훼손하지 않는 수준에 한정될 것으로 볼 수 있다. 이들도 운명주의자와 마찬가지로 개인의 자율성 침해에 관한 관심은 낮다. 마지막으로 평등주의자는 사회적 유대감과 복지 선호도가 높을 것이고, 나아가 국가/사회적인 복지활동을 통해 사회계층과 불평등의 획기적 개선을 모색할 것으로 기대할 수 있다. 이들에 있어 국가/사회적인 복지활동이 야기할 수 있는 개인의 자율성 침해에 대한 우려는 집단의 일체감과 공동체 의식에 의해 어느 정도 상쇄되는 것으로 추론할 수 있다(〈표 1-6〉 참조).

정리하면, 낮은 격자성을 높은 집단성으로 제어할 것으로 보이는 평등주의자의 복지 선호도가 가장 높을 것이고, 높은 집단성과 높은 격자성이 양립할 것으로 보이는

계층주의자의 복지 선호도가 두 번째로 높을 것으로 볼 수 있다. 집단성이 낮은 개인주의자와 운명주의자의 복지 선호도는 앞의 두 유형의 행위자에 비해 낮을 것으로 판단된다.

〈표 1-6〉 삶의 양식별 사회복지 선호도

삶의 양식 (문화)	사회적 유대감	사회계층·불평등 개선 기대·관심	개인 자율성 침해 우려	복지 선호도
개인주의	저	저	고	저
운명주의	저	저	저	저
계층주의	고	저	저	중
평등주의	고	고	중	고

자료: 주재현(2019: 13).

참고문헌

김서용·박원수. (2005). EVLN(Exit, Voice, Loyalty and Neglect)의 문화적 기반에 대한 연구.「한국행정연구」. 14(3): 73-102.

박동서. (1981).「한국행정론」, 개정판. 법문사.

박종민 편. (2002).「정책과 제도의 문화적 분석」, 서울: 박영사.

박종민·김영철. (2001). 한국의 행정문화 재고: 문화이론을 지향하며.「한국행정학회 하계학술대회 논문집」.

박천오. (2008). 한국의 행정문화: 연구의 한계와 과제.「정부학연구」. 14(2): 215-240.

백완기. (1982).「한국의 행정문화」. 서울: 고려대학교 출판부.

신현중·주재현·박치성. (2019). 소득재분배 선호도 결정요인의 다수준 분석: 문화변수의 설명력 검증을 중심으로.「한국정책학회보」. 28(3): 157-187.

오석홍. (2008).「행정학」, 제4판. 박영사.

유재원·이승모. (2008). 계층제, 시장, 네트워크: 서울시 구청조직의 거버넌스 실태에 대한 실증적 분석.「한국행정학보」. 42(3): 191-213.

조석준. 2004.「한국행정론」, 서울: 박영사.

조성한·임재현·주재현·한승준. (2006).「사회복지정책론」, 서울: 법문사.

조영훈. (2010). 복지국가 발달에 대한 문화주의적 해석과 그 평가: 미국과 캐나다의 복지수준 차이에 대한 립셋의 견해를 중심으로.「한국사회학」. 44(1): 98-122.

주재현. (2004a). 사회복지와 문화: 복지국가 유형론에 대한 문화이론적 해석.「한국정책학회보」. 13(3): 279-297.

주재현. (2004b). 정부와 자원조직 간 협력관계: 종합사회복지관 위탁운영 분석을 중심으로.「사회복지연구」. 24: 149-186.

주재현. (2009). 행정개혁과 관료제 통제기제에 관한 연구: 노무현 정부의 인사행정개혁을 중심으로.「행정논총」. 47(4): 49-78.

주재현. (2011). 한국 행정문화의 지속과 변화에 관한 연구: Grid-Group 문화이론의 적용.「정부학연구」17(1): 1-33.

주재현. (2012). 조정기제의 혼합과 계층제 기제의 의의에 관한 연구: 영국 행정개혁을 중심으로.「한국사회와 행정연구」. 23(3): 237-261.

주재현. (2016).「정책과정론: 이론과 사례분석」, 전정판. 서울: 대영문화사.

주재현. (2019). 집단-격자 문화이론과 정책형성: 국민기초생활보장제도 사례분석.「한국정책학회보」. 28(4): 1-31.

주재현. (2021).「영국 거버넌스 체제 변동 연구」. 서울: 윤성사.

주재현·신동석. (2014). 공공서비스 중복에 대한 정부의 대응방식 연구: 방과후 돌봄서비스 사례를 중심으로.「국가정책연구」. 28(1): 103-128.

주재현·한승주. (2015). 공무원의 책임성 딜레마 인지와 대응: 지방자치단체 공무원을 중심으로.「정부학연구」. 21(3): 1-33.

주재현·신현중·박치성. (2016). 복지국가의 유형과 문화: 집단-격자 문화이론을 적용한 복지국가 유형론 정립. 「한국정책학회보」. 25(4): 123-155.

주재현·신현중·박치성. (2017a). 문화적 특성이 소득불평등에 미치는 영향: 집단과 격자를 중심으로. 「정책분석평가학회보」. 27(3): 163-193.

주재현·한승주·임지혜. (2017b). '삶의 양식'과 공무원의 책임성 갈등에 관한 연구: 사회복지전담공무원을 중심으로. 「한국정책학회보」. 26(2): 137-166.

Almond, G. & Verba, S. (1963). The *Civic Culture: Political Attitudes and Democracy in Five Nations*. Princeton, NJ: Princeton University Press.

Aucoin, P. (1990). Administrative Reform in Public Management: Paradigms, Principles, Paradoxes, and Pendulums. *Governance*. 3(2): 115-137.

Bevir, M. (2007). What is Governance? In Bevir, M. (ed.). *Public Governance, Vol. 1: Theories of Governance*. London: Sage.

Cameron, K. S. & Quinn, R. E. (1999). *Diagnosing and Changing Organizational Culture*. New York: Addison Wesley, Inc.

Cendón, A. B. (2000). Accountability and Public Administration: Concepts, Dimensions, Developments. In *Openness and Transparency in Governance: Challenges and Opportunities*.

Chalmers, D. (1997). Judicial Preferences and the Community Legal Order. *The Modern Law Review*. 60(2): 164-199.

Coyle, D. J. (1997). A Cultural Theory of Organizations. In Ellis, R. J. and Thompson, M. (eds.), *Culture Matters: Essays in Honor of Aaron Wildavsky*. Oxford: Westview Press.

Denhardt, J. V. & Denhardt, R. B. (2003). *The New Public Service: Serving, not Steering*. New York: M. E. Sharpe, Inc.

Dodds, A. (2013). *Comparative Public Policy*. New York: Palgrave Macmillan.

Douglas, M. & Wildavsky, A. (1982). *Risk and Culture: An Essay on the Selection of Technological and Environmental Dangers*. London: Univ. of California Press.

Dowding, K. (1994). The Compatibility of Behaviourism, Rational Choice and 'New Institutionalism'. *Journal of Theoretical Politics*. 6(1): 105-117.

Dunleavy, P. & Hood, C. (1994). From Old Public Administration to New Public Management. *Public Money and Management*. 14(3): 9-16.

Elkins, D. J. & Simeon, R. E. B. (1979). A Cause in Search of Its Effect, or What Does Political Culture Explain? *Comparative Politics*. 11(2): 127-145.

Etzioni-Halevy, E. (1983). *Bureaucracy and Democracy: A Political Dilemma*. London: Routledge and Kegan Paul.

Farrell, D. (1983). Exit, Voice, Loyalty, and Neglect as Responses to Job Dissatisfaction: A Multidimensional Scaling Study. *Academy of Management Journal*. 26(4): 596-607.

Gilbert, N. & Specht, H. (1974). *Dimension of Social Welfare Policy*. Englewood Cliffs, N. J.: Prentice Hall.

Hague R. & Harrop, M. (2004). *Comparative Government and Politics: an Introduction, 6th ed*. New York: Palgrave Macmillan.

Hall, P. (1986). *Governing the Economy: The Politics of State Intervention in Britain and France*. New York: Oxford University Press.

Henry, N. (1975). Paradigms of Public Administration. *Public Administration Review*. 35(4): 378-386.

Hirschman, A. O. (1970). *Exit, Voice and Loyalty*. Cambridge, Mass.: Harvard University Press.

Hofstede, G. (1991). *Cultures and Organizations: Software of the Mind*. New York: McGraw-Hill.

Hood, C. (1986). *Administrative Analysis: An Introduction to Rules, Enforcement and Organizations*. Hemel Hempstead, UK: Harvester Wheatsheaf.

Hood, C. (1994). *Explaining Economic Policy Reversals*. Buckingham, U.K.: The Open University Press.

Hood, C. (1996). Control over Bureaucracy: Cultural Theory and Institutional Variety. *Journal of Public Policy*. 15(3): 207-230.

Hood, C. (1998). *The Art of the State: Culture, Rhetoric, and Public Management*. New York: Oxford Univ. Press.

Hood, C. & Jackson, M. (1991). *Administrative Argument*. Aldershot, UK: Dartmoluth.

Hood, C. & James, O. (1997). The Central Executive. In Dunleavy, P. et al. (eds.) *Developments in British Politics 5*. London: Macmillan.

Hood, C., James, O., Peters, B. G., & Scott, C. (eds.) (2004). *Controlling Modern Government: Variety, Commonality and Change*. Cheltenham, UK: Edward Elgar.

Hughes, O. E. (2003). *Public Management and Administration: An Introduction, 3rd ed*. New York: Palgrave Macmillan.

Inglehart, R. (1977). *The Silent Revolution: Changing Values, and Political System Among Western Publics. Princeton, N.J.*: Princeton University Press.

Inglehart, R. (1988). The Renaissance of Political Culture. *American Political Science Review*. 82(4): 1203-1230.

Kahan, D. M. (2006). Cultural Cognition and Public Policy. Faculty Scholarship Series, Paper 103.

Kahan, D., Braman, D., Gastil, J., Slovic, P. & Mertz, C. K. (2007). Culture and Identity Protective Cognition: Explaining the White-male Effect in Risk Perception. *Journal of Empirical Legal Studies*. 4(3): 465-505.

Kettl, D. F. (2005). *The Global Public Management Revolution, 2nd ed*. Washington, D.C.: Brookings Institution Press.

Kim, B. W. (1982). The Korean Political Psyche and Administration. In Kim, B. & Rho, W. (eds.), *Korean Public Bureaucracy*. Seoul: Kyobo.

Kooiman, J. (ed.) (1993a). *Modern Governance: New Government-Society Interactions*. London: Sage.

Kooiman, J. (1993b). Governance and Governability: Using Complexity, Dynamics and Diversity. In Kooiman, J. (ed.), *Modern Governance: New Government-Society Interactions*. London: Sage.

Kooiman, J. (1993c). Findings, Speculations and Recommendations. In Kooiman, J. (ed.), Modern Governance: *New Government-Society Interactions*. London: Sage.

Kooiman, J. (2003). *Governing as Governance*. London: Sage.

Kouwenhoven, V. (1993). Public-Private Partnership: A Model for the Management of Public-Private Cooperation. In Kooiman, J. (ed.), *Modern Governance: New Government-Society Interactions*. London: Sage.

Lockhart, C. (2001). *Protecting the Elderly: How Culture Shapes Social Policy*. University Park, PA.: Penn State University Press.

O'Toole, Jr., L. J. (1987). Doctrines and Developments: Separation of Powers, the Politics-Administration Dichotomy and the Rise of the Administrative State. *Public Administration Review*. 47(1): 17-25.

Parsons, T. (1967). *Sociological Theory and Modern Society*. New York: Oxford University Press.

Pfau-Effinger, B. (2005). Culture and Welfare State Policies: Reflections on a Complex Interrelation. *Journal of Social Policy*. 34(1): 3-20.

Pollitt, C. (1993). *Managerialism and the Public Services, 2nd ed*. Oxford: Blackwell.

Pressman, J. L. & Wildavsky, A. (1979). *Implementation, 2nd ed*. London: University of California Press.

Quinn, R. E. & Cameron, K. S. (1983). Organizational Life Cycles and Shifting Criteria of Effectiveness. *Management Science*. 29: 33-51.

Rhodes, R. A. W. (1996). The New Governance: Governing without Government. *Political Studies*. 44(4): 652-667.

Riggs, F. (1964). *Administration in Developing Countries: The Theory of Prismatic Society*. Boston: Houghton Mifflin.

Romzek, B. S. & Dubnick, M. J. (1987). Accountability in the Public Sector: Lessons from the Challenger Tragedy. *Public Administration Review*. 47(3): 227-238.

Rusbult, C. E., Zembrodt, I. M., & Gunn, L. K. (1982). Exit, Voice, Loyalty, and Neglect: Responses to Dissatisfaction in Romantic Involvements. *Journal of Personality and Social Psychology*. 43(6): 1230-1242.

Schwarz, M. & Thompson, M. (1990). *Divided We Stand*. Hempel Hempstead: Harvester Wheatsheaf.

Self. P. (1993). *Government by the Market? The Politics of Public Choice*. London: Macmillan.

Siffin, W. (ed.) (1959). *Toward the Comparative Study of Public Administration*. Bloomington, : Indiana University Press.

Smith, P. (2000). *Cultural Theory: An Introduction*. Balckwell Publishers.

Thelen, K. & Steinmo, S. (1992). Historical Institutionalism in Comparative Politics. In Steinmo, S. et al. (eds.), *Structuring Politics: Historical Institutionalism in Comparative Analysis*. New York: Cambridge University Press.

Thompson, M., Ellis, R. & Wildavsky, A. (1990). *Cultural Theory*. Boulder, San Francisco: Westview Press.

Thompson, G., Frances, J. Levacic, R. & Mitchell, J. (eds.) (1991). *Markets, Hierarchies and Networks: The Coordination of Social Life*. London: Sage.

Triandis, H. C. (1999). Cross-Cultural Psychology. *Asian Journal of Social Psychology*. 2: 127-143.

Triandis, H. C. (2001). Individualism-Collectivism and Personality. *Journal of Personality*. 69(6): 907-924.

Vliet, M. (1993). Environmental Regulation of Business: Options and Constraints for Communicative Governance. In Kooiman, J. (ed.), Modern Governance: *New Government-Society Interactions*. London: Sage.

Waldo, D. (1948). *The Administrative State*. New York: Ronald.

Wildavsky, A. (1985). The Logic of Public Sector Growth. In Lane, J.-E. (ed.), *State and Market*. London: Sage Publications.

Wildavsky, A. (1987). Cultural Theory of Responsibility. In Jan-Erik Lane, (ed.), *Bureaucracy and Public Choice*. London: Sage Publications.

Wildavsky, A. (1989). A Cultural Theory of Leadership. In Jones, B. D. (ed.), *Leadership and Politics: New Perspectives in Political Science*. Lawrence, Kansas: University Press of Kansas.

집단-격자 문화이론과
정부·행정의 분석

제1부
행정의 분석

제2장
한국 행정문화*

1 서론

현대 정치·행정이론의 주요 패러다임들은 관료와 관료조직이 공익의 수호자가 될 가능성보다는 자신과 자신이 속해 있는 조직의 이익이나 입장을 위해 활동할 가능성에 더 큰 무게를 두고 있다(Allison, 1971; Dunleavy & O'Leary, 1987). 다시 말해서, 주요 패러다임들은 많은 경우에 있어 다수의 공무원이 크고 작은 사익과 공익이 충돌하는 상황에서 소극적 또는 적극적인 형태로 공익보다 사익에 치우치는 행동을 할 수 있다는 가능성을 인정한다. 행정개혁은 이 가능성에 대비하기 위한 조직적·제도적 정책방안을 마련하기 위한 노력으로 이해될 수 있다(주재현, 2009: 50-51).

우리나라도, 특히 1990년대 이후 현재에 이르기까지, 구미 국가를 중심으로 활발히

---

* 주재현(2011)과 주재현(2013: 67-102)을 토대로, 최근의 성과(한국행정연구원, 2022a;주재현·한승주, 2023)를 반영해서 재작성함.

진행된 행정개혁 아이디어들을 적극적으로 수용하여 다양한 제도적·조직적 개선을 시도했다. 그런데, 관료와 관료조직의 행태를 통제하기 위한 제도적 노력은 행정문화에 의해 조절될 수 있다. 즉, 특정 국가의 지배적인 행정문화와 적절하게 조응(照應)하는 개혁방안이 그렇지 못한 방안에 비해 더 높은 효과를 낼 수 있으리라는 것이다. 관료제 통제의 의의를 지닌 행정개혁과 한국 행정문화 간의 정합성 문제는 이미 학계에서 제기된 바 있다(강인재 외, 1998; 조성한, 2005; 백완기, 2008 등). 한국 행정문화의 수직적 집합주의 경향과 개인주의 문화에 토대를 두고 있는 2000년대의 행정개혁은 문화적 정합성이 높지 않고, 이러한 문화적 정합성의 문제는 행정개혁의 효과에 의문을 제기하게 만드는 근본 원인이 되고 있다는 지적이다. 이 장은 이러한 선행연구의 문제의식에 공감하며, 행정개혁의 효과성을 검토하기 위해서 행정문화를 분석할 필요가 있음을 주장한다.

그러나 이 연구는 두 가지 점에서 위의 선행연구에 대해 문제를 제기하고자 한다. 하나는 행정개혁이 추진되었던 지난 30여 년 동안 한국 행정문화에 변화가 나타날 수 있는 가능성이다. 문화는 고정되어 있지 않다. 개인주의 문화에 토대를 두고 있는 행정개혁 방안들의 지속적인 도입과 여타 사회적 상황변화 등으로 인해 한국 행정문화에도 개인주의 요소가 확대될 가능성을 검토해볼 필요가 있다. 다른 하나는 일부 선행연구에서 전제하고 있는 한국 행정문화 분석에 대한 고전적 접근방식과 개념의 문제이다. 즉, 일부 선행연구는 고전적인 접근방식과 개념이 지니고 있는 한계를 내포하고 있어, 좀 더 적실성 있는 이론적 논거를 토대로 한국 행정문화의 지속과 변화를 새롭게 검토할 필요가 있다. 이에 여기서는 문화이론의 분석 틀을 적용해서 이러한 과제에 대응하고자 한다.[1] 이 장은 문화이론의 분석 틀을 적용하여, 한국에서 신공공관리적인 행정개혁 논의가 나오기 시작한 1990년대 초와 2000년대 후반 및 2020년대 초의 행정문화를 비교함으로써 한국 행정문화가 어떻게 지속 또는 변화되었는지를 분석하고, 그 함의를 논의하는 데 목적을 두었다.

행정문화 분석의 주요 초점은 조직 목표와 조직 구성원 간의 관계, 조직 내 인간

---

1) 이 점에 대한 자세한 논의는 제1장 1.(문화 개념과 행정·정책의 연구)과 2.(집단-격자 문화이론)을 참조하기 바람.

관계, 조직 내 의사소통 패턴, 조직 내 의사결정과정, 인사관리 등이다. 아래의 〈표 2-1〉은 네 개의 원형적 문화 형태별로 공공조직 관리·운영상의 특징이 어떻게 나타날 것인지를 정리한 것이며,[2] 이는 경험적인 분석을 위한 지표로 발전될 수 있다(〈표 2-2〉 참조).

〈표 2-1〉 문화 형태별 공공조직 관리·운영상의 특징

	계층주의	운명주의	개인주의	평등주의
조직목표와 조직구성원 관계	• 조직구성원은 조직목표 달성을 위한 수단 • 개인의 수단화에 대한 구성원들의 긍정과 수용 • 높은 조직소속감	• 조직구성원은 조직목표 달성을 위한 수단 • 개인의 수단화에 대한 구성원들의 무기력한 수용	• 조직은 개인의 성공을 위한 도구 • 자유로운 조직 진입과 퇴거	• 조직구성원의 도구화에 대한 부정 • 인간 개개인의 존엄성 강조
조직 내 인간관계	• 상관-부하간 명령-복종 관계 • 상관-부하간 상호관심과 신뢰 • 조직 내 하부집단 안의 집단정체감 (정부조직과 일반시민의 괴리)	• 상관-부하간 명령-복종 관계 • 조직구성원간 신뢰와 교류의 결여	• 계약과 합의에 의한 인간관계 • 자유의지에 근거한 관계형성과 종료	• 동료의식이 조직 내 인간관계의 기본 • 상호존중과 평등성에 기반한 인간관계 (정부조직과 일반시민간의 높은 상호접근)
조직 내 의사소통 패턴	• 하향식 의사소통	• 하향식 의사소통	• 자유로운 의사표출의 인정(그러나 구성원 개개인의 관심 영역에 한정)	• 수평적 및 수직적 차원에서의 쌍방향 의사소통
조직 내 의사결정과정	• 조직 상층부 중심의 의사결정 • 제도화된 의견수렴의 형식적 수행	• 조직 상층부에 의한 의사결정 • 제도화된 의견수렴의 형식적 수행	• 조직구성원 일반의 의사결정과정 참여 (그러나 구성원 개개인의 관심 영역에 한정)	• 조직구성원 일반의 의사결정과정 참여 • 조직 상층부의 일반 구성원 참여 독려·조장
인사관리	• 계급제를 토대로 한 보수적 관리방식 • 자격요건과 연공서열 중심 • 조직 내 하부집단(연줄)의 영향력 • 과정과 절차의 가치를 우선시	• 조직 최상층부의 임의적인 인사관리 • 이에 대한 일반 구성원의 무기력한 수용	• 개인의 실력·능력·실적 중심의 관리 • 성과 차이에 의한 차등 인정(경쟁체제) • 절차보다 결과와 성과의 중시(재량과 창의성 강조)	• 인사관리 사안에 대한 조직구성원의 관여 인정(정보의 공개)

자료: 주재현(2011: 14).

---

2) 이와 관련된 자세한 논의는 제1장 3.(문화이론의 적용[30~35쪽])을 참조하기 바람.

❷ 연구접근법

　행정문화의 변화과정을 분석하기 위해 이 연구는 2차 분석(secondary analysis) 방법을 사용했다. 즉, 행정에 대한 행정관료와 일반시민의 인식과 사고방식에 대한 선행연구의 자료와 분석 결과를 재분석하여 본 연구의 목적을 달성하고자 했다. 사전적인 기획으로 장기간에 걸친 인식조사를 체계적으로 수행하는 것이 독자적인 자료작성과 분석을 위해 가장 바람직한 접근이지만, 본 연구와 같이 그러한 접근이 불가능한 상황에서 비교적 장기간에 걸친 인식의 지속과 변화에 관해 연구하기 위해서는 2차 분석 방법이 사실상 유일한 접근방법이라고 할 수 있다. 이러한 연구 의도에 가장 적합한 선행연구는 1992년부터 2022년까지 3년 간격으로 공무원과 국민의 인식을 조사한 한국행정연구원의 연구(특히 '행정에 관한 공무원 인식조사')와 2011년부터 매년 공무원을 대상으로 실시 중인 '공직생활실태조사'이다. 본 연구는 한국행정연구원의 인식조사에서 사용된 설문 문항 중 본 연구의 취지를 반영할 수 있는 문항들을 추출한 후, 이 문항들에 대한 조사대상자의 응답을 문화이론의 분석 틀을 적용하여 재해석하는 순서로 진행했다.[3]

　한국행정연구원 인식조사 문항 중 1990년대 초부터 최근 조사까지 비교적 동일한 내용을 유지하고 있는 문항은 공무원의 승진 결정요인에 관한 질문(공무원 대상)이다. 따라서 '공무원 승진 결정요인에 대한 인식'을 주된 비교의 지표로 했다. 그러나 단일 지표만을 대상으로 하는 비교분석의 약점을 보완하기 위해, 조사 당시의 지표 중 공무원과 시민의 문화 형태를 파악하는 데 도움이 되는 항목들을 보완적인 지표로 활용했다.

　승진 결정요인으로 제시된 항목들은 근무연수(경력), 교육수준(교육훈련 이수 여부), 연줄(지연·혈연·학연 등), 대인관계, 실력(업무능력 및 실적), 금력, 운, 성별, 임용출

---

3) 그러나 조사를 시행하는 동안 설문 문항들이 계속 변화되었으며, 이에 따라 인식의 변화를 확인하는데 상당한 제약이 있었다. 또한 '행정에 관한 공무원 인식조사'와 '공직생활실태조사'는 공무원 모집단을 대상으로 유사한 문항이 중복됐었는데 이것이 2021년 조사부터 재조정되고 분리되었다. 여기서 분석하려는 행정문화를 파악할 수 있는 공직사회의 관리방식, 가치 및 관계 등에 관한 문항들은 2022년 '행정에 관한 공무원 인식조사'에서 제외되었고 '공직생활실태조사'에서만 조사되었다. 따라서 2020년대 초의 공무원 인식조사는 가장 최근 자료인 2021년 '공직생활실태조사' 자료를 활용했다(주재현·한승주, 2023: 102).

신 구분 등이다. 이 중에서 근무연수(경력), 교육수준(교육훈련 이수 여부), 연줄(지연·혈연·학연 등), 임용출신 구분은 계층주의 문화, 실력(업무능력 및 실적)은 개인주의 문화, 금력·운·성별은 운명주의 문화, 그리고 대인관계는 계층주의 문화 및 평등주의 문화와 관련된다.[4]

앞에서 논의한 바와 같이, 근무연수(경력)가 더 많은 이들— 대개 연장자 —이 상대적으로 더 적은 이들보다 승진이 빨라야 한다는 생각, 교육수준이 더 높거나 필요한 교육훈련을 이수한 이들이 그렇지 못한 이들보다 승진이 빨라야 한다는 생각은 전형적인 계층주의 문화의 한 단면이다. 또한 지연·혈연·학연 등의 연줄이나 고시 출신 여부 등의 임용출신 구분이 중요한 승진 결정요인이 된다고 생각하는 것도 계층주의 문화를 반영한다. 계층주의 문화의 주요 특징인 '집단(group)의 폐쇄성이나 응집성' 개념에 근거해서, 조직의 상층부에 있는 이들이 자신과 동일한 하부집단(sub-group)에 속하는 하위자들을 우선적인 승진 대상자로 검토할 수 있음을 인정하고 있기 때문이다.

실력(업무능력 및 실적)이 앞선 이들이 그렇지 못한 이들보다 먼저 승진된다는 생각은 기회의 균등과 경쟁, 그리고 개인적인 성공을 강조하는 개인주의 문화를 반영한다. 금력과 운, 성별 등에 의해 승진 여부가 결정된다는 생각은 자신과는 무관한 힘— 자신이 어찌할 수 없는 힘 —에 의해 자신의 미래가 결정된다고 생각한다는 점에서 운명주의 문화와 관련된다.[5] 원활하고 친밀한 대인관계는 집단 일체감을 보여주는 핵심 지표가 될 수 있다는 점에서 '집단성'(group)이 높음을 의미하고, 따라서 평등주의 문화 및 계층주의 문화와 관련된다.

---

[4] 대인관계의 중요성은 평등주의 문화와 계층주의 문화에서 모두 나타난다. 두 문화 형태 모두 '집단' 일체감이 높은 문화이기 때문이다. 다만, 평등주의 문화에서는 좀 더 평등한 인간관계를 전제한 대인관계가 중요시되지만, 계층주의 문화에서는 상하관계를 전제로 한 대인관계가 중요시된다.

[5] 재력을 갖춘 이들이 자신의 재력을 활용해서 다른 이들보다 먼저 승진할 때도 운명주의자는 이를 무기력하게 수용한다. 자신이 조직 상층부의 결정에 영향을 미칠 수 있는 부를 갖추지 못한 것이 안타깝지만, 이 역시 어떻게 할 수 없는 숙명적인 자신의 조건으로 받아들이기 때문이다. 운명주의자는 결국 넓게 보면 인생의 대부분이 '운'에 속하는 영역이고, 자신이 주도적으로 변화시킬 수 있는 것은 매우 제한되어 있다고 인식한다.

〈표 2-2〉 행정문화 2차 분석 대상 설문 문항 1: 승진 결정요인

	1992년	2007년	2021년
계층주의	연줄, 근무연수, 교육 수준	경력 및 보직관리, 임용출신 구분, 지연·혈연·학연 등, 교육훈련 이수	학연·지연, 정치적 연줄, 재직년수, 기관장 판단, 기관장 주요 정책에 협력, 상급자 충성, 학력·자격요건, 채용경로, 근무부서
개인주의	실력	업무능력 및 실적	업무수행 실적, 업무수행 태도, 상위직 업무수행 잠재력
평등주의/계층주의	대인관계	대인관계	평판
운명주의	금력, 운	-	성별

자료: 주재현·한승주(2023: 104).

그 외의 문항 중 1992년, 2007년, 2021년의 조사에서 추가로 검토될 수 있는 것들은 다음의 〈표 2-3〉과 같다.[6] 다음 절에서는 이상 추출한 설문 항목별로 1992년, 2007년, 2021년의 인식조사 결과를 검토·정리하여, 지난 30여 년 동안 한국 행정문화에서 나타난 지속과 변화를 살펴보도록 한다.

〈표 2-3〉 행정문화 2차 분석 대상 설문 문항 2: 기타 문항

문화 형태	설문 문항	비고	
1992년의 조사			
개인 주의	관련 없는 동료업무에 대한 무관심 정도	높을수록	개인주의적
	결과가 좋으면 수단은 상관없다는 판단에 대한 동의 정도		
	타부처로 옮길 의향	클수록	개인주의적
	성과급제 실시에 대한 찬성 정도	높을수록	개인주의적
평등 주의	부서 정책결정과정 참여 정도	높다고 인식할수록 평등주의적	
	공무원에 대한 시정요구 여부(시민의식 조사)	'있다'의 경우	평등주의적

---

6) 〈표 2-3〉의 설문 문항들이 각 문화 형태를 반영하는 논거에 대해서는 공공조직의 관리·운영에 관한 주요 사안들을 문화 형태와 관련지어 논의한 제1장 3.(30~35쪽)을 참조하기 바람.

계층주의	직장 내 선배대접에 대한 동의 정도	높을수록	계층주의적
	상관의견 수용에 대한 동의 정도		
	비판 회피적 자세에 대한 동의 정도		
	연줄·배경의 필요성에 대한 동의 정도		
	상관에 대한 충성심 정도		
	'공무원이 고압적'이라는데 대한 동의 정도(시민의식 조사)		
2007년의 조사			
개인주의	공무원 보수 결정요인으로 업무의 중요도·난이도, 성과, 능력 선택	선택 시	개인주의적
	조직의 융통성과 변화적응성 동의 정도	높을수록	개인주의적
	조직의 개방성과 변화민감성 동의 정도		
	조직의 혁신인사 인정에 대한 동의 정도		
	조직의 창조성 추구에 대한 동의 정도		
평등주의	의사결정 참여에 대한 만족 정도	만족할수록	평등주의적
	지위·직급에 무관한 상호존중과 평등한 대우에 대한 동의 정도	높을수록	평등주의적
계층주의	공무원 보수 결정요인으로 경력, 학력, 직급, 연령과 부양가족 수 선택	선택 시	계층주의적
	관리자에 대한 신뢰와 존경 정도	높을수록	계층주의적
	출신배경 등에 따른 인사상 차별대우에 대한 동의 정도		
2021년의 조사			
개인주의	이직 의향	높을수록	개인주의적
	경쟁력, 성과, 실적 중시		
	다양한 개성 존중		
평등주의	부서원들이 잘 어울리는 분위기	높을수록	평등주의적
	견해 차이 있는 동료간 협조 분위기		
	참여, 협력, 신뢰 강조		
	의사결정에 이의제기 가능성		
계층주의	안정성, 일관성, 규칙준수 강조	높을수록	계층주의적
	문서화, 책임, 통제, 정보관리 중시		

자료: 주재현·한승주(2023: 105-106).

❸ 한국 행정문화 분석

한국행정연구원 인식조사의 조사설계를 간략하게 살펴본 후, 1992년, 2007년, 2021년의 조사결과를 분석한다.

1) 한국행정연구원 인식조사의 조사설계 개요

1992년의 공무원 인식조사는 전체 공무원을 모집단으로 했으며, 표본집단은 직종별·직급별·기관별 구성비에 따른 비율적 층화 표본추출법(proportional stratified sampling)에 의해서 공무원 총수 83만 7,582명(1991년 말의 공무원 현원)의 0.35%에 해당되는 2,944명을 선정했다. 표본집단의 분포는 근무기관별로 중앙부처 668명(22.7%), 지방기관 951명(32.3%), 교육기관 938명(31.9%), 경찰기관 280명(9.5%), 소방기관 48명(1.6%), 기타 59명(2.0%)이었다. 직종별로는 일반직 1,169명(39.0%), 별정직 40명(1.4%), 기능직 526명(17.4%), 고용직 14명(0.5%), 경찰공무원 275명(9.3%), 소방공무원 51명(1.7%), 교육공무원 843명(28.6%), 외무공무원 4명(0.1%), 검사 6명(0.2%), 기타 16명(0.5%)이었다(서원석·김광주, 1993a: 145-146).

설문 내용은 공무원의 가치관과 행태, 공직에 대한 인식, 보수와 후생에 대한 만족도, 인사 및 각종 제도에 대한 견해, 정부정책과 행정서비스에 대한 평가 등으로 구성되었다. 공무원 50명을 대상으로 사전조사를 실시한 후 조사결과를 검토하여 설문지를 일부 수정했다. 현지조사는 1992년 8월 27일부터 1992년 10월 30일까지 실시했고, 우편과 인편을 통해 설문지를 수거했다. 분석은 한국행정연구원 전산실의 SPSS(4.0)을 이용했으며, 기술통계 분석과 Chi-square(X^2) 분석 등의 통계방법을 활용했다(서원석·김광주, 1993a: 147-149).

1992년의 국민 인식조사는 대표성 있는 표본을 얻어 다양한 계층과 전 국민의 행정인식을 반영하기 위해 다단계 군집표본추출법(multistage cluster sampling)을 사용하여 국민 2,500명을 추출했다. 전국을 도시화의 정도에 따라 대도시·중도시·소도시 및 농촌지역으로 나누어 각 지역의 대표성을 살리기 위해 균등하게 표본을 나누었다. 설문 내용은 일반행정에 대한 인식, 공무원에 대한 인식, 국가정책에 대한 인식, 행정환경에 대한 인식 등으로 구성되었다. 서울의 주민 50명을 대상으로 사전조사를 실시한 후 설문 내용과 구성을 재검토하여 최종 설문지를 작성했고, 실제 설문조사는 1992년 5월 25일부터 1992년 6월 13일간에 각 지역 대학교 행정학과 교수들의 협력을 얻어 실시했다. 분석은 한국행정연구원 전산실의 SPSS(4.0)를 이용했으며, 기술통계 분석과 교차분석 등의 통계방법을 활용했다(서원석·김광주, 1993b: 12-15).

2007년의 공무원 인식조사는 2007년 4월 30일 당시 전국의 중앙 및 지방공무원 총 정원 88만 255명을 모집단으로 했으며, 비율적 층화 표본추출법으로 2,048명의 표본을 추출했다. 표본 구성은 49개 중앙행정기관 공무원 1,568명과 16개 광역자치단체 지방공무원 480명으로 했다. 직급별로는 중앙행정기관 1~3급 98명(6%), 4급 294명(18%), 5급 315명(20%), 6~7급 570명(36%), 기능직 291명(18%)이었고, 지방자치단체 4급 80명(15%), 5급 96명(20%), 6~7급 208명(43%), 기능직 96명(20%) 이었다. 정원 비례로 할 경우, 일부 중앙부처는 1~2부 정도의 설문지밖에 배정되지 않아, 각 기관별·직급별로 최소한 32부 이상씩 배정되도록 했다(장지원, 2007: 10-11).

중앙행정기관 공무원 15명을 대상으로 직급별 인터뷰를 실시하여 현실에 맞지 않는 항목들을 삭제하고 일부 항목을 추가한 후 학계 전문가들의 점검과 Pilot test를 거쳐 최종 설문지를 확정했다. 각 기관의 혁신담당부서 또는 총괄운영부서를 통해서 설문지를 직접 배포하여 2,048부 중 1,739부를 회수하여 분석했다(회수율 84%). 분석은 SPSS 12.0을 활용했고, 기술통계 분석과 교차분석, T-test 등의 방법을 사용했다(장지원, 2007: 11-12).

2007년의 국민 인식조사는 2007년 1월 1일 당시 제주도를 제외한 전국에 거주하는 만 20세 이상의 성인남녀를 모집단으로 설정했다. 유효표본의 크기를 1,000명으로 하고, 인구비례에 의한 층화 무작위추출법(stratified random sampling)을 사용하여 표본을 추출했다. 즉, 인구통계자료를 기초로 표본 수 1,000명을 서울특별시, 직할시, 광역시, 도의 시부 및 군부로 구분하여 배정하고, 각 행정구역 내에서는 무작위추출에 의거하여 표본을 선정했다. 설문지는 행정기관 이용경험 및 시민참여, 정부정책과 정부신뢰에 대한 인식, 정부역할과 정부지출에 대한 인식, 사회전반 및 사회적 자본에 대한 인식, 공무원에 대한 인식에 관한 문항들로 구성되었다. 설문지 작성 후 민간 전문 조사연구기관에 의뢰해 조사와 통계분석을 실시했다. 주로 사용한 분석방법은 빈도분석을 중심으로 한 기술 통계분석이었고, 부분적으로 문항 간 교차분석을 시행했다(서성아, 2007: 15-17).

2021년 공직생활실태조사는 47개 중앙행정기관 및 17개 광역자치단체의 본청 소속 일반직 공무원을 모집단으로 하여 표본으로 추출된 과/팀에서 조사대상자를 선정하는 층화 집락추출 방법을 적용했으며, 유효표본의 규모는 4천 명으로 설정하고 진행되었다. 표본 구성은 중앙행정기관 1,890명(46%)과 광역자치단체 2,243명(54%)이었고, 직급별로는 1~4급 458명(11%), 5급 1,058명(25.6%), 6~7급 2,251명(54.5%), 8~9급 365명(9%)이었다(한국행정연구원, 2022a).

설문지의 조사항목은 업무환경, 인사제도(임용 및 보직관리/능력발전 및 역량개발지원), 조직관리, 조직 구성원의 동기·태도·행동에 관한 인식을 측정하는 문항들로 구성되었다. 조사는 연구원 내 국정데이터조사센터의 주관 하에 민간 전문 조사연구기관이 조사와 통계분석을 수행했다. 주로 사용한 분석방법은 빈도분석을 중심으로 한 기술 통계분석이었다(한국행정연구원, 2022a).

2) 공무원 승진 결정요인에 대한 공무원 인식조사 결과의 비교[7]

1992년 조사에서 조사대상 공무원들은 공무원 승진 결정에 가장 중요한 영향을 미치는 요인을 연줄(36%), 근무연수(26%), 대인관계(15%), 실력(12%), 금력(6.5%) 등의 순으로 인식했다. 이를 문화 형태별로 재정리하면, 계층주의 문화(연줄, 근무연수, 교육수준의 합 62.5%), 평등주의/계층주의 문화(대인관계 15%), 개인주의 문화(실력 12%), 운명주의 문화(금력, 운의 합 8%)의 순이다. 즉, 1990년대 초 한국의 공무원 사회는 승진 결정과 관련하여 계층주의 문화를 주된 요소로 인식했고, 개인주의·평등주의·운명주의 문화는 매우 제한적인 영향만을 미치는 것으로 보았다. 계층주의 문화로 분류될 수 있는 요인들이 여타 문화의 요인들보다 많았기 때문에 이러한 결과가 나왔다고 볼 수도 있으나, 설문 작성 당시 연구자들에 의해 가설적으로 고려될 수 있었던 요인 중에

---

[7] 1992년은 서원석·김광주(1993a), 2007년은 장지원(2007), 2021년은 한국행정연구원(2022a)에서 해당 부분을 취합하여 재정리했다.

서 계층주의적 요인이 가장 많이 선정되었고 이는 조사결과에 의해 어느 정도 확인되었다고 해석하는 것이 적절할 것이다.

2007년 조사에서 조사대상 공무원들은 공무원 승진 결정에 가장 중요한 영향을 미치는 요인을 경력 및 보직관리(30.5%), 업무능력 및 실적(21%), 대인관계(16%), 임용출신 구분(16%), 지연·혈연·학연(15%) 등의 순으로 인식했다. 문화 형태별로 정리하면, 계층주의 문화(경력 및 보직관리, 임용출신 구분, 지연·혈연·학연, 교육훈련 이수 여부의 합 62%), 개인주의 문화(업무능력 및 실적 21%), 평등주의/계층주의 문화(대인관계 16%)의 순이다. 2000년대 들어서도 여전히 계층주의 문화 요소가 공무원 승진 결정에서 가장 중요한 요인으로 인식되고 있으며, 개인주의 문화와 평등주의 문화 등의 영향은 부차적인 것으로 나타났다. 1992년의 조사와 마찬가지로 설문 작성 당시 가설적으로 고려될 수 있는 요인 중 계층주의 요인이 가장 많이 선정되었고 이는 조사결과에 의해 어느 정도 확인되었다고 하겠다.

2021년 조사에서는 공무원 승진 결정에 가장 중요한 영향을 미치는 요인으로 업무수행 실적(22.5%), 업무수행 태도(14.1%), 상사·동료·부하의 평판(11.5%), 재직년수(9.5%), 근무부서(9.4%) 등의 순으로 인식되었다. 문화 형태별로 재분류하면, 계층주의 문화(학연·지연, 정치적 연줄, 재직년수, 기관장의 재량적 판단, 현 기관장 주요 정책에 공감·협력 수준, 상급자에 대한 충성도, 학력·자격요건, 채용경로(공채·경채), 근무부서의 합 49%)가 가장 높았고, 개인주의 문화(업무수행 실적, 업무수행 태도, 상위직 업무수행의 잠재력의 합 37%), 평등주의/계층주의 문화(상사·동료·부하의 평판 11.5%), 운명주의(성별 2.4%) 순이다. 2020년대에 들어서도 계층주의 문화 요소가 가장 중요한 요인으로 인식되었으나 그 정도는 이전 조사에 비해 줄어들었으며 특히, 개인주의 문화에 해당하는 '업무수행 실적' 항목에 대한 응답이 22.5%로 가장 높은 비율이 차지했다는 것은 개인주의 문화 요인이 상당히 강해진 것으로 볼 수 있다(주재현·한승주, 2023: 107-108).

<표 2-4> 공무원 승진 결정 영향요인에 대한 공무원 인식 비교

문화형태	1992년			2007년			2021년		
	영향요인	응답자 비율	계	영향요인	응답자 비율	계	영향요인	응답자 비율	계
계층주의	연줄	35.7%	62.5%	지연·혈연·학연 등	15.1%	62.2%	학연·지연	3.8%	48.6%
							정치적 연줄	1.7%	
	근무연수	26.1%		임용출신구분	15.9%		채용경로	5.7%	
							기관장 판단	4.7%	
				경력 및 보직관리	30.5%		기관장 주요 정책에 협력	3.2%	
							상급자 충성	7.4%	
	교육수준	0.7%		교육훈련 이수 여부	0.7%		학력·자격 요건	3.2%	
							재직년수	9.5%	
							근무부서	9.4%	
개인주의	실력	12.3%	12.3%	업무능력 및 실적	21.3%	21.3%	업무수행 실적	22.5%	37.3%
							업무수행 태도	14.1%	
							상위직 업무수행 잠재력	0.7%	
평등주의/계층주의	대인관계	14.7%	14.7%	대인관계	16.0%	16.0%	평판	11.5%	11.5%
운명주의	금력	6.5%	8.0%	-	-	-	성별	2.4%	2.4%
	운	1.5%							
기타	기타	2.5%	2.5%	기타, 무응답	0.5%	0.5%	기타	0.2%	0.2%
	총 2,896명(100%)			총 1,739명(100%)			총 4,133명(100%)		

자료: 주재현·한승주(2023: 108).

결국 1992년, 2007년, 2021년의 조사에서 공통적으로 계층주의 요인이 가장 중요한 공무원 승진 결정 영향요인으로 인식되었음을 알 수 있다. 이러한 조사결과는 한국 행정문화에서 계층주의 요소가 지속적으로 핵심적인 위치를 차지하고 있음을 시사한다. 그러나 이러한 지속성에도 불구하고, 몇 가지 주목할만한 변화가 관찰된다.

첫째는 계층주의 문화가 줄어들었고 계층주의 요소 내에 변화가 나타난 점이다. 1992년과 2007년에는 62%대를 나타냈던 계층주의 문화 요소가 2021년에는 48.6%로 낮아졌는데, 앞으로도 이러한 변화가 지속될 것인지에 대한 추가적인 관심이 요망된다. 또한, 1992년 조사에서는 '연줄'이 가장 높은 지지를 얻은 반면(36%), 2007년 조사에서는 '경력 및 보직관리'가 가장 높게 나타났고(30.5%), '연줄'(지연·혈연·학연 등)은 15%로 크게 낮아졌으며, '임용출신 구분'(16%)을 합한 경우에도 31%로 1992년 조사에 못 미쳤다. 2021년 조사에서 '연줄'은 학연·지연, 정치적 연줄, 채용경로를 모두 합쳐도 11%에 그쳤다. 둘째는 개인주의 문화 요소의 중요도가 높아지고 있다는 점이다. '실력'(또는 '업무능력 및 실적')으로 대변되는 개인주의 문화 요소는 1992년의 12%에서 2007년에는 21%로 증대되었고 2021년에는 37%대를 나타냈다.[8] 이러한 변화는 대체로 서구식 합리주의와 상응하는 조직운영 방식으로의 변화가능성을 보여준다.

그러나 공무원 승진 결정 영향요인에 대한 공무원의 인식조사 결과만으로 계층주의 문화의 지속과 개인주의 문화를 포함하는 서구식 합리주의로의 변화가능성을 단정하기는 힘들다. 따라서 제한된 범위에서나마 다른 조사결과를 검토함으로써 이상 발견한 한국 행정문화의 지속과 변화 경향의 타당성을 검토해볼 필요가 있다.

3) 공무원과 시민 인식조사 결과의 문화이론적 분석[9]

1992년의 인식조사 결과는 계층주의 문화가 공무원 승진 관련 영행요인뿐만 아니라 공무원 조직의 운영에 광범하게 자리 잡고 있었음을 보여준다. 직장 내에서 선배에 대한 적절한 대접이 필요하다는 인식(68%), 상관과의 의견 상충시 상관의 의견을 수용

---

[8] 2007년 조사는 1992년 조사보다 승진 결정에 관한 변수의 수가 적었고, 특히 운명주의 문화를 측정할 수 있는 변수들이 삭제되었다. 이러한 변수 상의 차이가 개인주의 문화의 상승에 일부 기여했을 수 있으나, 후술하는 여타 조사결과와 관련지어 살펴볼 때, 개인주의 문화의 확장은 어느 정도 신뢰할만한 결과로 판단된다.

[9] 1992년은 서원석·김광주(1993a; 1993b) 중 본 연구와 관련된 부분을 취합하여 재정리했다. 2007년은 장지원(2007)과 더불어, 공무원 인식조사의 Code Book(한국사회과학자료원. 2010)을 활용했다. 공무원 인식조사 Code Book 활용에는 한국행정연구원과 한국사회과학자료원의 동의가 필요했다. 양 기관의 협력에 감사한다.

한다는 견해(79%), 출세를 위해서는 연줄·배경이 필요하다는 인식(84.5%), 상관에 대한 충성심이 높다는 인식(37.5%; 충성심이 낮다는 인식은 7%) 등을 통해서 나타나는 바와 같이, 계층주의 문화는 중추적인 행정문화로 자리잡고 있었다.[10] 일반 시민이 공무원과 그 조직을 인식함에 있어서도 계층주의 문화가 발견된다. 시민 응답자의 63%가 공무원이 고압적이라는 데 대해 동의했으며, 그렇지 않다는 응답은 14%에 머물렀다.

〈표 2-5〉 계층주의 문화의 정도에 대한 조사결과(1992년)

설문 문항	매우 긍정	긍정	보통	부정	매우 부정
직장 내 선배대접에 대한 동의 정도	9.2%	59.0%	–	28.8%	3.0%
상관의견 수용에 대한 동의 정도	3.4%	75.5%	–	20.3%	0.8%
비판회피적 자세에 대한 동의 정도	2.4%	45.7%	–	48.7%	3.3%
연줄·배경의 필요성에 대한 동의 정도	27.0%	57.5%	–	14.6%	0.9%
상관에 대한 충성심 정도	4.7%	32.8%	55.3%	6.3%	0.9%
공무원이 고압적이라는데 대한 동의 정도 (시민의식조사)	15.2%	48.2%	22.1%	12.6%	1.4%

한편, 1992년 조사에서 개인주의 문화와 평등주의 문화의 정도를 측정할 수 있는 여타 문항들의 조사결과는 다음과 같다. 먼저 개인주의 문화 정도를 측정할 수 있는 문항들과 관련해서, 기회가 주어진다면 타 부처로 옮길 의향이 있느냐는 질문에 33.5%의 응답자가 긍정적으로 대답했으나, 부정적이거나 미온적인 응답자(66.5%)에는 크게 미치지 못했다. 또한 자신의 업무와 관련이 없는 동료의 업무에 무관심하다고 응답한 이들은 26%였던 반면, 그렇지 않다는 응답은 74%에 이르렀으며, 결과가 좋으면 수단은 상관없다는 판단에 동의한 이들은 9%에 불과했다. 이러한 결과는 대체로 개인주의 문화가 취약한 지지기반을 지니고 있었음을 의미한다. 다만, 성과급 제도 실

---

[10] 가능한 한 조직 내에서 비판을 회피하고자 하는 자세(48%; 비판을 회피하지 않는다는 인식은 52%)의 경우는 계층주의 문화에서 기대할 수 있는 것보다 낮은 수치가 나왔으나 이는 다소 예외적인 결과이며, 이 단일 항목을 토대로 해서 한국 행정문화에서 계층주의 문화가 주된 문화 형태가 아니라고 판단내리기는 어렵다고 하겠다.

시에 대한 찬성(45.5%)이 반대(34%) 보다 높게 나타나고 있어, 여타 조사결과와는 반대로 개인주의 문화의 가능성을 보여주고 있다. 그러나 이는 성과급 제도가 아직 본격화되기 이전인 1990년대 초에, 성과급 제도가 자신들의 삶에 어떤 영향을 미칠지를 아직 체감하지 못한 상태에서 다소 막연하게 성과급 제도가 보수 인상을 가져오리라는 기대를 반영한 것으로 보인다. 실제 성과급 제도가 실시된 이후 나타난 공무원들의 부정적인 반응(강인재 외, 1998; Im, 2003 등)이 이러한 해석의 타당성을 방증한다.

〈표 2-6〉 개인주의 문화의 정도에 대한 조사결과(1992년)

설문 문항	긍정적 응답		보통 or 모름	부정적 응답	
	매우 그렇다	그렇다		아니다	전혀 아니다
기회부여시 타부처로 옮길 의향	12.5%	21.0%	30.4%	20.6%	15.5%
관련없는 동료업무에 대한 무관심 정도	1.1%	25.1%	–	69.4%	4.5%
결과가 좋으면 수단은 상관 없다는 판단에 대한 동의 정도	0.2%	8.8%	–	76.9%	14.0%
성과급제 실시에 대한 찬성정도	6.1%	39.4%	20.9%	28.6%	5.0%

평등주의 문화 정도를 측정할 수 있는 문항들에서는, 부서 정책입안 과정에 많이 참여하고 있다는 응답이 21%에 그쳤지만, 잘 참여하지 못한다는 응답은 55%에 이르렀다. 일반 시민을 대상으로 한 조사에서도 만족하지 못한 행정업무 처리에 대해 공무원에게 시정을 요구한 경험이 있는 응답자(31%)보다 요구한 경험이 없는 응답자(67%)가 훨씬 많아, 일선 행정 현장에서도 시민의 의사표현이 매우 제한되어 있었음을 알 수 있다. 1990년대 초의 한국 행정문화에서 평등주의 문화는 개인주의 문화와 더불어 매우 제한적인 부분만을 담당했다고 하겠다.

요컨대, 1990년대 초, 한국 공무원 조직 내의 인간관계와 조직운영에 있어서, 그리고 공무원과 일반 시민 간의 관계에 있어서, 계층주의 문화가 기본적인 행정문화였으며, 여타 삶의 양식은 제한적인 부분에서만 작동하고 있었다고 볼 수 있다.

다음으로, 2007년 조사에서 나타난 한국 행정문화의 특징은 어떠한가? 계층주의

〈표 2-7〉 평등주의 문화의 정도에 대한 조사결과(1992년)

설문 문항	긍정적 응답		보통	부정적 응답	
	매우 긍정	긍정		부정	매우 부정
부서의 정책입안 과정에의 참여 정도	4.7%	16.0%	23.9%	31.2%	24.2%
공무원에 대한 시정요구 여부 (시민의식 조사)	31.1%		-	67.4%	

문화의 정도를 파악하는 데 도움을 주는 설문항목들을 검토해보면, 41%의 응답자가 관리자에게 신뢰와 존경을 보낸다고 답한 반면, 그렇지 않다는 응답자는 13%에 그쳤다. 정치적 성향이나 개인 특성(출신지역, 성별, 나이, 신체적 조건 등)에 따라 인사상 차별 대우가 있는지를 묻는 질문에 대해서 21%의 응답자가 그렇다고 대답했고, 40%의 응답자가 그렇지 않다고 대답했다. 문항 자체가 지니는 부정적 함의를 고려해볼 때 21%의 응답자가 정치적 성향이나 개인 특성에 따라 인사상 차별을 받는다고 인식하고 있으며, 미온적인 응답을 한 사람들도 39%에 달한다는 점은 결코 가볍게 볼 수치는 아니라고 하겠다. 결국 여전히 다수의 공무원이 계층주의 행정문화를 주된 문화 형태로 받아들이고 있다고 추론할 수 있다.

〈표 2-8〉 계층주의 문화의 정도에 대한 조사결과(2007년)

설문 문항	매우 긍정	긍정	보통	부정	매우 부정
관리자에 대한 신뢰와 존경 정도	5.5%	35.4%	45.4%	11.1%	1.9%
정치성향·개인특성 등에 따른 인사상 차별 대우에 대한 동의 정도	2.2%	18.5%	38.7%	33.9%	6.3%

그러나 한국 행정문화에서 개인주의 문화의 속성이 크게 성장하고 있음을 보여주는 조사결과도 나타났다. 특히 1992년의 조사에는 없었던 조사항목인 '공무원 보수 결정 영향요인'에서 흥미로운 결과가 발견된다. 공무원 응답자들은 공무원 보수 결정에서 가장 중요하게 고려되어야 할 요인을 업무실적(30%), 경력(30%), 담당업무의 중요도/난이도(20%), 직급(10%), 능력 및 자격(6%), 연령 및 부양가족수(4%) 등의 순으로 인식

했다. 문화 형태별로 보면, 개인주의 문화 요소(업무실적, 담당업무의 중요도/난이도, 능력 및 자격의 합 56%)가 계층주의 문화 요소(경력, 직급, 연령 및 부양가족수, 학력의 합 44%)보다 보수 결정에 더 중요한 영향을 미치는 것으로 나타난 것이다. 계층주의 문화 요소들이 여전히 중요하게 인식되고 있었으나, 개인주의 문화 요소를 중요하게 인식하는 공무원들이 더 많다는 것은 매우 주목할 만한 의미를 지닌다고 하겠다.

〈표 2-9〉 공무원 보수 결정 영향요인에 대한 공무원 인식(2007년)

문화 형태	영향요인	응답자 비율	계
개인주의	업무실적	30.2%	55.9%
	담당업무의 중요도/난이도	20.0%	
	능력 및 자격	5.7%	
계층주의	경력	29.8%	43.8%
	직급	9.7%	
	연령, 부양가족 수	3.9%	
	학력	0.4%	
기타 / 무응답		0.3%	0.3%

또한 '조직의 융통성과 변화적응성', '조직의 개방성과 변화민감성', '조직의 혁신인사에 대한 인정' 등의 문항에 대해서 40% 정도의 응답자가 일관성 있게 긍정적인 답변을 한 반면, 부정적인 답변은 17~21% 선에 머물렀다. '조직의 창조성 추구' 정도에 대해서는 27%만이 긍정적으로 대답했으나, 부정적인 응답도 31%에 그쳤다. 이러한 조사결과는 한국 행정조직에도 융통성·변화적응성·개방성·변화민감성·혁신성·창조성 등 개인주의 문화의 핵심적 특성들이 나타나고 있음을 보여준다.

한편, 평등주의 문화도 성장하고 있음을 시사하는 조사결과도 나타났다. 응답자의 33.5%가 의사결정에 참여하는 정도에 대해 만족감을 표시했고, 36%의 응답자는 자신의 조직 내에서 지위·직급에 무관하게 상호존중하고 평등한 인간관계가 이루어진다고 응답했다. '지위·직급에 무관한 상호존중과 평등한 대우'가 실제로 이루어지는

〈표 2-10〉 개인주의 문화의 정도에 대한 조사결과(2007년)

설문 문항	매우 긍정	긍정	보통	부정	매우 부정
조직의 융통성과 변화적응성 동의 정도	4.4%	35.5%	41.9%	15.6%	1.7%
조직의 개방성과 변화 민감성 동의 정도	5.2%	33.7%	39.6%	18.6%	2.2%
조직의 혁신인사 인정 동의 정도	5.6%	34.8%	41.4%	15.2%	2.1%
조직의 창조성 추구 동의 정도	2.6%	24.1%	42.0%	26.4%	4.2%

지는 확실하지 않으며, 이는 응답자들의 희망사항을 반영하고 있을 가능성도 있다. 그러나 개인주의 문화가 점차 강화되어 가는 가운데 일부 조직 구성원이 이에 대응하는 의미에서의 평등주의 문화 확대 의지를 보일 수 있는 가능성을 배제할 수는 없다고 하겠다.

〈표 2-11〉 평등주의 문화의 정도에 대한 조사결과(2007년)

설문 문항	매우 긍정	긍정	보통	부정	매우 부정
의사결정 참여에 대한 만족 정도	3.3%	30.2%	53.2%	11.3%	1.5%
지위·직급에 무관한 상호존중과 평등한 대우에 대한 동의 정도	4.8%	31.4%	42.8%	18.7%	1.8%

마지막으로, 2021년의 공직생활실태조사에서 관련 문항을 찾아서 정리한 결과, 2007년 조사결과의 특징이 강화되는 방향을 발견할 수 있었다. 먼저 계층주의 문화와 관련해서 조직이 안정성·일관성·규칙 준수를 강조하는 정도(50%)와 문서화·책임·통제 등을 강조하는 정도(54%)에 긍정하는 응답이 절반 이상의 응답자에게 나타났다. 그러나 이 문항에 부정적으로 응답한 이들의 비율은 각각 9%와 7%에 머물렀다. 이러한 조사결과는 공무원 조직의 업무수행 구조와 방식에서 여전히 계층주의 문화 특성이 강하게 유지되는 것으로 해석될 수 있다.

개인주의 문화는 이직 의향, 조직의 경쟁력·성과·실적을 중시하는 분위기, 구성원의 다양한 개성 존중 분위기에 관한 질문으로 파악하였다. 이직을 원한다는 응답은 33.5%로 나타났으며 이는 앞서 1992년 조사에서 기회 부여 시 타부처로 옮길 의향에

〈표 2-12〉 계층주의 문화의 정도에 대한 조사결과(2021년)

설문 문항	매우 긍정	긍정	보통	부정	매우 부정
안정성, 일관성, 규칙준수 강조	8.2%	41.9%	40.6%	7.9%	1.4%
문서화, 책임, 통제, 정보관리 중시	10.2%	43.6%	39.1%	6.3%	0.7%

긍정하였던 응답(33.5%)과 거의 같았다. 경쟁과 실적 중시 분위기에 긍정하는 응답은 58.5%로 절반 이상으로 나타났고 개성 존중 경향은 31%가 긍정하고 있었다. 이직 의향이나 개성 존중 경향은 아직 두드러지지 않지만, 조직이 경쟁과 성과, 실적을 강조하는 분위기가 있다는 응답이 60%에 근접한 점에 비춰볼 때 개인주의 문화가 강화되고 있을 가능성이 크다.

〈표 2-13〉 개인주의 문화의 정도에 대한 조사결과(2021년)

설문 문항	매우 긍정	긍정	보통	부정	매우 부정
이직 의향	9.4%	24.1%	30.1%	24.9%	11.5%
경쟁력, 성과, 실적 중시	9.2%	49.3%	34.5%	6.5%	0.5%
다양한 개성 존중	4.8%	26.3%	44.2%	20.7%	4.1%

평등주의 문화는 부서원 사이의 어울림 분위기, 견해 차이 있는 동료간 협조 분위기, 조직 내 참여·협력·신뢰의 강조, 의사결정에 이의제기 가능성 항목으로 파악했다. 조직 내 참여·협력·신뢰가 강조되는 분위기라는데 긍정하는 응답이 45.5%로 가장 높았고, 견해 차이 있는 동료 간에도 협조하는 분위기라는데 긍정하는 응답은 35%, 부서원 사이 잘 어울리는 분위기가 있다는 응답은 34%, 의사결정에 이의제기를 할 수 있다는 데 긍정하는 응답은 30%로 나타났다. 응답자의 30% 이상이 평등주의적 속성을 의미할 수 있는 항목에 긍정적으로 답하였고, 특히 조직 내 참여와 협력 및 신뢰가 강조되고 있다고 인식하는 응답자가 40% 중반대를 나타낸 점은 주목할 만 하다.

〈표 2–14〉 평등주의 문화의 정도에 대한 조사결과(2021년)

설문 문항	매우 긍정	긍정	보통	부정	매우 부정
부서원들이 잘 어울리는 분위기	5.4%	28.9%	44.9%	17.5%	3.3%
견해 차이 있는 동료간 협조 분위기	5.2%	30%	4601%	15.5%	3.2%
참여, 협력, 신뢰 강조	6.7%	38.8%	42.2%	10.3%	2.0%
의사결정에 이의제기 가능성	3.9%	25.9%	46.2%	19.5%	4.5%

한국 행정문화와 관련하여 분석된 이상의 행정현상을 정리하면 다음의 〈표 2–15〉와 같다. 행정조직 내 인간관계, 의사소통 및 의사결정에서 계층주의 문화의 요소인 조직 내 상하관계에 대한 인정과 강조는 1990년대 초부터 현재에 이르기까지 지속되고 있다. 상관에 대한 충성심·신뢰·존경 등을 토대로 상관의 의견을 수용하고 선배에 대한 대접을 중시하는 계층주의 문화는 한국 행정문화의 가장 중요한 구성요소인 것으로 보인다. 그러나 이러한 계층주의 문화는 공무원 조직 외부의 일반시민과의 관계에서 권위주의적 태도로 나타났던 것으로 파악된다. 한편, 조직구성원 간의 무관심 정도는 낮은 편이고, 의사결정과정에 대한 참여는 대체로 활성화되어 있지 않아, 개인주의와 평등주의 문화의 정도는 상대적으로 낮았으나 최근 들어 의사결정과정 참여에 대한 만족도와 조직 내 상호존중과 평등한 대우에 대한 인식이 증가하고 있어, 행정문화의 변화가능성을 발견할 수 있다.

인사행정 및 조직관리에서, 공무원의 승진은 근무연수(경력), 교육수준(교육훈련 이수 여부), 연줄(지연, 혈연, 학연, 임용출신 등) 등의 요인에 의해 주로 결정되는 것으로 인식되고 있어 역시 계층주의 문화가 인사행정의 주된 배경을 구성하는 것으로 판단된다. 그러나 1992년에 비해 2007년이나 2021년은 승진 결정 영향요인에서 개인주의 문화의 요소인 업무실적·담당업무·능력·자격 등의 중요성이 높아진 것으로 인식되고 있고, 2007년의 경우 보수 결정 영향요인에 대한 인식에서도 동일한 요소들이 경력·직급·연령·학력 등의 계층주의 요소보다 더 중요한 것으로 인식되고 있으며, 조직관리 상의 융통성·개방성·창조성 등이 강조되는 등 개인주의 문화가 점차 확대되는 변화가 나타나고 있다.

〈표 2-15〉 한국 행정문화 분석결과 정리

항목	문화유형	행정현상(1992)	행정현상(2007)	행정현상(2021)
조직 내 인간관계, 의사소통, 의사결정	계층주의	- 상관의견 수용(79%) - 직장내 선배대접(68%) - 상관에 대한 충성심(37.5%) - 비판회피적 자세(48%)	- 관리자에 대한 신뢰와 존경(41%)	- 의사결정에 이의제기 가능성(30%)
	개인주의	- 관련 없는 동료업무에 대한 무관심(26%)		-개성존중 경향(31%)
	평등주의	- 부서 정책결정과정 참여(21%)	- 의사결정 참여에 대한 만족(33.5%) - 지위·직급에 무관한 상호 존중과 평등한 대우(36%)	- 부서원들이 잘 어울리는 분위기(34%)
관료조직과 시민간 관계	계층주의 (평등주의)	- '공무원은 고압적이다'(63%) - 공무원에 대한 시정요구(31%)		
인사행정 및 조직관리	계층주의	- 승진영향요인 • 연줄(35.7%) • 근무연수(26%) • 교육수준(0.7%) - 연줄·배경의 필요성(84.5%)	- 승진영향요인 • 경력·보직관리(30.5%) • 임용출신구분(16%) • 연줄(15%) • 교육훈련 이수(0.7%) - 보수영향요인 • 경력(30%) • 직급(10%) • 연령·부양가족수(4%) • 학력(0.4%) - 배경 등에 따른 인사상 차별대우(21%)	- 승진영향요인 • 재직년수(9.5%) • 근무부서(9.4%) • 상급자 충성(7.4%) • 채용경로(5.7%) • 기관장 정책협력(5%) • 학연·지연(4%) • 기관장 판단(3%) • 학력·자격요건(3%) • 정치적 연줄(2%) - 안정성·일관성·규칙 준수 강조(50%) - 문서화·책임·통제 강조(54%)
	개인주의	- 승진영향요인 • 실력(12%) - 타부처로 옮길 의향(33.5%) - 성과급제 실시 찬성(45.5%) - '결과가 좋으면 수단은 상관없다'(9%)	- 승진영향요인 • 업무능력·실적(21%) - 보수영향요인 • 업무실적(30%) • 담당업무(20%) • 능력·자격(6%) - 조직의 혁신인사 인정(40%) - 조직의 융통성, 변화적응성(40%) - 조직의 개방성(39%), 창조성(27%)	- 승진영향요인 • 업무수행 실적(22.5%) • 업무수행 태도(14%) • 상위직 업무수행 잠재력(0.7%) - 이직의향(33.5%) - 경쟁과 실적 중시(58.5%)
	운명주의	- 승진영향요인 • 금력·운(8%)		- 승진영향요인 • 성별(2.4%)
	평등주의/ 계층주의	- 승진영향요인 • 대인관계(15%)	- 승진영향요인 • 대인관계(16%)	- 승진영향요인 • 평판(11.5%) - 견해 차이 있는 동료간 협조 분위기(35%) - 참여·협력·신뢰 강조(45.5%)

최근 논의들(임성근, 2022; 행정안전부, 2020)은 이러한 행정문화 변화의 원인을 공무원 '세대'의 변화에서 찾는다. 1980년대 이후 출생한 이들이 과거 세대와 다른 가치와 행태상의 특징을 보인다는 것이다. 즉, 1981년 이후 출생한 세대(MZ세대)가 1980년을 기준으로 이전 출생한 기성세대에 비하여 동료나 조직에 대한 관심, 조직에 헌신하려는 의지, 과중한 업무에 대한 분담 의지, 의무 아닌 회의에 자발적으로 참여하려는 의사 등 조직시민행동 관련 인식이 전반적으로 낮게 나타나(한국행정연구원, 2022b), 행정문화에서 개인주의 문화 요소가 강화되었다고 추론할 수 있다. 또한 공정성 인식에서도 MZ세대는 절차적 및 분배적 공정성이 충분히 보장된다고 인식할 때 조직에 적극적으로 참여하고 조직에 대한 소속감과 자부심을 느끼는 것으로 나타나(김정인, 2021), 행정문화에서 평등주의 문화 요소의 강화 가능성도 추론된다(주재현·한승주, 2023: 115-116).

4 결론: 한국 행정문화의 지속과 변화

이 장은 문화이론을 적용하여 한국 행정문화의 지속과 변화를 분석하고자 하였다. 그러나 이러한 문제의식을 풀어나갈 연구방법 상의 어려움에 직면하여, 이 연구는 선행연구의 조사결과와 자료를 본 연구목적에 맞게 재분석하는 이차분석 방법을 적용할 수밖에 없었다. 한국행정연구원의 '공무원/국민 인식조사'(1992년, 2007년)와 '공직생활 실태조사'(2021년)가 가장 적합한 이차분석 자료라고 판단하여, 세 시기의 조사결과를 재분석하였다. 그러나 한국행정연구원의 조사들은 동일한 설문 문항을 유지하지 않았고, 본 연구에서 재정리된 네 가지 삶의 양식(문화) 관련 문항들도 그 수와 형식에 있어서 균등하지 않아, 이 장의 분석은 한계를 지니고 있다. 하지만 이러한 한계에도 불구하고, 지금까지 살펴본 이차분석 결과를 통해서 우리는 지난 30년에 걸쳐 한국 행정문화가 보였던 지속과 변화의 큰 흐름을 어느 정도 파악할 수 있다.

1992년, 2007년, 2021년에 공통으로 조사되었던 공무원 승진 결정 영향요인에서 계층주의 문화 요소의 총합이 가장 중요한 영향요인으로 나타난 점은 한국 행정문화의 지속성을 보여준다. 승진 결정요인 외에도 조직 내 인간관계와 업무행태, 그리고 공무원 조직과 시민 간의 관계를 보여주는 조사결과에서 계층주의 문화의 특성이 강하게 지속되고 있음을 알 수 있다. 즉, 1990년대부터 현재까지 있었던 다양한 행정개혁 노력과 인적 구성의 변화에도 불구하고, 한국 행정문화는 여전히 계층주의 문화를 기본적인 구성인자로 하고 있다.

그러나 승진 결정 영향요인과 관련해서, 계층주의 문화 요소 내에서의 중요도 인식에는 변화가 있었다. 1992년 조사에서는 '연줄'이 가장 높은 지지를 얻었던 반면, 2007년 조사에서는 '경력 및 보직관리'가 가장 높았고, 2021년의 조사에서는 '재직년수'가 가장 높게 나타났다. 2007년과 2021년의 조사에서 '연줄'(지연·혈연·학연 등)의 중요도는 크게 낮아졌고, '임용출신 구분'을 합한 경우에도 1992년 조사에 못 미쳤다. 이는 계층주의 문화 요소 내에서도 '집단(group)의 폐쇄성이나 응집성'과 같은 요소 보다 좀 더 관료제적인 요소가 중요하게 인식되고 있음을 방증한다고 하겠다.

승진 결정 영향요인에서 개인주의 문화의 중요도가 높아지고 있는 것도 이런 맥락에서 해석될 수 있다. '실력'(또는 '업무능력 및 실적')으로 대변되는 개인주의 문화는 1992년에 비해 2007년과 2021년 조사에서 주목할 만한 증가를 보였고, 특히 2021년에는 단일 요인 중 가장 높은 요인으로 인식되었다. 개인주의 문화는 이미 2007년의 보수 결정 영향요인에서 두드러져서, 업무실적, 담당업무의 중요도·난이도, 능력 및 자격 등의 개인주의 문화 요소가 경력·직급·연령·부양가족수·학력 등의 계층주의 문화 요소보다 더 중요한 요인으로 인식되었다. 2021년의 승진 결정 영향요인에서는 업무실적, 업무수행 태도, 상위직 업무수행 잠재력 등의 개인주의 문화 요소가 학연 및 지연, 정치적 연줄, 재직년수 등의 계층주의적 문화 요소보다 더 중요한 요인으로 인식되었다. 이 밖에도 조직관리 전반에서 융통성·개방성·혁신성 등 개인주의 문화 요소에 대한 인정 정도가 확산되고 있음도 언급되어야 한다.

전반적인 조직문화의 '관료제화' 또는 '합리화'가 이러한 변화를 동반한 것으로 해석될 수 있으며, 특히 김대중 정부와 노무현 정부를 거치면서 본격적으로 추진되었던 신공공관리 행정개혁이 공무원의 인식 변화에 영향을 미쳤을 것이라는 가설도 성립할 수 있다. 합리성·능률성과 경쟁을 주된 가치로 하는 신공공관리는 도입 당시의 한국 행정문화와 조응하기 어려운 상황이었다. 해외 성공사례에 대한 벤치마킹(Benchmarking)을 매우 선호했던 국내의 개혁 주도 세력과 IMF로 대변되는 해외 세력은 한국 행정문화에 대한 심각한 고려 없이 외국의 주요 제도들을 도입했으며, 그 결과는 대체로 성공적이지 못했다(박천오, 2002 참조). 그러나 일단 도입된 제도들이 나름의 변형을 거치면서 한국 공공조직에 지속적으로 적용됨에 따라 공무원의 인식에도 변화가 발생하기 시작한 것으로 짐작된다. 성과평가와 경쟁 및 그에 따른 차등 보상, 민간부문 엘리트의 공직 진입, 부처 간 고위직의 인사교류 등 신공공관리 접근에 영향을 받은 다수의 제도들은 여러 한계에도 불구하고 변형을 거치면서 한국 정부조직 관리와 운영의 한 축으로 자리 잡았다. 이러한 제도화 과정은 이 제도들이 상정하고 있는 행위자들의 행태와 인식의 변화를 동반하게 된다. 제도와 문화의 상호작용은 보편적인 현상이며, 한국 행정현상도 이에 대한 예외라고 보기는 힘들기 때문이다.

앞의 문화이론에서 논의했던 문화의 변화 가능성에 비춰볼 때, 개인주의 문화의 확산에 따라 경쟁에 뒤처지는 이들을 중심으로 운명주의 문화가 나타날 수 있고, 또한 개인주의 문화 확산에 대한 반감으로 평등주의 문화가 성장할 수 있다. 그러나 현재까지 나타나고 있는 한국 행정문화는 계층주의 문화를 주된 구성요소로 하고, 개인주의 문화가 점차 그 지지 세력을 확대해 가는 상황으로 볼 수 있다. 따라서 1990년대 후반 이후 한국 행정관리에 적극적으로 도입되고 있는 경쟁(competition) 기제들— 성과급제도, 민간위탁 등 —이 조직운영과 관료제 통제에서 더 나은 효과를 거둘 가능성이 점차 커지고 있다고 판단할 수 있음과 더불어, 전통적인 감독(oversight) 기제— 다원적인 내·외부 통제 —의 의의를 과소평가할 수 없다는 주장을 제기할 수 있다. 또한 평등주의 문화에 상응하는 네트워크 기제— 파트너십 방안들 —의 중요성이 앞으로 더욱 강화될 수 있음을 주목하게 된다. 행정개혁과 관료제 통제의 성과와 한계에 영향을 미칠 한국 행정문화의 지속과 변화가 앞으로 어떤 방향으로 전개될지에 대해 계속 관심을 기울여야 할 것이다.

참고문헌

강인재 · 이원희 · 임도빈. (1998). 「새로운 제도와 한국관료문화와의 적합성에 관한 연구」. 서울: 한국행정연구원.

김정인. (2021). Farrell 모형을 활용한 MZ 세대 공무원들의 (불) 공정성 인식과 반응행동: MZ 세대와 기성세대 공무원 비교연구. 「한국행정연구」. 30(4): 141-175.

박천오. (2002). 김대중정부의 행정개혁에 대한 공무원 반응: 개혁의 장기적 정착가능성과 보완과제 진단을 위한 실증적 연구. 「한국행정연구」. 11(3): 111-141.

백완기. (2008). 한국의 행정문화와 외래이론에 의존한 정부혁신의 적합성. 「정부학연구」. 14(1): 5-35.

서성아. (2007). 「행정에 관한 국민의 인식조사」. 서울: 한국행정연구원.

서원석 · 김광주. (1993a). 「공무원의 의식과 행태에 관한 연구: 1992년도 설문조사 결과보고」. 서울: 한국행정연구원.

서원석 · 김광주. (1993b). 「행정에 관한 국민의 인식과 평가: 1992년도 설문조사 결과보고」. 서울: 한국행정연구원.

임성근. (2022). 「MZ세대 공무원 가치관과 대응방안」. 서울: 한국행정연구원.

장지원. (2007). 「행정에 관한 공무원인식조사, 2007」. 연구수행기관: 한국행정연구원. 자료서비스기관: 한국사회과학자료원. 자료공개년도: 2010년. 자료번호: A1-2007-0080.

조성한. (2005). 수사적 행정개혁과 문화적 갈등. 「한국사회와 행정연구」. 15(4): 23-47.

주재현. (2009). 행정개혁과 관료제 통제기제에 관한 연구: 노무현 정부의 인사행정개혁을 중심으로. 「행정논총」. 47(4): 49-78.

주재현. (2011). 한국 행정문화의 지속과 변화에 관한 연구: Grid-Group 문화이론의 적용. 「정부학연구」. 11(1): 1-33.

주재현. (2013). 「행정통제론: 관료제 통제기제 연구」. 파주, 경기도: 법문사.

주재현 · 한승주. (2023). 「정부 관료제의 통제와 행정책임」. 제2판. 파주, 경기도: 법문사.

한국사회과학자료원. (2010). 「행정에 관한 공무원인식조사, 2007 CODE BOOK」.

한국행정연구원. (2022a). 「2021 공직생활실태조사」. 서울: 한국행정연구원.

한국행정연구원. (2022b). 「공직생활실태조사로 살펴본 MZ세대 공무원들의 인식」. 서울: 한국행정연구원.

행정안전부. (2020). 「90년대생 공무원이 왔다」.

Allison, G. (1971). *Essence of Decision: Explaining the Cuban Missile Crisis*. Boston: Little Brown.

Dunleavy, P. & O'Leary, B. (1987). *Theories of the State: The Politics of Liberal Democracy*. London: Macmillan.

Im, T. (2003). Bureaucratic Power and the NPM Reforms in Korea. *International Review of Public Administration*. 8(1): 89-102.

제3장

행정개혁과 행정통제: 노무현 정부의 인사행정개혁 사례분석*

1 서론

1970년대 후반 이후 현재에 이르기까지 공공부문[1]에서 나타나고 있는 전 세계적인 추세 중의 하나는 공공기관에 대한 국민의 불신 정도가 그 이전 시기에 비해 상대적으로 높은 수준을 보인다는 점이다(Peters, 2001: 63-64). 각국의 다양한 공공기관들— 중앙과 지방, 기획과 집행 등 제 기관이 해당됨 —은 공공기관의 능력과 성과에 대한 국민의 기대에 부응하지 못하고, 비능률과 무능의 대명사가 되었다. 이러한 배경 하에서 영미를 필두로 한 OECD 국가의 정부는 행정개혁을 강력하게 추진해오고 있으며, 이 행정개혁은 공공기관의 관료제를 대상으로 다양한 수단을 동원하여 이들을 통제

---

* 주재현(2009)과 명지대정부혁신연구소 편(2020: 494-524)을 수정한 원고임.

1) 민간부문(private sector)과 대비되는 개념으로서의 공공부문(public sector)은 공공조직(또는 기관)에 의한 사업 기획과 집행이 이루어지는 부문을 말하며, 공공조직(기관)에는 정부 행정기관과 이에 준하는 조직(특별법에 의한 기관, 공단 등)이 해당된다(김상균 외, 2007: 275).

하고자 하는데 그 핵심이 있다(정승건, 2000; 이명석, 2001; 김근세, 2002; 이승종, 2005 등).

일반적으로 행정개혁이란 정부 조직관리를 구성하는 여러 요소의 변화를 통하여 조직 운영의 민주성과 능률성을 높이는 것을 말한다(박동서, 1998: 137). 행정개혁은 능률성과(또는) 민주성의 가치를 제시하며 추진되는데, 어떤 가치가 내세워졌건 개혁은 결국 공공기관의 관료제를 통제하는 의미를 지닌다. 능률성을 지향하는 개혁의 배경에는 관료제의 비능률과 무능, 그리고 낭비 현상이 전제되어 있으며, 개혁을 통해 관료제에 대한 통제를 강화하고 그러한 부정적 요소를 지양하고자 하는 정부의 의지가 반영되어 있다. 민주성을 강조하는 개혁에는 관료제 통제를 통해 관료제에 권력이 집중되는 현상과 이에 따른 '주인'과 공복 간의 위치 전도 현상을 바로 잡으려는 의도가 반영되어 있다. 요컨대, 행정개혁의 주요 목적 중의 하나는 관료제 통제이며, 특히 1980년대부터 OECD 국가에서 강력하게 추진되고 있는 행정개혁은 '무능하지만 탐욕스럽게' 예산과 권력을 추구하는 존재로 인식된 관료와 관료제를 통제하기 위한 수단으로 이해될 수 있다(Aucoin, 1990; Dunleavy, 1991).

1980년대 이후의 행정개혁을 주도하는 가치는 경제적 능률성과 고객 중심성이다(Hood, 1994: 128-132; Skelcher, 1992; Bovaird & Loffler, 2003). 먼저, 결과와 능률성에 대한 강조는 공공부문보다 더 능률적이라고 여겨지는 민간부문에서 개발된 관리기법들이 공공부문으로 유입되게 하는 효과를 발생시켰으며, 그 결과 공공부문과 민간부문 간에 존재하던 경계가 약화되는 현상이 나타났다. 많은 정부가 경제적 능률성을 증진하기 위해 공공조직의 효율성 진단, 성과평가와 성과급제, 민영화, 민간위탁, 책임운영기관, 경쟁입찰에 의한 공공서비스 제공 주체 선정 등의 다양한 조치를 도입·시행했다. 다음으로, 고객 중심성은 공공서비스의 질적 향상(quality improvement)과 이를 달성하는 방편으로서의 고객참여(customer involvement)를 강조했다.[2] 이에, 공공부문에서 높은 수준의 서비스 제공을 모색하기 위해 고객만족도조사, '시민헌장제도'(citizen's charter), '고객서비스 기준'(customer service standards) 등과 같은 새로운 정책 방안들이 도입되었다.

---

2) 고객참여(customer/user involvement)는 시민참여(citizen participation)의 새로운 영역으로 주목받았다. 이전보다 대응적(responsive)이고 질적으로 개선된 공공서비스에 대한 요구가 증가함에 따라 서비스 사용자인 고객의 참여(또는 관여)를 강조하게 된 것이다(Bochel & Bochel, 2004: 166-167).

우리나라도 1990년대 들어 OECD 국가의 행정개혁 이념이 소개되기 시작했으나 큰 영향을 끼치지 못하다가, 1997년의 외환위기 이후 IMF의 감독체제 아래에 놓이면서부터 행정개혁의 새로운 조류에 크게 영향을 받게 되었다. 이에 김대중 정부와 노무현 정부를 거치면서 많은 개혁방안이 해외로부터 도입되거나 국내적으로 고안되었다.[3] 이 장은 관료제 통제기제에 관한 이론적 분석 틀을 적용하여 노무현 정부의 행정개혁 방안을 체계적으로 분석하고, 그 이론적·실천적 함의를 도출하는 데 목적이 있다. 연구의 범위는 인사행정개혁으로 한정했다.[4]

구체적인 연구과제(research questions)는 다음과 같다. 첫째, 관료제 통제의 관점에서 보았을 때, 노무현 정부의 주요 인사행정개혁에 적용된 통제기제들의 상대적 비중은 어떠한가? 둘째, 노무현 정부에 있어 신공공관리(NPM)와 뉴거버넌스의 영향은 인사행정 제도설계에 어떻게 반영되었는가? 다음에서는 2.에서 선행연구를 검토하고, 문화이론에 토대를 둔 분석 틀을 제시한 후, 3.에서 노무현 정부 행정개혁의 정향을 살펴보고, 분석 대상이 될 인사행정개혁과제를 선정했으며, 4.에서 분석 틀을 적용하여 노무현 정부 인사행정개혁의 관료제 통제 정향을 분석했다. 마지막으로 5.은 분석 결과를 정리하고, 연구의 이론적·실천적 함의에 대해 토론했다. 이 연구는 문헌 검토를 주된 연구 방법으로 사용했고, 관련 선행연구와 언론 기사를 본 연구의 해석을 뒷받침하는 자료로 활용했다. 문헌 검토를 위한 주된 자료는 정부혁신지방분권위원회에서 2005년과 2008년에 발간한 백서와 중앙인사위원회에서 2007년에 발간한 백서로 했다.[5]

---

3) 당시의 개혁 노력을 정리한 내용은 정부혁신지방분권위원회(2005; 2008)를 참조하기 바람.

4) 공무원은 정부가 그 활동 목표를 달성하는 데 있어 가장 중요한 자원의 하나이기 때문에, 그리고 공무원이 변하지 않으면 정부의 어떤 개혁도 성공하기 힘들다는 점에서 인사행정개혁은 행정개혁의 핵심적인 주제의 하나가 된다(오성호, 1999; 박희봉 외, 2004). 따라서 인사행정개혁 과제에 연구범위를 한정하는 것이 이 연구의 한계이기는 하나, 그러한 범위의 한정이 연구의 목적 달성을 심각하게 훼손하는 것은 아니라고 판단된다.

5) 2005년 12월에 발간된 '정부혁신지방분권위원회백서' 중 「참여정부의 인사개혁」(백서3), 2008년 2월에 발간된 '정부혁신지방분권 종합백서' 중 「참여정부의 인사개혁: 2003-2008」, 그리고 중앙인사위원회의 「참여정부 공무원인사개혁백서」를 말함.

❷ 선행연구 검토 및 분석 틀의 제시

일반적으로 통제(control)는 특정 체계가 놓일 수 있는 상태 중에서 바람직한 상태로 그 체계를 유지하는 것을 말한다(Hood et al., 2004: 5). 좀 더 구체적으로 조직관리와 관련하여, 통제는 책임(accountability)을 확보하기 위한 사전적 혹은 사후적 제어 조치로서 조직 하부구조나 참여자들이 조직의 목표와 규범으로부터 이탈되지 않게 하도록 제어와 보상을 하는 모든 활동(안해균, 1987: 692), 또는 책임을 전제로 하여 조직의 목표 달성을 위하여 미리 설정한 계획이나 기준과 차이가 났을 때, 그 원인 규명과 아울러 시정조치를 의미하는 관리적·견제적 활동(이광종, 2005: 163)을 말한다. 여기서는 먼저 관료제 통제기제의 기존 유형론을 검토한 후, 후드(Hood)의 유형론을 분석 틀로 제시한다.

1) 공공기관 통제의 유형론

공공기관에 대한 통제는 여러 수단과 기제를 통해서 수행될 수 있다. 이러한 여러 수단과 기제를 제시하고 정리함에 있어 기존의 문헌은 내부통제와 외부통제, 또는 사전통제와 사후통제라는 유형론을 주로 사용했다(구자용, 1995; 정우일, 2004; 이광종, 2005; Thompson, 1993; Peters, 2001: 299-346; OECD정부혁신아시아센터, 2006: 114-141). 내부통제는 공공조직 내부의 각종 공식적 규제, 계층제 상의 상층부에 의한 리더십, 윤리적 책임 의식의 내재화 등을 활용한 통제를 말하며, 외부통제는 공공조직 외부의 각종 기관— 의회, 사법부, 이익단체, NGOs 등 —에 의한 통제를 일컫는다. 사전통제는 사업 집행 전에 감독기관의 승인이나 지정 등이 행해지는 경우이며, 사후통제는 사업 집행 후에 활동 결과에 대해 검토하는 것을 말한다. 이들 유형론의 장점은 공공조직 내부와 외부, 그리고 사업 집행의 사전과 사후로 구분하여 통제기제를 정리하는 간결성에 있다. 그러나 이 장점은 동시에 단점으로도 작용하여, 위의 유형론을 통해서는 다양한 형태를 지닌 여러 통제기제를 체계적이고 포괄적으로 포착하는 데 한계가 있다.

관료제 통제기제의 유형을 새롭게 분류·정리하려는 노력에 있어, 피터스(Peters,

2001: 299-346), 곰리(Gormley, 1989), 그리고 후드(Hood, 1996; 1998)의 논의가 주목을 요한다. 피터스(Peters, 2001)는 전통적인 분류방식보다 많은 수의 범주를 제시함으로써 전통적 방식의 단순함을 극복하고 관료제 통제 수단들의 개별적 특징을 포착하고자 했다. 피터스가 정리한 범주들은 조직적 수단(공표, 내부규율), 시장 기제 및 기타 외부적 통제, 집단 및 공적인 압력, 정치 제도적 수단(의회, 정치적 집행부, 사법부), 규범적 제약 등의 다섯이다. 곰리(Gormley, 1989)는 관료제의 재량행위 정도에 영향을 미치는 통제의 강도에 따라 강제적 통제(coercive control: 'muscles'), 강권적 통제(hortatory control: 'jawboning'), 촉매적 통제(catalytic control: 'prayers')의 셋으로 구분한 후, 각 통제방식의 효과성을 높일 수 있는 조건을 모색했다. 한편, 후드(Hood, 1996; 1998)는 문화이론에 토대를 두고, 공공조직 통제기제의 원형을 감독(oversight or review), 경쟁(competition), 상호성(mutuality), 비항상성(conrtrived randomness)의 넷으로 정리했다.

피터스의 접근은 개별 통제 수단의 특징을 보여주는 강점을 지니나, 통제 형태를 정리하는 논리적 기준(rationale)을 결여하고 있는 약점을 보인다. 곰리의 접근에는 나름의 분류 기준이 있으며, 이분법을 넘어서서 삼분법을 제시하는 이론적 성과를 보였다. 그러나 분류의 대상이 된 통제 수단들이 '감독'(oversight)에 한정되어 있다(Gormley, 1989: 18). 후드의 유형론은 문화이론이라는 논리적·이론적 근거를 토대로 하고 있으며, '감독' 외의 여타 통제 수단도 포괄할 수 있는 강점이 있으나, '감독' 기제에 속하는 여러 수단을 세부적으로 보지 못하는 한계를 지닌다. 이처럼 각 접근법은 나름의 강점과 약점을 지니나, 이 연구에서는 다양한 통제기제를 포괄적이고 체계적으로 검토하려는 연구 의도에 가장 근접한 접근법으로 판단되는 후드의 유형론을 분석 지침으로 사용하여 노무현 정부 인사행정개혁의 관료제 통제 정향을 분석했다. 후드의 유형론은 계층제·시장·네트워크라는 세 개의 거버넌스 체제(Rhodes, 1996; 주재현, 2021)에 조응하는 통제기제들(감독·경쟁·상호성)을 포함하고 있다. 따라서 명령과 통제, 시장 기제, 자발적 협약 등 일반적으로 논의되는 다양한 정책 수단이 포괄될 수 있을 뿐만 아니라, 예측가능한 합리성의 영역을 넘어서는 불규칙적 수단(비항상성)까지 포괄될 수 있는 장점이 있다.

2) 연구 분석 틀: 후드의 통제 유형론

'감독'은 관료제 내·외의 기관이나 행위자에 의한 공식적 감사·검사·평가 등에 의해서 조직과 조직인을 통제하는 것으로서, 특정의 사람 또는 기관에 관료제와 그 구성원의 행동을 감시·조사·평가하고 그들에게 명령을 내릴 수 있는 권한을 부여하는 통제기제이다. '경쟁'은 경합의 유도를 통해 행정관료와 관료제를 통제하는 방식을 말한다. '상호성'은 조직 또는 사회 내의 공식·비공식 집단과정과 압력을 통해서 행정관료와 관료제를 통제하는 방식이다. 그리고 '비항상성'은 조직의 운영형태에 대한 예측 불가능성을 높임으로써 관료(제)를 통제하는 방식이다. 후드는 이러한 네 개의 원형적 통제기제의 요소가 둘 이상 포함된 통제 형태를 혼합형 통제기제로 파악하였다. 아래의 [그림 3-1]은 관료제 통제기제의 원형과 혼합형을 정리한 본 연구의 분석 지침이다.[6]

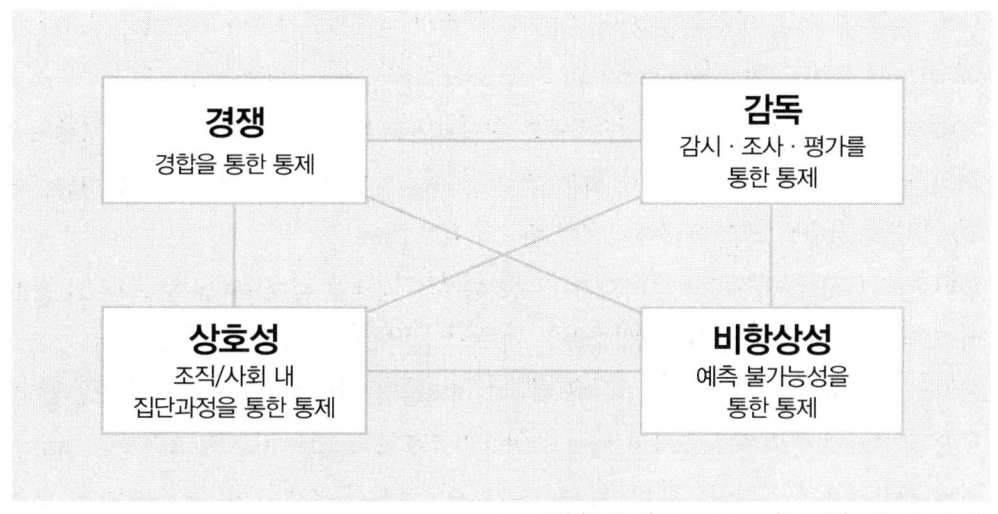

자료: 주재현(2009: 56); Hood & James(1997: 192)를 수정하여 작성함.

[그림 3-1] 행정통제의 원형과 혼합형

---

6) 이와 관련된 자세한 논의는 제1장 3.(문화이론의 적용[36~40쪽])을 참조하기 바람.

❸ 노무현 정부 행정개혁의 정향 및 분석 대상의 선정

1) 노무현 정부 행정개혁의 정향: 신공공관리, 뉴거버넌스, 관료제 통제기제

우리나라는 그동안 정부의 변화에 따라 여러 차례에 걸쳐 행정개혁을 경험했다(오석홍, 2008). 그러나 특히 1990년대 말 김대중 정부로부터 2000년대 전반기의 노무현 정부에 걸쳐 진행된 행정개혁은 국제사회의 행정개혁 조류에 크게 영향받으면서 수행되었다는 점에서 기존의 행정개혁들과 차별성을 보였다. 학자들 간에 다소간 의견의 차이가 있으나 김대중 정부의 행정개혁이 신공공관리(NPM)의 영향을 크게 받았다는 점은 널리 인정되고 있다(김태룡, 1999; 김근세, 2002; 노화준, 2002; 박천오, 2002; 김경한, 2005; 조성한, 2005).[7] 노무현 정부의 행정개혁에 대해서는 그 주된 이론적 토대를 NPM으로 보는 견해(김태룡, 2004)와 뉴거버넌스로 보는 견해(정용덕, 2005; 권해수, 2005), 그리고 NPM과 뉴거버넌스가 혼재하고 있다고 보는 견해(정광호, 2005; 은재호, 2005; 황혜신, 2005; 박수경, 2007)가 병존하고 있다. 노무현 정부의 인사행정개혁에 대해 검토하고 있는 문헌들(진재구, 2006; 오석홍, 2007; 백종섭 외, 2007; 김판석·홍길표, 2007 등)은 NPM이나 뉴거버넌스 개념을 동원하지는 않으나, 노무현 정부 인사행정개혁의 목표와 가치(공정성, 투명성, 자율, 책임, 전문성, 역량 등)를 포괄적으로 논의함으로써 세 번째 견해와 같은 맥락에서 파악될 수 있다.

다음의 분석에서 드러나는 바와 같이 이 연구는 대체로 NPM과 뉴거버넌스가 혼재하고 있다는 세 번째 견해를 지지한다. 그러나 NPM과 뉴거버넌스라는 개념 자체가 지니는 모호성 또는 제한성을 고려할 때, 이 개념들을 전면에 내세우기보다 후술할 관료제 통제기제의 원형과 혼합형 개념을 활용함으로써 노무현 정부 행정개혁의 현황을 더욱 정교하게 분석할 수 있고, 분석의 이론적·실천적 함의가 더 풍부해질 수 있을 것으로 판단된다. 이하의 분석내용에 나타난 대로, 대부분의 개혁 수단은 'NPM' 또는 '뉴거버넌스'라는 제한된 개념 틀로 포착하기 쉽지 않은 성향을 지닌다.

---

[7] 그러나 이명석(2001)은 김대중 정부의 정치적 수사에도 불구하고, 김대중 정부의 실질적 행정개혁은 신공공관리론에 그 이론적 토대를 두고 있다고 보기 힘들다는 주장을 펼쳤다.

〈표 3-1〉은 NPM과 뉴거버넌스 접근의 주요 특징을 정리하고 있다. NPM은 '경쟁' 및 일부 경쟁 관련 혼합형을, 뉴거버넌스는 '상호성' 및 일부 상호성 관련 혼합형을 활용하여 관료제 통제를 시도하고 있는 것으로 정리할 수 있다.

〈표 3-1〉 신공공관리와 뉴거버넌스의 주요 특징

구분기준	신공공관리	뉴거버넌스
인식론적 기초	신자유주의	공동체주의
관리 기구	시장	연계망(network)
관리 가치	결과(outcomes)	신뢰(trust)
정부 역할	방향잡기(steering)	방향잡기(steering)
관료 역할	공공기업가(public entrepreneur)	조정자(coordinator)
작동 원리	경쟁(market mechanism)	협력체제(partnership)
서비스	민영화, 민간위탁 등	공동공급(시민, 기업 등 참여)
관리 방식	고객 지향	임무 중심
분석 수준	조직 내(intra-organization)	조직 간(inter-organization)
주요 관료제 통제기제	경쟁, 경쟁×감독, 경쟁×비항상성 등	상호성, 상호성×감독, 상호성×비항상성 등

자료: 이종수·윤영진 외(2005: 178)의 표에 '주요 관료제 통제기제'를 추가함.

2) 분석 대상 개혁과제의 선정

노무현 정부는 '공정성과 전문성에 기초한 참여형 인사시스템'의 발전을 인사행정개혁의 비전으로 제시하고, ① 자율과 책임에 기초한 인사시스템 구축, ② 투명하고 공정한 인사 운영, ③ 공무원과 함께하는 인사관리, ④ 전문성과 역량을 강화하는 인사제도 구축 등을 인사행정개혁의 목표로 설정하였다(정부혁신지방분권위원회, 2008). 노무현 정부에서 추진했던 인사행정개혁방안들은 정부혁신지방분권위원회에서 발간한 백서(2005; 2008)에 잘 정리되어 있다. 특히 2005년에 발간한 백서(2장)에 20개의 개혁과제가 나열되어 있는 데, 하위 과제[8]까지 추가하면 개혁과제의 수는 더 늘어난다. 이러한 다수의 개혁방안 중에서 분석의 대상이 될 '주요' 과제를 선정하기 위해서 본 연구는 노무현 정부 인사행정개혁을 평가하고 있는 선행연구들을 검토하였다(강성철, 2003; 남궁근·서원석, 2005; 하태권 외, 2005; 진재구, 2006; 오석홍, 2007; 백종섭 외, 2007; 김판석·홍길표, 2007).

선행연구 중 지방정부를 대상으로 하는 연구(강성철, 2003)와 주요 과제 선정 없이 인사개혁과제를 포괄적으로 취급하고 있는 연구(하태권 외, 2005; 김판석·홍길표, 2007)를 제외하고, 그 밖의 연구들이 평가대상으로 하는 개혁방안을 정리한 것이 〈표 3-2〉

〈표 3-2〉 분석대상 인사행정개혁과제의 선정

오석홍 (2007)	백종섭 외 (2007)	진재구 (2006)	남궁근·서원석 (2005)	분석 대상
중앙인사위원회 기능 확대	인사권의 부처 위임·이관			√
대표관료제적 임용 확대	여성 공무원 고위직 진출 확대; 지역인재 채용제도	사회 형평적 인재 등용		√
공직분류체계 개편; 고위공무원단제 도입		고위공무원단 제도	고위공무원단 제도	√
임용체제의 개방형화·교류형화				
성과관리의 강화	성과주의 보상체계			√
공무원노조 합법화	상생적 공무원 노사관계			√
가족친화적·선택적 근무·복지제도 확대				
부패통제 강화				
	산하단체장/정무직 선발 인사시스템			
		총액인건비 예산제도	총액인건비 예산제도	√
			보직경로 제도	

---

8) 예를 들어, '공무원 채용방법의 다양화' 과제에는 다시 과학기술인력 공직 임용 확대, 직위공모제도 확대, 부처 간 고위직 인사 교류제 실시, 계약직 공무원제도의 확대 등이 하부과제로 제시되고 있다.

이다. 이 연구는 〈표 3-2〉에서 제시된 개혁과제가 대체로 인사행정 전문가들에 의해 노무현 정부의 주요 개혁과제로 인식된 것으로 보았으며, 그중에서도 2회 이상 평가의 대상이 되었던 과제— 국가인사기능 통합과 인사자율권 확대,[9] 사회 형평적 인재등용, 고위공무원단제도 도입, 성과관리 강화, 공무원 노동조합 합법화, 총액인건비제도 —를 분석의 대상으로 선정했다. 분석 대상 과제 중 '국가인사기능 통합과 인사자율권 확대'는 '자율과 책임에 기초한 인사시스템 구축'(이전의 ①), '사회 형평적 인재등용'은 '투명하고 공정한 인사 운영'(②), '공무원 노동조합 합법화'와 '총액인건비제도'는 '공무원과 함께하는 인사관리'(③), '고위공무원단제도'와 '성과관리강화'는 '전문성과 역량을 강화하는 인사제도 구축'(④)에 해당한다. 아래의 4.에서는 과제별 통제기제를 분석했다.

4 노무현 정부 인사행정개혁의 관료제 통제기제 분석

1) 국가 인사기능의 통합과 인사자율권 확대

김대중 정부는 1999년에 준 입법적 합의제 인사행정기관으로 중앙인사위원회를 출범시켰으나, 인사 정책기능 일부와 집행기능은 행정자치부에 여전히 남아있었다. 이에 노무현 정부는 국가 인사기능의 통합을 추진하게 되었는데, 이 개혁과제의 정책목표는 "정부 인사기능 이원화의 비효율성 극복"(정부혁신지방분권위원회, 2008: 57)[10]으로서, 그간 인사 정책기능의 분리에 따른 비효율성, 정책과 집행기능의 분리로 인한 혼란, 인사기능 이외의 복합 기능 수행상의 난점, 인사혁신 추진상의 어려움 등의 문제점이 이 정책채택의 배경이 되었다. 결국 중앙인사위원회와 행정자치부로 이원화되어 있었던 중앙인사관장 기관이 중앙인사위원회로 일원화되었고, 행정자치부가 맡고

---

9) 정부혁신지방분권위원회 백서(2008)에서는 국가 인사기능의 통합과 인사자율권 확대를 함께 취급하고 있으며, 이 연구도 이러한 접근을 수용하여 '중앙인사위원회 기능확대'와 '인사권의 부처 위임·이관'을 연계된 개혁방안으로 보았다.

10) 이하의 인용에서는 백서의 출간년도와 쪽 번호만을 표시한다.

있던 사무 중 공무원 채용·능력발전·소청 등의 사무를 포함한 대부분의 인사기능이 중앙인사위원회로 이관되었다(2008: 61).

'국가 인사기능의 통합'이 관료제 통제의 관점에서 갖는 의의는 무엇보다도 중앙의 '감독' 기능이 체계화되었다는 점이다. 국가 인사기능의 통합을 통해서, "중앙인사위원회는 일관성 있는 정책의 의지와 강력한 권한을 가지고 체계적인 인사혁신을 추진할 수 있게 되었으며"(2008: 63), "적시에 인사 관계 법령을 개정하고, 중앙인사관장기관이 인사정책 수요자인 각 부처를 일원적으로 직접 상대하[고]…, 성과와 역량관리시스템을 강화하며, 고위 정책결정직에 대한 인사관리 시스템을 획기적으로 혁신[하는]"(정부혁신지방분권위원회, 2005: 43) 등의 효과를 낼 수 있을 것으로 기대되었다.

그러나 국가 인사기능 통합은 중앙인사관장 기관에 의한 일방적인 '감독'만을 추구한 것은 아니다. 인사기능의 통합과 더불어 중앙인사위원회는 "중앙집권적 인사규제를 과감하게 폐지하거나 완화하여 각 부처의 인사 자율성과 책임성을 적극 확대[하고자]"(2008: 62) 했고, 이는 중앙의 '감독'과 함께 정책 수요자의 자율성을 추진하는 '상호성' 기제를 동시에 동원했음을 알 수 있다. 구체적으로 중앙인사위원회는 '인사의 자율분권화와 부처 인사역량의 강화'를 추진했는데, 이 과제는 "중앙집권적이고 규제 위주의 인사관리에서 벗어나, 유연하고 자율적인 인사관리를 통한 인적자본의 효율적인 활용이라는 목적"(2005: 60)을 지녔다. 이를 위해 노무현 정부는 인사권한 위임의 확대, 부처별 자율적 채용 권한의 확대, 인사 관련 내부규제의 폐지·완화의 추진, 각 부처 인사관리 역량 제고를 위한 인사혁신 전문교육 과정의 개설 등을 조처했다.

요컨대 '인사의 자율분권화와 부처 인사역량 강화'는 "각 부 장관[이] 부처별 특성과 실정에 맞게 인사 운영계획을 수립하고 장관 책임 하에 인사를 자율적으로 운영하도록 하는"(2008: 66) 점에서 '상호성' 기제가 적용되었다. 그러나 이 경우에도 중앙인사위원회가 각 부처의 인사에 대한 관여를 완전히 철회한 것은 아니며, 중앙인사기구는 인사행정 표준모델을 제시하고, "공직인사의 투명성·공정성 등을 확보하기 위한 기본원칙과 기준·지침을 명확히 제시"(2008: 66)하는 등 여전히 '감독' 기제를 활용했다.

연금·복무·노동조합 등과 관련된 기능이 여전히 행정자치부에 놓여 있긴 했으나, 여타 주요 인사기능을 중앙인사위원회에 통합함으로써 체계적이고 추진력 있는 인사행정개혁이 이루어진 점은 평가받을 만하다고 하겠다. 특히 다수의 인사 관계 법령 개정, 고위공무원단제도의 시행, 성과 및 역량관리 시스템 강화 등을 포함한 제도개선이 주목할 만하다. 그러나 인사의 자율분권화와 관련해서는 유의해야 할 점이 있다. 무엇보다도 인사권의 위임에 있어, 4급 이하 공무원에 대해서는 현저한 진전이 있었지만, 3급 이상 고급공무원에 대해서는 중앙의 통제가 그대로 유지되었다. 이는 고위공무원단제도의 운영과 관련되어 있는데, 중앙인사위원회가 3급 이상 공무원의 승진심사와 고위공무원단 진입후보자에 대한 역량평가 권한을 장악하고 있던 점에서 잘 드러난다(오석홍, 2007: 32). 이렇게 볼 때, 이 정책 방안은 국가 인사기능의 통합을 통한 중앙의 '감독' 강화를 위주로 하되, 이를 인사자율권의 확대를 통해 보완하는 방식으로 진행되었다고 하겠다.

2) 사회 형평적 인재 등용

노무현 정부는 공무원 임용에서 여성·지방주거인[11]·이공계출신자·장애인 등에 대한 차별을 철폐하고 고용 평등을 도모하는 조치를 강화했다.

첫째, 성별에 의한 차별을 해소하기 위해 2003년부터 양성평등채용목표제를 실시했고, 2002년부터 5급 이상 여성관리자 임용 확대 5개년계획을 실시했으며, 2007년에는 4급 이상 여성관리자 임용 확대 5개년계획의 시행에 착수했다.

둘째, 공직 임용상의 지역 불균형을 줄이기 위해 2005년부터 지역인재추천채용제[12]를 실시했고, 2007년부터 5년간 행정고시와 외무고시에 지방인재채용목표제를 실시했다.[13]

셋째, 이공계 인력육성을 촉진하기 위해 우수과학인력 특별채용 정례화 계획을 수립하고, 기술직 임용 확대 5개년계획을 실시했다.[14] 또한, 4급 직위 대부분의 행정·기술 복수직위 전환 추진, 기술직 채용인원 확대계획의 수립·추진, 기술직 공무원 인

---

11) 서울 및 수도권 주거인에 대한 대칭적 의미를 지닌다.
12) 지방대학의 추천을 받은 이들 중 시험을 거쳐 매년 50명씩 6급 견습직원으로 채용
13) 서울 이외 지역 출신 합격자가 20% 이상이 되도록 합격자 수를 조정
14) 목표연도인 2008년까지 5급 공무원 채용에서 기술직 비율이 40%에 달하고, 4급 이상 기술직·이공계 임용비율이 34.2%에 달하도록 하는 계획

사제도 및 관행의 개선[15], 기술직 공무원의 정책관리 능력 제고를 위한 교육훈련 제도 및 운영의 개선 등의 시책이 추진되었으며, 기타 행정직이 임용되어온 부처에의 기술직 임용 확대, 인사·예산·조직 등 공통업무 관장 직위에의 기술직 임용 확대, 부처간·국가-지방간·민간부문간 기술직 교류 활성화, 정책관리 능력 향상을 위한 교육훈련 강화 등도 추진되었다.

넷째, 정부 조직에서 장애인 의무고용비율(2%)을 계속 달성하기 위해 노력했고 중증장애인이 담당할 수 있는 직무를 개발했다(오석홍, 2007: 27; 정부혁신지방분권위원회, 2008: 138-160; 2005: 61-95).

'사회 형평적 인재 등용'은 "참여정부와 과거 정부의 인사개혁을 차별화하는 특징적인 개혁과제"(2005: 61)로 언급되었다. 주된 취지는 그동안 공직 참여에 있어 상대적으로 소외됐던 특정 집단을 적극적으로 공직에 유치함으로써 공무원의 대표성과 책임성을 높이는 것이다. 따라서 이 정책방안은 관료제의 대표성 확충을 통해 관료제와 시민 간의 상호작용을 높임으로써 관료제 통제의 의미를 지니게 된다는 점에서 '상호성' 기제를 주된 통제기제로 하는 개혁방안이었다. 그러나 '사회 형평적 인재 등용'에는 관료제 통제의 '경쟁' 기제가 간접적으로 작용하고 있었다. 즉, 대표관료제적 임용 확대는 결국 행정과정의 정치적 속성으로 인해 "사회의 다양한 요구와 규범[이] 사회구성원(국민)과 정치 세력들의 상호 간 경쟁과 타협을 거쳐 인사행정의 기준이 되는 인사정책에 반영"(2005: 61)된다는 점에서 정치·사회적 '경쟁' 기제가 적용된 관료제 통제의 의미를 지니게 되었다. 특히 과학기술인력 공직임용 확대는 기술직 공무원과 행정직 공무원 간의 '경쟁'을 유도하는 의미를 지녔다(서울신문, 2007 참조).[16]

'사회 형평적 인재 등용' 정책의 시행에 힘입어 여성·장애인·이공계출신자·지방주거인 등의 공직 대표성이 증대되었다. 예컨대, 여성의 경우, 2007년도 국가직 여성공무원 수는 전체 공무원의 45.2%인 27만 2,636명으로 10년 전보다 10만여 명 정도(12%) 늘어났으며, 5급 이상 여성관리자 수도 2002년에서 2006년 사이에 2배 이

---

15) 연구·지도직의 일반직 전직 시 예정계급에 대한 위원회 승인 폐지, 혁신인사기획관·기획예산담당관 등 공통 업무 관장 직위에 기술직 공무원 임용의 확대, 기술업무 수당의 인상 등을 예로 들 수 있다.

16) 상충가능성을 지닌 '경쟁'과 '상호성'을 한 제도 내에 포함했으나, 두 요소가 서로 다른 단계 또는 영역에서 작용함으로써 모순을 회피할 수 있을 것으로 기대되었다고 하겠다(이하 다른 제도의 경우도 마찬가지임).

상(872명에서 1,902명) 증가하는 성과를 거뒀다(강주리, 2009: 75; 중앙인사위원회, 2007: 177). 또한 장애인 공무원 수도 2002년 4,676명(1.66%)에서 2006년 7,770명(2.48%)으로 늘어났으며, 4급 이상 이공계 전공자 비율은 2003년의 26.6%에서 2006년에는 29.6%로 증가하는 성과를 보였다(중앙인사위원회, 2007: 184, 191).

공직의 대표성을 높이려는 정부의 노력이 기존의 주류 공직 구성원들에게 경각심 또는 경계 의식을 불러일으켰던 것으로 보인다. 일례로, 지역인재추천채용제도에 대한 2003년의 인식조사에서 조사에 응한 공무원의 48.9%가 제도에 대해 반대 의견을 표명했고, 찬성한 응답자는 29.7%에 그쳤다(김동원, 2007: 278). 한편, 과학기술인력 특채자의 주변인들(상급자, 동료, 하급자, 인사담당자 등)을 대상으로 한 2007년의 설문조사에서 과학기술인력 특채제도가 긍정적 효과를 내고 있다고 응답한 이들은 조사대상자의 33%에 머물렀다(박홍엽, 2008: 303).[17] 이러한 조사 결과는 사회 형평적 인재 등용이 공직사회 내에서 긍정적인 '경쟁'을 불러일으킬 수 있으리라는 기대와 더불어, 자칫 대표성의 증대가 공직 내의 갈등과 분열을 야기할 수 있다는 우려를 하게 한다. 따라서 이러한 성격의 제도를 추진함에 있어서는, 시민사회와 관료제 간의 상호작용 증대라는 제도의 취지를 추구함과 함께 관료제 내부에서의 '상호성'(공동체 의식) 증대를 위해 노력해야 할 것이다.

3) 고위공무원단제도의 도입·시행

노무현 정부는 2006년 7월 고위공무원단을 출범시켰다. 고위공무원단제도는 '직위공모제도', '개방형직위제도', '직무성과계약제' 등을 주요 구성요소로 하는 복합적인 제도이다. 이에 다음에서는 각 구성요소에 작용하고 있는 관료제 통제기제들을 먼저 검토한 후, 고위공무원단제도에 대해 살펴본다.

직위공모제도는 "정부 내 또는 부처 내 우수 인력을 균형적으로 배치·활용하고 이를 통해 유기적인 업무협조와 조정 능력 등을 강화"(2005: 96)하고자 하는 정책방안으

---

17) 지역인재추천채용제도나 과학기술인력 특채정책이 지니는 실제 문제로 인해서 응답자들의 부정적 인식이 야기됐을 가능성을 배제할 수 없다. 그러나 여기서는 이러한 설문조사 결과가 기존 주류 공직 구성원들의 회의적 시각 또는 저항과 반발의 실마리로 해석될 가능성을 제기하고자 했다.

로서, 김대중 정부에서 채택되었으며 노무현 정부는 이를 더욱 확대하고자 했다. 직위공모 적용 대상 직위는 3급 이상의 실·국장급 직위(개방형 직위 제외)이며, 4급 이하 직위에 대해서도 소속 장관의 판단 하에 실시할 수 있었다. 직위공모제도는 "해당 직위의 직무내용과 특성 등을 반영한 임용 자격요건을 설정하고 공모를 거쳐 해당 직위에 가장 적합한 자격과 능력을 구비한 자를 선발·임용"(2005: 96)함이 주된 내용이라는 점에서 관료제 통제기제 중 '경쟁' 기제를 핵심으로 한다. 그러나 이에 더하여, 직무수행에 대한 평가가 뒤따른다는 점('감독'), 부처 간 정책협조·조정을 추구한다는 점('상호성') 등의 부수적 특징을 지닌다. 또한 "폐쇄적 인사 운영"(2005: 96)을 지양하고 타 부처 인력을 유입시킴으로써, 해당 직위를 포함하고 있는 조직 내 여타 구성원에게는 상관 또는 동료로 누가 보임될 것인지에 대한 예측 가능성을 낮춰('비항상성') 조직통제의 효과를 높일 수 있었다.

개방형 직위제도는 "전문성이 특히 요구되거나 효율적인 정책 수립을 위하여 필요하다고 판단되는 직위를 대상으로 공직 내·외간의 경쟁을 거쳐 최적격자를 임용하는 제도"(2008: 201)로서 "종래의 인사제도 하에서 누적·심화되어 온 공무원의 무사안일, 복지부동, 전문성 부족과 같은 여러 문제점을 해소시켜 정부의 생산성을 제고"(2005: 335)하는데 정책목표가 있었다. 직위공모제도와 마찬가지로 1999년 김대중 정부에 의해 도입되었으며, 노무현 정부는 이 제도를 고위공무원단제도에 편입시켰다. 또한 노무현 정부는 그간 제기되어온 문제점— 저조한 외부 인재 임용, 직위 지정의 부적절, 소극적인 모집활동, 선발심사의 공정성 확보 미흡 등 —을 극복하기 위해, 개방형 직위 임용자의 처우개선, 개방형 직위 임용 기간 연장, 공직 내부의 경쟁 촉진, 공개모집 방법의 개선, 선발심사의 공정성 제고, 개방형 직위의 조정, 개방형 직위의 과장급 확대 유도 등의 조처를 했다.

개방형 직위제도는 위의 인용문에 나타난 대로 '경쟁'을 핵심으로 하며, 직무수행 성과에 대한 평가('감독')뿐 아니라 "외부 전문가의 유치[나]… 부처 간 인사교류"(2005: 335)를 통해 직위 임용자에 대한 예측 가능성을 낮추고, 점직자의 가변성·유동성을 높인다는 점에서 '비항상성' 기제가 적용되고 있는 개혁방안이라 하겠다. 또한 민간 전문가들이 "정부의 정책결정과 집행과정에 직접 참여할 수 있게 되어 다양한 요구와 시각을 행정에 반영하고, 공직사회의 인적 구성이 다양하고 유연화[된다]"(2008: 209)는 점은 '상호성' 요소를 보여주었다.

직무성과계약제는 "장·차관 등 기관의 책임자와 실·국장, 과장 간에 성과목표와 지표 등에 관해 합의하여 공식적인 성과계약을 체결하고, 그 이행도를 평가지표 측정 결과를 토대로 계약당사자 상호 간 면담을 통해 평가하고, 결과를 성과급, 승진 등에 반영하는 인사 관리시스템이다"(2008: 271-272). 따라서 직무성과계약제는 합리적인 성과평가시스템의 설계와 운용을 토대로 평가 결과에 근거하여 급여 수준이나 승진에 차등을 주는 관리 방안이라는 점에서 조직 구성원 간의 '경쟁' 개념과 성과평가라는 '감독' 개념을 동시에 포함하고 있다. 또한 조직 내 상·하 구성원 간의 대화와 합의를 중시한다는 점에서는 '상호성' 기제도 작용하고 있음을 알 수 있다.

고위공무원단제도는 "정부 정책에 핵심적 역할을 수행하는 실·국장급 공무원을 개방과 경쟁을 통해 범정부적 차원에서 적재적소에 활용하고, 직무와 성과 중심으로 인사관리하며, 책임성을 강화함으로써 역량 있는 정부를 구현하려는 목적을 가진다" (2008: 214). 고위공무원단제도는 위에서 검토한 제도들의 주요 요소를 흡수하고 있으므로 네 가지 통제기제를 모두 함축하고 있으며, 특히 '경쟁'과 '감독'의 의의가 두드러졌다. 먼저 개방형 직위를 통한 민간과의 경쟁뿐만 아니라 직위공모제도를 도입하여 부처 간 경쟁을 통해 적격자를 충원하고 직무성과급제를 도입했다('경쟁'). 이와 관련하여, 직무성과를 엄격하게 관리하고 그에 따른 책임성을 강화하기 위해 성과평가를 시도했다('감독'). 또한 고위공무원의 이동성을 확대하여 부처 내 고위 직위 보임자에 대한 예측 가능성을 낮추었으며('비항상성'), 고위공무원단에 속한 고위공무원 상호 간의 집단 압력과 상호평가, 유사한 가치관의 내재화, 그리고 "전 정부적 차원과 맥락에서 정책을 이해할 수 있게"(2005: 150)('상호성')하는 특성을 보였다.[18]

고위공무원단 운영과 관련하여, 2007년 6월 기준 개방형 직위(충원이 완료된 146개)에 대한 민간인 지원자 비율이 62.9%였고, 임용률은 내부(56.2%)·민간(23.9%)·타부

---

[18] 고위공무원단제도가 공무원 통제에서 지니는 이러한 복합적인 함의에 대해서 오석홍(2007: 29)은 다음과 같이 언급하였다: "고위공무원단제도는 성과주의 강화, 인력운용의 융통성 제고, 임용구조의 개방화, 인사교류 촉진, …, 인사권자의 통제력 강화 등에 기여할 수 있다"; 이와 유사하게 남궁근·서원석(2005: 447)도 "실·국장급 공무원을 개방과 경쟁을 통해 역량을 강화하고 능력을 발전시켜 범정부적 시야[를]… 갖춘 … 인재로 양성함으로써…"라고 지적하고 있다; 이와 유사한 언론의 판단에 대해서는 인터넷 한국일보(2007), 서울신문(2009) 등을 참조하기 바람.

처(9.6%)로 나타났다. 공모직위에 대한 타 부처 지원자 비율은 56.8%였고, 임용률은 내부(50%)·타부처(50%)였으며, 타 부처 지원자 대비 임용자 비율은 34%였다. 총 개방형 및 공모직위 임용자 수 대비 지원자 수의 비율은 1:4로 나타났다(조경호 외, 2008: 15-17). 이러한 제도운영 상황은 고위공무원단제도가 개방과 경쟁의 제고라는 제도의 취지를 달성할 수 있는 가능성을 보여주었다. 또한 공직에 대한 개방의 활성화는 '비항상성' 기제의 의의를 높여 줄 수 있을 것으로 기대되었으며, 고위공무원의 교류 증대는 '상호성'을 증진할 것으로 기대되었다. 그러나 2006년도에 있었던 직무성과계약의 평가 결과는 다소간의 우려를 자아내었다. 고위공무원에 대한 평가에서 연공서열은 거의 고려되지 않은 것으로 분석되었으나, '탁월'과 '우수' 등급으로 판정된 이들의 비율이 83.5%에 이른 것으로 나타났다(이근주 외, 2007: 103-107). 비록 성과연봉 지급 결과는 S등급부터 C등급까지 어느 정도 평가 등급별 인원 비율에 맞춰 이루어졌으나, 성과평가결과의 관대화 경향을 방치할 경우, 고위공무원에 대한 '감독'의 의의가 약해질 우려가 있었다.

4) 성과관리 강화

1980년대 영미계 국가를 중심으로 추진되어 온 행정개혁의 성과 중심적 관리 정향은 우리나라에도 도입되어 1990년대 후반부터 강력하게 추진되었다. 노무현 정부는 이를 이어받아 직무수행평가·임용결정·보수결정 등 제반 인사관리에서 성과관리를 강화했다. 특히 고위공무원에게 '직무성과계약제'를 적용하여 직무수행성과의 평가를 강화했고, 이를 4급 이하 공무원으로 확대했다. 또한 직무수행성과의 평가에서 '다면평가제'의 적용을 확산시켰다(오석홍, 2007: 32). 위에서 검토한 대로 직무성과계약제는 '경쟁'과 '감독'을 주된 관료제 통제 요소로 하고 있으며, '상호성' 기제가 부수적으로 작용했다.

다면평가제는 전통적인 하향식 평가의 문제— 상사 개인의 주관개입, 객관성과 공정성의 취약 등 —를 극복하고, 피평가자에 대한 평가정보를 다양한 원천— 직속 상사, 동료, 부하, 고객 및 자기평가 —에서 수집하는 제도로서, 노무현 정부는 이 제도를 3급 이상의 고위직으로 확대해서 시행하고, 그간 제기되었던 제도상의 약점— 인

기투표화 현상 등 —을 개선하고자 했다(2005: 283-285). 이 정책방안은 기본적으로 성과평가를 강조했고 "중앙인사위원회가 … 제도운영의 가이드라인을 제시"(2008: 277)했다는 점에서 '감독' 기제를 핵심으로 했으며, 평가 결과를 승진심사 등에 활용했다는 점에서 '경쟁' 기제 또한 주요 요소를 구성했다. 한편, 공무원 집단 내 상호평가 방식을 도입하고, "평가 방법 및 절차, 평가 결과의 반영 등에 관한 사항은 소속 장관이 정하도록"(2008: 277) 했던 것을 통해서 이 제도에는 '상호성' 기제 또한 적용되었음을 알 수 있다.[19]

중앙행정기관을 대상으로 수행된 한 조사에서 직무성과계약제는 4급 이상 직급에서 성과연봉을 결정할 때와 승진을 결정할 때 가장 비중 있게 반영된(각각 평균 36%, 35%) 성과평가 항목으로 나타났다(장지인 외, 2008: 77). 또한 공정거래위원회를 대상으로 한 조사에서는 직무성과계약제가 상하급간 면담·토론을 활성화하고 있다는 조사 결과가 나온 바 있다(채은경 외, 2006: 114). 이러한 조사 결과들은 직무성과계약제가 '경쟁'을 제고하되, 조직 내 상하급 간 '상호성'을 증진할 수 있음을 보여주었다. 그러나 중앙인사위원회가 2005년에 수행한 공무원 설문조사 결과, 성과급 제도의 확대에 대한 반대 의견이 높게 나타났고, 참여정부 인사개혁에 대한 2006년의 공무원 수용도 조사에서 성과지향적 인사제도에 대한 공무원들의 수용도가 타 분야에 비해 상대적으로 낮게 나타난 바 있다(중앙인사위원회, 2007: 101; 박천오, 2006). 이는 '경쟁' 기제의 효과가 나타남과 동시에 그 부작용이 드러날 수 있음을 시사하는 조사 결과라고 하겠다. 한편, 위에서 살펴본 대로, 평가의 관대화 경향을 제어해야 '감독' 기제가 적절하게 작동할 수 있는 상태였다.

다면평가제도는 2005년 7월 기준 총 54개 중앙행정기관(부·처·청·위원회) 중 51개 기관에서 실시하고 있었던 것으로 조사되었다(정부혁신지방분권위원회, 2008: 279). 다면평가 결과는 4급 이상 직급에서 성과연봉과 승진 결정 시 평균적으로 8~9% 정도 반영되었으며, 5급 이하 직급에서 성과상여금 결정 시 평균 13% 정도 반영되었고,

---

19) 오석홍(2007: 33)은 "참여정부의 성과주의적 개혁프로그램은 성과관리라기보다 성과통제를 지향한 것"이었음을 지적했고, "경쟁에서 비롯되는 소외감"을 언급함으로써 성과관리 강화방안들에 '감독'과 '경쟁'이 공통적인 주요 요소로 함축되어 있음을 보여주었다; 또한 일부 언론의 판단도 이와 유사했다(서울신문, 2006; 인터넷 한국일보, 2007; 뉴스와이어, 2006 등 참조).

승진결정 시 9% 정도 반영되는 것으로 조사되었다(장지인 외, 2008: 77-78). 이러한 조사 결과는 다면평가제도가 적절하게 사용된다면, 조직 내 '경쟁'과 '상호성'을 제고하는 데 유용할 수 있음을 시사했다. 그러나 2003년과 2007년에 행해진 인식조사 결과는 다면평가제도에 대한 공무원들의 인식이 현저하게 부정적인 방향으로 전환되고 있음을 보여주었다(조경호, 2008: 248-254).[20] 이와 같은 현상은 기존의 연공서열식 승진 관행의 잔존으로 인해, 다면평가 결과와 인사내용이 일치하지 않은 데서 기인했던 것으로 보이며(조경호, 2008: 257), 자칫 '상호성'을 높이고자 했던 정책수단이 정반대의 효과를 야기할 수 있음을 의미했다.

5) 공무원 노동조합 합법화

노무현 정부는 2004년 제정되어 2006년 1월부터 시행된 「공무원의 노동조합설립 및 운영에 관한 법률」(이하 '공무원 노동조합법')에 의해 6급 이하 일반직 공무원과 그에 상당하는 별정직·계약직·기능직·고용직·외교직 공무원이 구성하는 노동조합을 합법화했다. 공무원 노동조합은 단체교섭과 단체협약은 할 수 있으나 파업·태업 등의 쟁의행위는 할 수 없게 되어 있다(오석홍, 2007: 33). '공무원 노동조합법'은 우리나라가 OECD나 ILO 등 국제기구의 권고를 수용하여 "일반 공무원의 근로자성을 인정하고 공무원인 근로자의 노동기본권을 교원노조 수준으로 보장하고자"(2008: 352) 하는데 그 취지가 있었다.

'공무원 노동조합법'은 관료제 통제에 있어 '상호성' 기제를 부각하는 의미가 컸다. 법률의 제정과정에서 "공무원을 인사개혁의 파트너로 인정하고 참여를 적극 유도"(2008: 354)했을 뿐 아니라 궁극적으로 "노사투쟁의 문화보다는 노사화합의 문화와 분위기 조성"을 통해 "상생적 공무원 노사관계"(2008: 366)의 발전을 모색했기 때문이다.

그러나 '공무원 노동조합법'에는 '감독' 기제 또한 작용하고 있었다. 이 법은 공무원 노사관계에 관한 표준화된 법적·제도적 틀을 형성한 후 이 틀에 의거하여 공무원 노

---

20) 특히 다면평가제도가 조직 내 의사소통과 인간관계의 개선에 기여하지 못한다고 평가한 이들의 비중이 늘어나고 있다는 점은 주목을 요한다.

동조합과 단체활동을 관리하고자 했다. 사실상 이 법에는 많은 규제 내용— 예를 들어, 쟁의행위의 금지, 정치활동의 금지, 교섭절차, 단체협약의 효력, 노조 전임자의 지위 등 —이 담겨 있었고, 이 규제들은 노동조합의 활동을 공식적으로 감독하는 기능을 수행했다.

2008년 12월 기준으로 공무원 노동조합 가입률은 70% 정도로 추정되었고, 6급 이하의 가입 가능한 공무원 중에서 실제 가입한 공무원의 비율은 80% 이상이었다. 전국 노조설립 단위 267개(헌법기관 5, 지자체 246, 교육자치단체 16) 중 216개 기관에 노조가 설립되었으며, 공무원 노조는 '통합공무원노동조합'[21]과 공무원노동조합총연맹(공노총)을 주축으로 하여 활동했다. 2007년 12월 정부와 공무원 노조 간에 최초의 단체협약이 체결되었고, 2008년 4월 기준으로 75개 기관에서 단체협약이 체결되었다(안호용 외, 2008; 이정천, 2008). 이러한 진전은 '상호성'의 개발을 통해 상생적 공무원 노사관계의 활성화 가능성을 가늠해볼 수 있는 의미 있는 성과였으며, 공무원 노조를 법적인 틀 내에서 관리하는 데 어느 정도 성공한 '감독' 상의 성과라고 볼 수 있었다. 그러나 그동안 공무원 노조 간의 반목이 드러났고,[22] 단체교섭의 실효성에 대한 의문이 제기되었다(이정천, 2008). 공무원 단체 간의 반목은 조직 내 '상호성'의 훼손을 의미했으며, 단체교섭의 실효성 문제는 정부가 노조를 파트너로 인정하기보다 '감독'의 대상으로 인식하고 있었다는 점과 연계된다. 따라서 적정한 '감독'의 수준을 모색함과 더불어 정부와 노조 간의 '상호성'뿐 아니라 조직 내 공무원들 간의 '상호성'도 조장할 수 있는 방안의 모색이 필요로 되었다.

6) 총액인건비제도

노무현 정부는 새로운 인적자원 관리방식의 하나로서 2007년부터 총액인건비제도를 도입·실시했다. 이 제도는 지금까지의 집중형 인적자원관리와 직급별 정원관리

---

[21] 2009년 9월, 전국공무원노동조합(전공노), 전국민주공무원노동조합(민공노), 법원공무원노동조합(법원노조)이 통합하여 구성되었으며, 민주노총에 가입하기로 하는 등 강경 성향을 지녔다.

[22] 공무원 노동조합 분파 간의 다양한 갈등은 강경 성향의 '통합공무원노동조합'과 온건 성향인 공노총 간의 대립으로 정리되었다(중앙일보, 2009).

방식으로는 변화하는 행정환경에 적절히 대응하기 힘들다는 인식에 토대를 두고, 분권형의 인적자원관리 방식으로 전환하려는 의도를 담고 있었다(진재구, 2006: 85). 총액인건비제도는 "예산 당국은 각 부처별 인건비 예산의 총액만을 관리하고, 각 부처는 동 인건비 한도 내에서 인력의 규모(직급별)와 종류(직렬, 직류 등)의 결정, 기구의 설치 및 인건비 배분의 자율성을 보유하고 그 결과에 책임을 지는 제도"(2005: 215)로 정의될 수 있다.

총액인건비제도 하에서 각 부처는 "인적자본 관리의 자율성 확보를 통해서 행정수요의 변화에 유연하고 신축적인 대응이 가능하게 되고, 인건비 예산 및 정원관리의 자율적 운용 경험을 통해서 해당 기관의 인사, 조직, 예산 관리의 역량 강화를 꾀할 수 있[게 된]다"(2005: 217). 그러므로 총액인건비제도의 가장 눈에 띄는 특징은 각 부처의 자율적인 관리를 통해 관리상의 효율성을 추구하는 '상호성' 기제가 강화되어 있다는 점이었다. 그러나 이에 더하여 '경쟁' 및 '감독' 기제가 보완적으로 작동하고 있었다. 즉, 조직 구성원에 대해 "직급에 대한 보상이 아닌 직무가치와 직무성과(job value and performance)에 대한 보상"(2005: 217)을 한다는 점에서 '경쟁' 기제가 내재되어 있었으며, 한편으로는 "각 부처의 도덕적 해이 현상"에 대비하기 위해 중앙인사기관이 "제도운영에 필요한 최소한의 지침을 제시하[고]… 사후 운영실태의 적정성·타당성 평가"(2005: 227)를 실시하도록 설계되었다는 점에서 '감독' 기제 또한 내재되어 있었다.

총액인건비제도는 2007년부터 중앙 및 지방정부에서 전면 실시되었다. 35개 중앙행정기관을 대상으로 2007년도의 운영계획을 분석한 결과에 따르면, 각 기관이 자율적으로 활용할 수 있는 재원은 인건비 총액의 1%에 미치지 못하는 것으로 나타났다. 이러한 결과가 나온 이유는 총액인건비의 대부분을 차지하는 기본 인건비를 자율화의 대상에서 제외했기 때문이었다. 기본 인건비는 단순한 보수의 문제가 아니라 공무원 조직과 인사 전반은 물론 예산·연금 등 전체적인 공직 체계와 연결되어 있어서 자율화 대상에서 제외될 수밖에 없었을 것으로 판단된다(조선일, 2008). 이렇게 볼 때, 총액인건비제도는 각 행정기관의 자율성을 높인다는 기본 취지에도 불구하고 '감독'과 통제를 주축으로 했으며, '상호성'은 제한적인 수준에서만 활용되었다고 하겠다.

5 결론

이상 노무현 정부 주요 인사행정개혁의 분석에서 나타난 결과들을 정리하면 다음과 같다(〈표 3-3〉 참조). 첫째, 이 연구의 분석 대상이 되었던 노무현 정부의 주요 인사행정개혁과제는 모두 혼합형 관료제 통제기제의 범주에 속하는 것으로 나타났다.[23)] 이러한 결과는 원형적 통제기제만으로 운용되는 통제방안을 설계하기가 쉽지 않거나 바람직하지 않을 수 있다는 해석을 가능하게 한다. '감독' 기제만으로 통제를 강화하면 자칫 권위주의적인 체제로 귀결되어, 통제가 가져올 이점에 비해 권위주의가 야기하는 부작용이 더 커질 수 있다. 한편, '감독' 이외의 기제들이 지닌 공통점은 안정성과 지속성 면에서 취약할 수 있다는 것이다. 끊임없는 조직 내·외의 경쟁이나 예측 불가능한 인사 운영은 조직과 그 구성원이 장기적인 안목에서 일관된 사업을 지속하기 어렵게 할 수 있다. 또한 공동체주의적 조직 운영은 규율의 면에서 약점을 지닌다. 이러한 이유로 해서, 실제 관료제 통제방안은 원형적 통제기제보다는 혼합형 통제기제를 주로 활용하여 기제의 시너지 효과를 모색하는 것으로 해석할 수 있다.

〈표 3-3〉 노무현 정부 인사행정개혁과제의 관료제 통제기제와 특징

인사행정 개혁과제	관료제 통제기제	관료제 통제상의 주요 특징
국가 인사기능 통합과 인사자율권 확대	감독×상호성	- 인사혁신정책의 일관성 있는 추진 - 중앙인사기능 전담 조직에 공무원 인사 관련 권한 부여 - 중앙인사기관은 공직 인사의 기본원칙과 기준·지침을 명확히 제시 - 각 부 장관은 장관 책임 하에 인사를 자율적으로 운영
사회 형평적 인재 등용	상호성×경쟁	- 관료제와 시민 간의 상호작용 제고 - 인사행정을 사회의 다양한 문제해결을 위한 정치과정으로 이해 - 사회·정치 제 세력 간의 경쟁
고위공무원단제도	경쟁×감독× 상호성×비항상성	- 개방과 경쟁을 통해(개방형 직위, 공모 직위) 고위공무원을 범정부적 차원에서 적재적소에 활용(고위공무원 이동성 확대) - 직무와 성과 중심의 인사관리 - 고위관리자가 전 정부적 차원과 맥락에서 정책을 이해하도록 함

---

23) 이러한 결과는 후드와 그의 동료들이 서구와 일본을 대상으로 수행한 비교연구의 결과와 유사하다(Hood et al, 2004).

직위공모제도 확대	**경쟁**×감독× 상호성×비항상성	- 해당 직위에 대한 공모를 거쳐 가장 적합한 자격·능력을 갖춘 자를 선발 - 부처 간 정책협조와 조정의 개선 - 고위공무원단제도에 편입(성과평가) - 기관 간 인력이동 확대
개방형직위제도 활성화	**경쟁**×감독× 상호성×비항상성	- 정부 내·외 인사들 간의 '경쟁 개념' 도입 - 고위공무원단제도에 편입(성과평가) - 민간인의 정부 정책과정 참여; 공직사회 인적 구성의 다양화·유연화 - 인력이동의 확대
직무성과 계약제	**경쟁**×**감독**×상호성	- 기관책임자와 실·국장, 과장 간 성과계약체결(성과목표·지표 합의); 성과평가 - 평가 결과를 성과급, 승진 등에 반영 - 조직 내 상하 구성원 간 대화와 합의
다면평가제	**감독**×**경쟁**×**상호성**	- 성과평가; 중앙인사기관에 의한 제도운영 가이드라인 제시 - 상호평가 방식; 소속 장관에게 운영상 자율성 부여 - 승진·성과상여금지급·보직관리에 활용
공무원 노조 합법화	**상호성**×감독	- 공무원의 인사개혁파트너 인정; 참여 유도 - 공무원 노조 활동의 공식적 규제
총액인건비 제도	**상호성**×경쟁×감독	- 분권형의 자율적 인적자본 관리 - 직무가치와 직무성과에 대한 보상 - 중앙인사기관에 의한 제도 운영지침 제시 및 운영성과의 정기적 평가

주: '관료제 통제기제' 항목 상의 강조(굵은 선)는 주된 통제기제를 의미함.

둘째, 네 개의 원형적 통제기제 중 '감독'·'경쟁'·'상호성'은 모두 노무현 정부 인사행정개혁과제에 활발하게 사용되었다. '경쟁'과 '감독' 기제는 특히 성과관리의 강화와 관련하여 중요한 역할을 담당했다. 성과평가라는 새로운 '감독' 유형을 발전시키고, 성과평가의 결과를 급여나 승진 등에 반영하는 '경쟁' 기제를 적극적으로 활용한 것이 그것이다. '경쟁' 기제는 또한 정부 내·외 인사들을 대상으로 공직 임용상의 개방성을 확장하는 데에도 적극적으로 활용되었다. '상호성' 기제 역시 광범위하게 활용되어 노무현 정부의 이념적 특성을 부각시켰다. 이는 특히 '사회 형평적 인재 등용' 방안을 통해 잘 드러났다. 또한 노무현 정부가 새롭게 채택한 정책들(예: '총액인건비제도', '공무원 노조 합법화' 등)에서 '상호성' 기제가 두드러졌다. 한편, 그 활용도가 앞의 세 기제에는 미치지 못했으나 '비항상성' 기제 역시 혼합형 통제기제에 적용됨으로써, 실질적인 관료제 통제기제로 사용될 수 있음을 보여주었다.

노무현 정부 인사행정개혁방안을 대상으로 하여 관료제 통제기제의 특성과 정향을 분석한 본 연구의 이론적·실천적 함의는 다음과 같다. 먼저 노무현 정부 인사행정개혁은 김대중 정부 이래 우리나라의 행정 및 정부개혁에 큰 영향을 미쳤던 세계적인 추세를 상당 부분 반영했던 것으로 나타났다. 무엇보다도 노무현 정부의 인사행정개혁에서 '경쟁' 기제와 '감독' 기제가 매우 중요하게 취급되었음이 드러났다. 공직개방·성과급·민간부문 활용 등 새로운 형태의 경쟁 개념이 전통적인 형태의 실적주의와 더불어 활발하게 확대되었으며, 이러한 '경쟁' 기제를 적절히 관리하기 위해 중앙으로부터의 '감독'의 중요성 또한 새롭게 부각되었다. 여기서 부각되었던 '감독' 역시 '경쟁'과 마찬가지로 전통적인 형태(사전적인 승인 중심)의 감시·감독이 아닌 새로운 형태(일반지침에 근거한 사후적인 평가와 감사 중심)의 그것이었다는 점이 주목되어야 한다.

　이렇게 볼 때, 노무현 정부의 인사행정개혁은 일정 부분 신공공관리(NPM)를 이론적 근거로 했다고 말할 수 있다. 이러한 평가는 영·미권 국가를 중심으로 하여 확산했던 신공공관리가 내세우는 주된 개혁 요소가 '경쟁' 개념의 도입 및 이와 병행된 사후적인 평가와 감사의 중요성이라는 점에 비춰볼 때 그 타당성이 확인된다. 또한 한국의 사례도 해외에서 나타나고 있던 이른바 '감사 폭발'(audit explosion)(Power, 1994)이라는 보편적 현상의 큰 틀에서 이해될 수 있었다.

　그러나 노무현 정부는 스스로를 '참여정부'라고 명명했던 바와 같이, '경쟁'과 '감독'뿐만 아니라 '상호성' 기제를 적용한 인사행정개혁도 적극적으로 추진했던 것으로 분석되었다. 즉, 관료제 조직 내의 집단의사결정과 자율성, 동료 상호평가, 윤리의식과 가치관의 내재화, 그리고 사회 제 세력의 참여 등의 요소를 함축하고 있는 다양한 인사행정개혁방안이 활성화되었다. 이처럼 공동체주의적 요소가 주목받았다는 점에서 뉴거버넌스론 또한 노무현 정부 인사행정개혁의 주요한 이론적 근거가 되었다고 하겠다. 한편, 조직 운영상의 예측 가능성을 낮춰 관료제를 통제하는 '비항상성' 기제 또한 몇몇 인사행정개혁사례에서 발견되었다. 이러한 분석 결과는 노무현 정부의 행정개혁과 관료제 통제가 신공공관리 방식 만에 의해서 수행되었다는 주장의 성립을 어렵게 하며, 결국 노무현 정부의 행정개혁은 신공공관리 방식을 받아들이되, 뉴거버넌스를 포함한 그 외의 방식들이 적용되어 복합적으로 수행되었다는 주장으로 나아가게 한다.

이러한 점에서 노무현 정부는 김대중 정부에서 강력하게 시도되었던 신공공관리적 인사행정개혁을 계승·발전함과 동시에 김대중 정부와 차별성을 보였다고 평가받을 수 있다(정광호, 2005; 은재호, 2005; 황혜신, 2005; 박수경, 2007 등 참조). 김대중 정부 인사행정개혁에는 정부 인력감축, 개방형직위제 도입, 계약직의 확대, 성과급제 확대와 목표관리적 평가의 도입, 양성평등채용목표제 도입 등이 포함된다. 그리고 이러한 조치의 주류는 신자유주의 이념과 신공공관리론의 시각에서 효율성을 높이는 데 중점을 둔 것으로 평가된다(오성호, 1999; 김근세, 2002). 노무현 정부는 김대중 정부에서 시작된 신공공관리 인사행정개혁 조치의 주요 내용을 이어받아 이를 확대·발전시키는데 머물지 않고, 김대중 정부에서 주류가 되지 못했던 공동체주의적 접근을 전면에 내세우고 이를 제도화하기 위해 노력했다는 점에서 앞선 정부와 차별화된다(오석홍, 2007; 진재구, 2006 등 참조).

마지막으로, 제도 운용의 효과에 있어, '감독'·'경쟁'·'상호성' 등 주요 기제들은 나름의 기능을 수행하여 관료제 통제를 위한 노무현 정부의 노력에 기여했다고 평가할 수 있다. 그러나 각 제도의 운용과 관련하여, 구체적인 효과 면에서는 기대에 미치지 못했거나 의도하지 않았던 효과를 내기도 했다. '감독' 기제에 있어서는 특히 성과평가가 기대했던 것만큼 체계적이고 적절하게 수행되었다고 보기 힘들다. 평가의 관대화 경향이 나타나 성과평가의 의미가 퇴색되기도 했으며, 공무원들 사이에 성과평가가 타당하지 못하다거나, 평가에 따른 보상이 적절하게 수행되지 못했다는 인식이 존재하기도 했다. '경쟁' 기제의 활용은 공직 내 긴장을 유도하는 긍정적 효과를 가져왔으나, 그 반작용으로 조직 구성원 간의 조화와 신뢰 관계에 부정적인 효과를 미쳐 '상호성'을 훼손할 가능성이 있음을 보여줬다. '상호성' 기제에서, 하위 행정기관의 자율성을 증진하려는 노력은 중앙의 '감독'과 통제를 유지하려는 관성에 의해서 상당한 제약을 받았다. 한편, 관료제의 대표성 증진과 공무원 노조 합법화는 거시적인 수준에서 관료제와 시민사회 간, 정부와 노조 간의 관계를 개선할 수 있는 가능성을 보여줬으나, 그 부작용으로 인해 미시적인 개별 조직 수준에서는 갈등과 반목을 야기하여 오히려 '상호성'이 약화될 수 있는 가능성을 남겼다. 이러한 결과들은 제도설계와 운영에 있어, 상충 가능성을 지닌 요소들을 관리하기 위해 보다 신중하고 세밀한 접근법과 더불어 거시적·미시적인 수준을 포괄하는 안목을 지니기 위한 노력이 요구됨을 시사한다.

문화이론과 관련지어 보면, 현실 세계의 문화 형태가 여러 문화 요소를 복합적으로 지니고 있는 것과 마찬가지로 노무현 정부의 인사행정개혁과 행정통제 노력 역시 혼합형의 형태를 보였다. 원형적인 문화 형태를 순수하게 유지하기 어려운 것과 마찬가지로 원형적인 통제기제를 순수한 형태로 형성·운용하는 것은 실현하기도 어렵고 부작용 또한 상당하기 때문이다. 앞의 2장에서 살펴본 대로 한국 행정문화의 주된 요소는 계층주의이다. 따라서 행정통제를 모색함에 있어 '감독' 기제가 중심적인 통제 요소로 활용되었고, 여타 통제기제(경쟁, 상호성, 비항상성)가 활용된 경우에도 '감독' 기제가 대부분 함께 동원된 점은 한국 행정문화와 조응하는 것으로 볼 수 있다. 한편, 신공공관리나 뉴거버넌스와 같은 세계적인 행정개혁의 조류에 부응해서 한국 행정개혁과 행정통제에서도 '경쟁'과 '상호성' 기제가 중요한 구성요소가 되었다. 그러나 한국 행정문화에서 개인주의와 평등주의 문화가 상대적으로 취약한 상태에 있다는 점이 '경쟁'이나 '상호성' 기제가 포함된 통제기제의 효과에 부정적인 영향을 미칠 수 있음이 드러난 것으로 평가할 수 있다.

참고문헌

강주리. (2009). 여성공무원 지원, 지자체도 나서야. 「지방행정」. 58(664): 74-75.
강성철. (2003). 참여정부 하의 지방정부 인사행정의 과제와 발전방향. 「한국지방정부학회 2003년도 추계학술대회 발표논문집」.
구자용. (1995). 「행정통제의 이해」. 서울: 전예원.
권해수. (2005). 참여정부 행정개혁에 대한 비판적 고찰. 「한국사회와 행정연구」. 16(1): 35-56.
김경한. (2005). 한국 행정개혁의 성과평가 연구: 김대중 정부의 신관리기법 도입을 중심으로. 「한국사회와 행정연구」. 15(4): 1-22.
김근세. (2002). 한국 인사행정개혁의 계획과 실재. 「한국행정학회 중앙인사위원회 출범3주년기념 국제회의 발표논문집」.
김동원. (2007). 지역인재추천채용제의 문제점 및 개선방안. 「한국거버넌스학회보」. 14(1): 261-286.
김상균 외. (2007). 「사회복지개론」. 개정2판. 서울: 나남.
김태룡. (1999). 한국과 미국의 행정개혁에 대한 비교: 체제론적 관점에서 기획예산위원회와 NPR의 개혁활동을 중심으로. 「한국행정학보」. 33(1): 1-18.
김태룡. (2004). 한국과 미국의 정부개혁: 노무현 정부와 부시 정부를 중심으로. 「한국사회와 행정연구」. 15(2): 97-126.
김판석·홍길표. (2007). 최근 인사개혁의 성과평가와 새정부의 인사개혁 과제. 「한국인사행정학회보」. 6(2): 61-96.
남궁근·서원석. (2005). 팀제와 참여정부 인사개혁의 정합성 검토: 팀제, 고위공무원단, 총액인건비, 전보제한 및 경력개발프로그램을 중심으로. 「행정논총」. 43(4): 437-458.
노화준. (2002). 시장지향적 정치·행정개혁, 접근이론, 그리고 정책연구. 「한국정책학회보」. 11(3): 259-284.
뉴스와이어. (2006). 중앙인사위, 부처별 직무성과계약제 운영현황 점검. 2006년 9월 14일. (http://media.daum.net/press/view.html)
명지대학교정부혁신연구소 편. (2020). 「행정의 책임과 통제」. 파주, 경기도: 법문사.
박동서. (1998). 한국 행정개혁의 과제. 「일본학」. 17: 137-143.
박수경. (2007). 노무현 정부 행정개혁의 특징. 「정부학연구」. 13(2): 213-249.
박천오. (2002). 김대중 정부의 행정개혁에 대한 공무원반응: 개혁의 장기적 정착가능성과 보완과제 진단을 위한 실증적 연구. 「한국행정연구」. 11(3): 111-141.
박천오. (2006). 참여정부 인사개혁에 대한 공무원 수용도. 「한국행정연구」. 15(2): 3-28.
박홍엽. (2008). 과학기술인력분야 균형인사정책의 평가와 발전방안. 「한국인사행정학회보」. 7(1): 287-314.
박희봉·백종섭·임승빈. (2004). 각국의 주요한 인사제도 개혁과 중앙인사행정관장기구 역할에 관한 비교연구. 「한국인사행정학회보」. 3(1): 119-152.
백종섭·이근주·최순영. (2007). 참여정부 인사정책에 대한 평가 소고. 「한국인사행정학회보」. 6(2): 1-31.
서울신문. (2006). 4급 이상 목줄 죈 '성과성적표'. 2006년 4월 27일.

서울신문. (2007). 정부 핵심직위 이공계 늘린다. 2007년 4월 27일.
서울신문. (2009). '고위공무원단' 존치가닥 …. 2009년 1월 12일.
안해균. (1987). 「현대행정학」. 서울: 다산출판사.
안호용·김정로·정헌주. (2008). 「인천지역 공무원 노사관계 지역사례연구」. 서울: 고려대 노동문제연구소.
오석홍. (2007). '참여정부'와 인사행정개혁. 「정부학연구」. 13(2): 9-37.
오석홍. (2008). 「행정개혁론」. 제6판. 서울: 박영사.
오성호. (1999). 인사개혁. 「한국행정연구」. 8(4): 31-49.
OECD정부혁신아시아센터 엮음. (2006). 「정부혁신 패러다임, 어떻게 변하고 있는가?」. 서울: 삶과 꿈.
은재호. (2005). 「참여정부 정부혁신의 보편성과 독자성: 해외 정부혁신사례와의 비교」. 서울: 한국행정연구원.
이광종. (2005). 「행정책임론」, 3정판. 서울: 대영문화사.
이근주·백종섭·권경득. (2007). 고위공무원단 성과평가의 적정성 수준지수 개발에 관한 연구. 「한국인사행정학회보」. 6(2): 97-128.
이명석. (2001). 신자유주의, 신공공관리론, 그리고 행정개혁. 「사회과학」. 40(1): 1-45.
이승종. (2005). 참여를 통한 정부개혁: 통제적 참여방식을 중심으로. 「한국공공관리학보」. 19(1): 19-39.
이정천. (2008). 한국 공무원 노동조합 단체교섭에 관한 연구. 「노동연구」. 16: 187-223.
이종수·윤영진 외. (2005). 「새행정학」, 제4정판. 서울: 대영문화사.
인터넷 한국일보. (2007). 개방형직위제, 무늬만 좋으면 되나. 2007년 3월 26일. (http://media.daum.net/editorial/column/view.html)
장지인·지성권·송신근·신성욱·오상희. (2008). 정부기관 성과관리시스템 운영실태에 관한 연구. 「관리회계연구」. 7(3): 61-105.
정부혁신지방분권위원회. (2005). 「참여정부의 인사개혁」. 서울: 정부혁신지방분권위원회.
정부혁신지방분권위원회. (2008). 「참여정부의 인사개혁: 2003-2008」. 서울: 정부혁신지방분권위원회.
정광호. (2005). 노무현 정부의 관료제 개혁에 대한 평가. 「행정논총」. 43(2): 301-349.
정승건. (2000). 발전주의와 신자유주의를 넘어서: 한국 행정개혁이론의 모색. 「한국행정학보」. 34(2): 39-59.
정용덕. (2005). 행정개혁과 새로운 거버넌스의 지향. 「연세대학교 국가관리연구원 세미나발표논문집」.
정우일. (2004). 「행정통제론」, 신정판. 서울: 박영사.
조경호. (2008). 정부 다면평가제도에 대한 성과분석: 2003년과 2007년 조사의 비교를 중심으로. 「한국인사행정학회보」. 7(1): 229-259.
조경호·진종순·이석환. (2008). 고위공무원단제도의 운영성과 평가모형과 발전방안. 「한국인사행정학회보」. 7(2): 1-32.
조선일. (2008). 중앙부처 총액인건비제도 개선과제 분석. 「한국인사행정학회보」. 7(1): 261-285.
조성한. (2005). 수사적 행정개혁과 문화적 갈등. 「한국사회와 행정연구」. 15(4): 23-47.
주재현. (2009). 행정개혁과 관료제 통제기제에 관한 연구: 노무현 정부의 인사행정개혁을 중심으로. 「행정논총」. 47(4): 49-77.
주재현. (2021). 「영국 거버넌스 체제 변동 연구」. 서울: 윤성사.
중앙인사위원회. (2007). 「참여정부 공무원 인사개혁 백서」. 서울: 중앙인사위원회.
중앙일보. (2009). 온건 성향 '시·도 공무원 노조' 뭉친다. 2009년 9월 30일.

진재구. (2006). 인적자원에 대한 혁신내용과 성과. 박중훈 외, 「참여정부의 정부혁신 운영실태 및 효과분석」. 서울: 한국행정연구원.

채은경・이종수・노승용. (2006). 한국 공공부문에 있어서의 직무성과계약제도 도입에 관한 분석. 「현대사회와 행정」. 16(1): 101-122.

하태권, 박경원, 원구환. (2005). 참여정부 인사개혁에 대한 평가. 「한국인사행정학회보」. 4(1): 1-21.

황혜신. (2005). 「역대정부와의 비교론적 관점에서 본 참여정부의 정부혁신」. 서울: 한국행정연구원.

Aucoin, P. (1990). Administrative Reform in Public Management: Paradigms, Principles, Paradoxes and Pendulums. *Governance*. 3(2): 115-137.

Bochel, Catherine & Bochel, Hugh M. (2004). *The UK Social Policy Process*. New York: Palgrave Macmillan.

Bovaird, T. & Loffler, E. (2003). Evaluating the Quality of Public Governance. *International Review of Administrative Sciences*. 69(3): 313-28.

Dunleavy, P. (1991). *Democracy, Bureaucracy and Public Choice: Economic Explanations in Political Science*. London: Harvester Wheatsheaf.

Gormley, W. Jr. (1989). *Taming the Bureaucracy: Muscles, Prayers, and Other Strategies*. Princeton, New Jersey: Princeton University Press.

Hood, C. (1994). *Explaining Economic Policy Reversals*. Buckingham, U.K.: The Open University Press.

Hood, C. (1996). Control over Bureaucracy: Cultural Theory and Institutional Variety. *Journal of Public Policy*. 15(3): 207-230.

Hood, C. (1998). *The Art of the State: Culture, Rhetoric, and Public Management*. New York: Oxford Univ. Press.

Hood, C. & James, O. (1997). The Central Executive. In Dunleavy, P. et al. (eds.), *Developments in British Politics 5*. London: Macmillan.

Hood, C., James, O., Peters, B. G., & Scott, C. (eds.) (2004). *Controlling Modern Government: Variety, Commonality and Change*. Cheltenham, UK: Edward Elgar.

Peters, B. G. (2001). *The Politics of Bureaucracy, 5th ed*. London: Routledge.

Power, M. (1994). *The Audit Explosion*. London: DEMOS.

Rhodes, R. A. W. (1996). The New Governance: Governing without Government. *Political Studies*. 44(4): 652-667.

Skelcher, C. (1992). *Managing for Service Quality*. UK: Longman.

Thompson, F. (1993). Matching Responsibilities with Tactics: Administrative Controls and Modern Government. *Public Administration Review*. 53(4): 303-318.

제4장

공공서비스 중복에 대한 대응: 이명박·박근혜 정부 방과 후 돌봄서비스 사례분석*

1 서론

공공부문에서 여러 기관에 의해 유사한 서비스가 제공되는 현상은 행정연구의 오랜 대상 중의 하나이다. 이러한 서비스 중복 상황에서, 공공서비스의 효율성을 제고하고 질적 수준을 높이기 위한 접근법과 관련하여 세 개의 학설(doctrines)이 서로 다른 주장을 제시하고 있다. 첫째, 계층주의 문화의 해결책으로서, 서비스 중복제공 기관들의 상위에 있는 기관(또는 관리자)의 명령으로 서비스 제공 상의 중복을 제거하고 일사불란한 관료제적 조직구조의 구축을 통해서 효율성을 높이는 접근방식이다('통합'). 둘째, 개인주의 문화의 해결방안으로서, 공공부문에도 복수의 경쟁적인 서비스 제공기관 중에서 소비자 선택이 가능한 제도를 구축해야 한다는 접근방식이다('경쟁'). 셋째, 평등주의 문화의 대응책으로서, 복수의 기관 간에 협력체계를 구축하고 협의에 의해 중복

---

* 주재현·신동석(2014)을 수정한 원고임.

을 최소화해야 한다는 주장이다('협력')(Thompson et al., 1991; Hood & Jackson, 1991 참조).

계층주의 문화에 토대를 둔 첫 번째 학설은 독점적인 공공서비스 제공기관의 필요성과 의의를 주장하는 전통으로서 공공기관의 대응성과 공공기관에 대한 통제 가능성에 대해서 비교적 낙관적인 견해를 지니고 있는 입장이다. 이러한 관리 사상에 있어, 소비자 선택과 경쟁은 사적 서비스의 영역에서만 적절한 것으로 이해되며, 공공영역에서 한 기관이 다른 기관이 행한 작업을 훼손하거나 무효화시켜서는 안 되기 때문에 공공영역은 단일의 행위자(unitary actor)로 행동해야 한다고 주장된다.[1] 개인주의 문화에 조응하는 두 번째 학설은 경쟁이 공공조직의 해이를 줄이고 소비자의 편익을 높이는 방법이라고 보는 입장으로서 고전적인 경제학의 전통을 반영한다. 이 입장은 독점적인 서비스 제공기관을 효과적으로 통제하고, 소비자에 대한 독점적 생산자의 대응성을 높일 수 있다는 주장에 대해 회의적이다. 반면 이 주장은 복수의 기관이 소비자의 선택을 받기 위해 경쟁하게 되면 어떠한 방법에 의해서건 비용이 절감되고 서비스의 질이 높아질 것으로 기대한다. 기관 간에 경쟁이 있게 되면, 공무원이 정한 과업이 아니라 시민이 필요로 하는 서비스가 종종 '예기치 않았던' 방법을 통해 성취될 가능성이 높아진다는 것이다(Hood, 1986: 117-122).[2] 평등주의 문화와 관련된 세 번째 학설은 1990년대 들어 대두한 뉴거버넌스론의 입장으로서, 공공서비스에 대한 수요가 복잡하고 다양화된 현대사회에서 공공과 민간부문의 다양한 기관의 협력과 역할 분담이 없이는, 사회가 필요로 하는 서비스를 적절한 수준에서 제공하는 것이 불가능하다는 점을 내세운다(Rhodes, 1996; Kooiman, 2003).

---

[1] 이 입장은 후술할 세 번째 입장, 즉 경쟁관계에 있지 않은 복수의 기관이 서비스의 생산과 제공에 관여하는 것도 바람직하지 않은 것으로 본다. 다수의 비경쟁적인 제공자가 한 서비스를 제공하는 경우는 그 기관들 사이에 합의와 협력이 필요한데 여기서 거래비용 문제가 야기될 수 있고 그 결과는 사업 성공 가능성의 저하로 나타날 수 있다. 이는 정책집행 연구상의 '집행흠결'(implementation deficit) 개념과 같은 맥락에서 이해될 수 있다(Hood, 1986; Pressman & Wildavsky, 1979 참조).

[2] 복수의 기관이 유사한 서비스를 제공하고, 서비스 이용자가 제한 없이 중복적으로 서비스를 이용하는 경우, 이러한 현상에 대해 서비스의 안정적인 공급이라는 관점에서 그 바람직함을 주장하는 견해가 있을 수 있다(Hood, 1991: 14 참조). 그러나 이러한 경우에 대한 학계의 일반적인 논의는 두 경쟁적인 학설 중 하나의 방향으로 개선을 모색하는 것으로 귀결되고 있다. 즉, 중복적인 서비스를 제거하거나, 복수의 기관 간에 경쟁 기제를 명확하게 도입하는 것이 바람직하다는 것이다.

공공서비스의 중복 상황에 직면한 현실 세계의 정부는 위의 세 학설을 원형 또는 혼합형의 형태로 적용할 수 있다. 원형은 통합, 경쟁, 협력의 세 대응 방안을 말하며, 혼합형은 원형적 대응 방안의 요소가 둘 이상 포함된 대응 형태를 말한다(〈표 4-1〉 참조).[3]

〈표 4-1〉 공공서비스 중복에 대한 정부의 대응 방안

형태	세부 형태	
원형	■ 통합 ■ 경쟁 ■ 협력	
혼합형	■ **통합**×경쟁; ■ **통합**×협력; ■ **경쟁**×협력; ■ **통합**×경쟁×협력; **경쟁**×통합×협력; **협력**×통합×경쟁;	**경쟁**×통합 **협력**×통합 **협력**×경쟁 **통합**×협력×경쟁 **경쟁**×협력×통합 **협력**×경쟁×통합

주: 혼합형에서의 강조는 주된 대응요소를 의미함.
자료: 주재현·신동석(2014: 109).

이러한 대응 방안 적용의 성공 여부는 선험적으로 결정될 수 있는 성격의 것이 아니며, 정책사안과 정책환경의 특성, 정부의 역량 등 여러 변수에 의해 경험적으로 판단될 수밖에 없다. 우리나라 정부도 이러한 일반론의 예외가 될 수 없음은 물론이다. 우리나라의 경우, 공공서비스의 중복에 관한 관심은 주로 서비스 전달체계의 개선방안 모색을 중심으로 논의되었고(조성한, 1997; 김통원, 2006; 주재현·이인수, 2009; 이만우·김영수, 2013 등),[4] 근자에는 융합행정 또는 협업행정에 대한 연구(박천오 외, 2012a; 2012b; 장상윤, 2013 등)가 수행되었다. 그러나 서비스 중복에 대한 정부의 대응 방안을 위에서 정리한 세 학설(원형 또는 혼합형)의 관점에서 체계적으로 접근한 연구는 찾아보기 힘들다.

이런 맥락에서 이 장은 이명박 정부와 박근혜 정부의 '방과 후 돌봄서비스' 사례를

---

[3] 이와 관련된 자세한 논의는 제1장 3.(문화이론의 적용[40~45쪽])을 참조하기 바람.
[4] 서비스 전달체계에 대한 논의는 특히 사회복지서비스 분야에서 활발하게 이루어졌다.

대상으로 '통합·경쟁·협력'의 세 대응 방안을 적용해서 우리나라 정부의 정책대응 양상을 분석하고, 그 시사점을 도출하는 데 목적을 두었다. 당시 방과 후 돌봄서비스는 보건복지부, 교육부, 여성가족부의 제도가 중첩되는 영역이었다. 방과 후 돌봄서비스에 관한 기존의 연구는 각 기관 돌봄서비스 사업의 정착과 발전에 관한 연구가 주를 이루었다(김미숙, 2006; 김흥원 외, 2011; 이유진 외, 2011; 이혜숙 외, 2008 등). 그 후 사업의 통합이나 연계의 필요성과 개선방안에 관한 연구가 진행되었으나 탐색적이거나 규범적인 내용이 주를 이루었고, 주로 개별 사업에 대한 성과분석과 개선방안을 중심으로 연구가 진행되었다(김미숙 외, 2009; 양계민, 2011; 이태수, 2011; 홍승아 외, 2013; 양애경 외, 2013; 윤향미 외, 2013 등). 따라서 이 서비스 영역에 대한 정부의 대응 방식 변화를 분석하는 것은 학술적·정책적인 차원에서 시사하는 바가 클 것으로 판단된다.

다음 2.에서는 먼저 방과 후 돌봄서비스에 관한 세 기관의 제도를 정리했다. 이어서 3.에서 방과 후 돌봄서비스 영역에서 나타난 두 정부하의 제도변화에 대해 분석했고, 마지막으로 4.은 연구 결과를 요약한 후 본 연구의 학문적·실천적 함의를 토론했다.

❷ 방과 후 돌봄서비스: 세 중앙행정기관 제도의 내용과 중복 현황

3개 중앙행정기관의 사업이 팽창하고 그에 따라 프로그램과 이용자의 중복이 발생하게 된 주된 계기는 2006년부터 시행된 「제1차 저출산·고령화 기본계획」에서 찾을 수 있다. 그 이전까지의 정책은 부별로 기관의 목적에 따라 개별 사업으로 시행되어 사업의 규모가 그리 크지 않았고 시범적인 성격이 강했다. 그러나 15개 중앙부처, 연구기관, 민간전문가가 대폭 참여하여 5년간(2006년~2010년) 추진할 정책과제를 발굴하고 시행한 「제1차 저출산·고령사회 기본계획」이 수립되면서 자녀 양육부담 감소와 일과 가정의 양립을 위해 방과 후 돌봄서비스가 확대되기 시작했다. 이러한 제도적 변화는 저출산 현상의 극복을 전제로, 일과 가정의 양립, 가족 친화적 사회문화 조성, 그리고 건전한 미래세대 육성을 위해 우선적으로 저소득층과 맞벌이 부부를 대상으로 집중적인 정책적 지원을 시행하고 차후 대상을 확대해 나아가는 것으로 했으며(대한민국정부, 2006). 이에 따라 3개 부는 사업에 필요한 시설 확충을 위해 양적 팽창을 거듭하게 되었다. 아래에서는 먼저 당시의 3개 프로그램의 내용을 살펴보고, 이어서 그 중복의 현황을 정리한다.

1) 방과 후 학교: 교육부

'방과 후 학교'는 사교육비 절감, 교육격차 해소, 돌봄기능 확대, 지역사회학교 실현을 통해 공교육을 내실화하려는 방안으로 제시되었고, 정규수업 이외의 시간을 활용해서 학생과 학부모의 요구와 선택에 따라 수익자 부담 또는 재정지원으로 운영되는 교육 및 보호 프로그램을 말한다(방과 후 학교 홈페이지, 2014). '방과 후 학교' 프로그램은 1995년 '5.31 교육개혁(안)'에서 학생의 인성 및 창의성을 함양하는 특기적성 교육과정 방안으로 제시된 방과 후 교육활동으로 시작하여, 2004년 '2.17 사교육비 경감 대책'에 방과 후 수준별 보충학습과 자율학습을 허용하는 방과 후 교육으로 확대되었다. 이후 교육인적자원부는 2005년 3월 정규 교육과정 이외에 이루어지고 있는 특기·적성교육, 수준별 보충학습, 방과 후 교실을 확대 개방하여 다양한 형태의 교육활동을 체계적으로 제공하는 방안을 '방과 후 학교'라 칭하고 2006년부터 전국적으로 확대했다(김기홍, 2006; 최태호, 2012).

초등보육 프로그램인 '방과 후 교실' 또한 2004년 교육인적자원부의 '2.17 사교육비 경감 대책'에서 사교육비 경감을 위한 대책의 하나로 선정되었으며, 2006년 3월에 기존의 특기적성교육, 수준별 보충학습과 함께 '방과 후 학교'에 통합되었다(제양순, 2011). 이후 '초등 돌봄교실'이라는 용어로 사용되었고, 돌봄과 교육의 양 측면을 포괄하지만 돌봄의 측면이 더욱 강화된 프로그램이었다.

'방과 후 학교'는 수익자 부담으로 운영하였고 이용 대상은 초등학생부터 고등학생 중 희망자에 한하여 학교 내의 프로그램을 이용할 수 있었다. 저소득층의 경우에는 교육 바우처 제도의 일환으로 일정 금액의 자유수강권을 지급하여 원하는 프로그램을 이용하게 했다. 2013년 기준으로, 방과후 학교 프로그램에 참여하고 있던 학교 수는 총 11,397개로서 전체 학교의 99.9%에 해당했으며, 초등 돌봄교실 운영에 참여하고 있던 학교 수는 5,784개였고 이는 전체 초등학교의 97.3%에 해당했다(교육부, 2013a; 변종임 외, 2009: 185).

방과 후 학교의 프로그램은 특기적성, 교과심화, 돌봄교실 프로그램으로 이루어져 있었고, 학교별로 학교운영위원회에서 지역과 학교의 여건에 맞게 프로그램을 선택하여 시행했다(〈표 4-2〉 참조). 이중 특기적성과 교과심화 영역은 초등학교부터 고등학교까지 전 학년에 걸쳐 시행했고, 프로그램의 내용에 따라 초등학교는 저학년과 고학년으로 구분하여 시행했다. 돌봄교실의 경우는 2013년 4월까지 5,784개(97%)의 초등학교가 운영했으며 평일 주·야간 돌봄과 일부 토요일 돌봄교실을 운영했다(교육부, 2013a; 김홍원, 2013).

〈표 4-2〉 '방과 후 학교' 프로그램

구분	특기적성	교과심화	돌봄교실
세부 내용	- 심미적 감수성 및 기능 - 신체건강 및 발달 - 창의성 계발 - 인성 함양 - 진로적성 계발 - 자기이해 및 성취	- 국어, 영어, 수학, 사회, 과학, 체육, 음악, 미술, 컴퓨터, 기타	- 숙제지도, 예습복습, 예능(음악, 미술 등), 체육·신체 활동 - 기본생활습관 지도, 학생 자율활동, 탐구 - 과제해결, 영어 등

자료: 방과 후 학교 홈페이지(http://afterschool.go.kr) 내용 재구성, 검색일 2014.2.23.; 주재현·신동석(2014: 111).

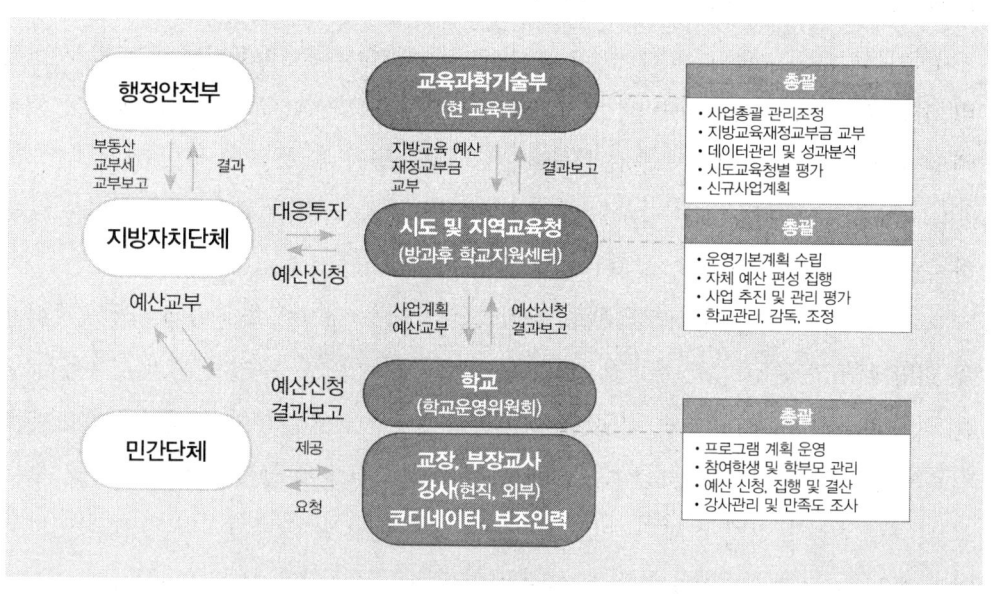

자료: 임현정 외(2013: 15).

[그림 4-1] 방과 후 학교 운영 및 전달체계

'방과 후 학교'는 2008년부터 지방이양 사업으로 시행되면서 교육부, 시·도 교육청 및 시·군·구 교육지원청, 단위 학교의 추진체계로 되었고 행정지원 및 교육프로그램 차원에서 지방자치단체와 일부 학부모, 사회적 기업 등의 민간 참여도 이루어졌다([그림 4-1] 참조). 각 운영 주체의 역할 중 특히 교육부는 지방교육재정교부금을 통해 시·도 교육청에 방과 후 학교 사업 예산을 지원했으며, 관련 정책의 총괄 조정 및 관리 역할을 담당했다.

2) 지역아동센터: 보건복지부

지역아동센터는 1980년대 빈곤층 아동·청소년을 위해 자생적으로 시작되었던 공부방이 2004년 법제화를 거쳐 아동복지법상 국가의 지원을 받는 아동복지시설로 성장한 것으로서, 지역사회 아동의 보호·교육, 건전한 놀이와 오락의 제공, 보호자와 지역사회의 연계 등 아동 건전 육성을 위하여 종합적인 아동복지 서비스를 제공하는 시설이다(지역아동센터중앙지원단, 2013a). 아동복지시설로 인정된 2004년부터 정부 지

〈표 4-3〉 지역아동센터 기본프로그램 구성

구분		일반프로그램	
보호	생활지원	센터 생활적응 지원, 일상생활 지도, 부적응 아동 지도, 위생지도, 급식 지원,	건강검진, 병원 연계, 야간 아동보호, 5개 안전 의무교육
	정서지원	방과 후 아동보호, 전문적 상담, 청소년 동반자 멘토,	정신보건센터, 정신과 연계
교육	학습지원	수준별 학습지도, 숙제지도, 독서지도, 학교생활 관리, 특기적성교육, 경제교육,	IPTV 학습, 진로지도, 아동 권리교육, 대안교육, 학습부진아 특별지도
문화	문화지원	공연 관람, 체험활동, 견학, 캠프와 기행, 공동체 활동	체육대회, 동아리
복지	사례관리	일반아동 사례관리, 집중지원 아동 사례관리, 사례회의와 수퍼비전	지역 사례회의, 탈학교 예방과 관리, 학교교사 상담
	아동관리 가족지원	부모상담, 부모교육, 가정방문, 부모 소모임	아동상담, 가족상담
지역사회 연계		결연후원(인적/물적자원 연계), 관련기관 연계, 지역복지 활동,	지역조사와 탐방, 후원자 관리 자원봉사자 교육, 기관홍보

자료: 지역아동센터중앙지원단(2013a).

원금을 받기 시작하여, 해마다 500~600여 개씩 증가하면서 2013년 6월 말 기준으로 전국 지역아동센터는 4,036개소로, 지역사회 내 보호를 필요로 하는 18세 미만의 아동 109,256명이 이용하고 있었다(지역아동센터중앙지원단, 2013b).

지역아동센터의 프로그램은 기본프로그램과 특별프로그램으로 구분되었다. 기본프로그램은 지역아동센터에서 쉽게 진행할 수 있도록 보호·교육·문화·복지(아동정서지원)·지역사회연계 프로그램으로 구성되었으며(〈표 4-3〉 참조), 특별프로그램은 지역아동센터의 특성에 맞게 기획한 외부 후원 프로그램, 경제교육, '토요카페', 진로상

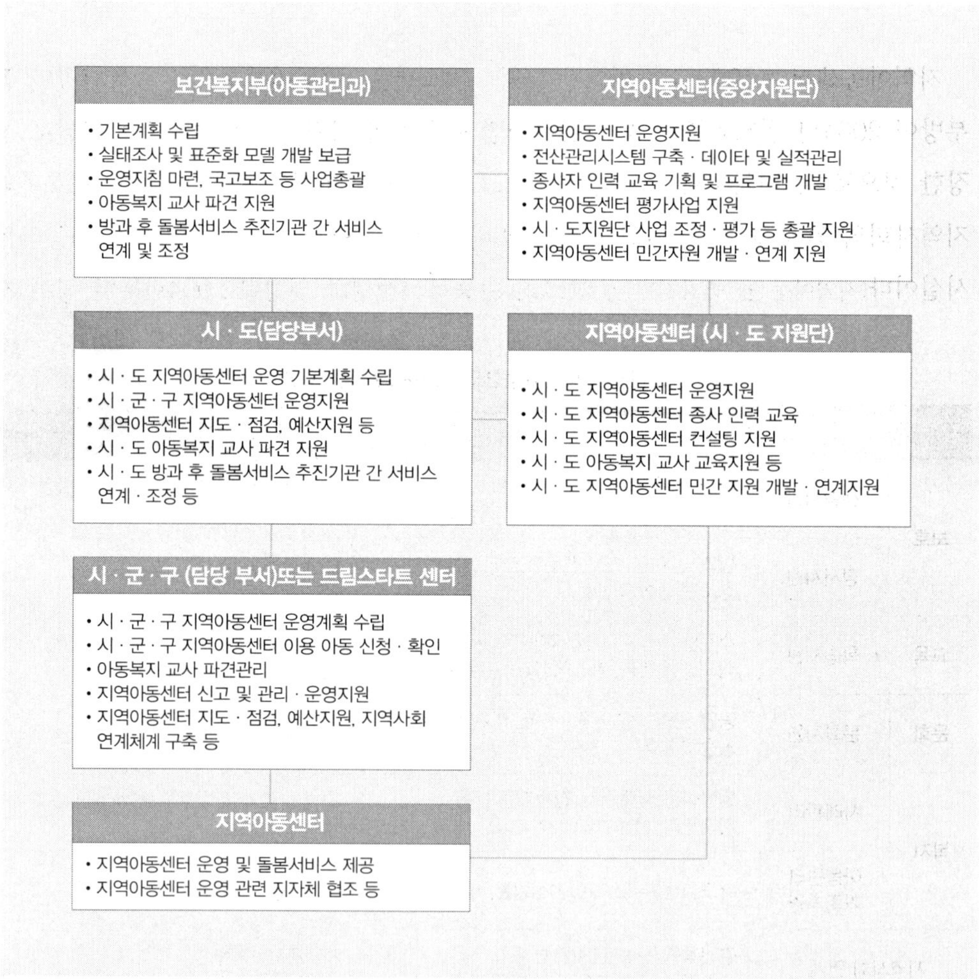

보건복지부(아동관리과)
- 기본계획 수립
- 실태조사 및 표준화 모델 개발 보급
- 운영지침 마련, 국고보조 등 사업총괄
- 아동복지 교사 파견 지원
- 방과 후 돌봄서비스 추진기관 간 서비스 연계 및 조정

지역아동센터(중앙지원단)
- 지역아동센터 운영지원
- 전산관리시스템 구축·데이타 및 실적관리
- 종사자 인력 교육 기획 및 프로그램 개발
- 지역아동센터 평가사업 지원
- 시·도지원단 사업 조정·평가 등 총괄 지원
- 지역아동센터 민간자원 개발·연계 지원

시·도(담당부서)
- 시·도 지역아동센터 운영 기본계획 수립
- 시·군·구 지역아동센터 운영지원
- 지역아동센터 지도·점검, 예산지원 등
- 시·도 아동복지 교사 파견 지원
- 시·도 방과 후 돌봄서비스 추진기관 간 서비스 연계·조정 등

지역아동센터 (시·도 지원단)
- 시·도 지역아동센터 운영지원
- 시·도 지역아동센터 종사 인력 교육
- 시·도 지역아동센터 컨설팅 지원
- 시·도 아동복지 교사 교육지원 등
- 시·도 지역아동센터 민간 지원 개발·연계지원

시·군·구 (담당 부서)또는 드림스타트 센터
- 시·군·구 지역아동센터 운영계획 수립
- 시·군·구 지역아동센터 이용 아동 신청·확인
- 아동복지 교사 파견관리
- 지역아동센터 신고 및 관리·운영지원
- 지역아동센터 지도·점검, 예산지원, 지역사회 연계체계 구축 등

지역아동센터
- 지역아동센터 운영 및 돌봄서비스 제공
- 지역아동센터 운영 관련 지자체 협조 등

[그림 4-2] 지역아동센터 추진체계

담, 직업인 만남, 역할극 등으로 구성되었다(지역아동센터중앙지원단, 2013a).

2005년에는 급속하게 팽창하는 지역아동센터를 지원하기 위해 지역아동정보센터가 발족했고, 이어서 전문적인 교육프로그램을 지원할 교사 파견 및 지원을 위해 아동복지교사 중앙지원센터가 운영되었다. 2011년에는 두 기관을 통합하여 보건복지부 산하에 '지역아동센터중앙지원단'과 16개의 '시·도 지원단'이 설립되어 운영되었다. 지역아동센터의 추진체계를 보면, 보건복지부에서 지역아동센터 운영 기본계획을 수립하고 총괄·관리했으며, 보건복지부 위탁 지역아동센터 중앙지원단은 지역아동센터 운영 전반에 대한 지원 및 관리업무를 담당했다. 또한 시·도별 담당 부서가 있었으며, 지역아동센터 중앙지원단 산하에 지역아동센터 시·도 지원단이 설치 운영되어 시·도별 지역아동센터 관련 업무를 담당했다([그림 4-2] 참조).

3) 청소년 방과 후 아카데미: 여성가족부

청소년 방과 후 아카데미는 청소년의 방과 후 삶의 질 향상과 지역사회 공적 서비스 확대라는 정책적 비전 하에 중앙·지방 및 학교와 가정·지역사회가 연계하여 방과 후 돌봄이 필요한 '나홀로 청소년'을 대상으로 가정과 공교육을 보완하는 공적 서비스 기능을 강화하는 데 목적을 둔 사업이다(여성가족부, 2012).

청소년 방과 후 아카데미는 1998년부터 청소년 수련원, 청소년 문화의 집 등 각 지방자치단체의 시설들이 자체적으로 시행해오던 사업이었으나, 2004년 국가청소년위원회의 출범과 함께 4대 핵심 주요 정책과제 중의 하나로 채택되어 2005년 전국 46개소에서 시범사업으로 실시된 후 2006년 전국으로 확대되었다(국가청소년위원회, 2006). 이후 정부조직 개편에 따라 2008년 보건복지가족부로 이관되었다가 다시 2010년부터 여성가족부가 청소년 정책을 수행하게 되면서, 2013년 기준으로 200개소의 청소년 시설에서 청소년 방과 후 아카데미가 운영되었다. 설치 대상 시설은 청소년 수련시설, 청소년 문화의 집, 사회복지관, 청소년 공부방, 청소년 단체시설 등이었다.

청소년 방과 후 아카데미 사업의 대상은 기초생활수급대상 및 차상위 계층의 저소득층, 부모의 실직·파산 등으로 경제적 형편이 어려운 가정, 맞벌이, 한부모 그리고 장애부모 가정 등 취약계층의 청소년들(초4~중2)이었다. 2012년도에 파악된 청소년 방과 후 아카데미 이용 청소년은 총 7,371명으로, 초등학생이 5,700명(77%)이었고, 중학생이 1,671명(23%)이었다(김지경 외, 2012: 11).

프로그램은 학습 지원활동 과정(기본공통 과정), 전문 체험활동 과정, 자율 체험활동 과정, 특별지원 과정, 생활지원 과정 등 5개 부문으로 구성되었다(〈표 4-4〉 참조). 학습 지원활동은 기본공통 과정으로서 주요 교과목의 학습을 지원했고, 전문 체험활동 과정은 문화·예술, 스포츠, 과학·탐구, 세계·시민, 인성 및 기타 등의 항목으로 구성·운영되었다. 자율 체험활동은 다양한 자율 체험활동을 각 운영기관에서 재량으로 자유롭게 편성할 수 있었다. 특별지원 과정은 청소년 캠프, 부모교육 등과 같은 프로그램들이었고, 생활지원은 급식, 상담, 건강관리, 생활 일정관리 등의 서비스를 제공하는 것이었다(김지경 외, 2012; 청소년아카데미 홈페이지, 2014).

〈표 4-4〉 청소년 방과 후 아카데미 프로그램

구분		세부내용
학습 지원활동 과정 (기본공통 과정)	보충학습 지원 과정 (자기주도학습)	청소년의 자율적인 숙제, 보충학습 지도, 독서지도 등의 프로그램 위주로 운영
	교과학습 과정 (주요 교과목 지원)	전문 강사진의 교과학습 중심의 학습지원
전문 체험활동 과정		• 강습 형태가 아닌 체험활동 위주로 청소년의 창의·인성 함양을 위한 다양한 체험활동 프로그램 운영(예술 체험활동, 과학 체험활동, 직업개발 활동, 봉사활동, 리더십 개발 활동 등) • 토요(등교 토/놀토): 주5일제 관련 전문 체험활동
자율 체험활동 과정 (재량활동)		• 청소년이 중심이 되어 진행하는 활동(자치활동, 동아리활동 등), 체험활동의 성격으로 담당 실무자가 직접 운영(지역사회와 연계하여 활동 위주의 프로그램 운영도 가능)하는 등 활동 위주의 프로그램 운영 • 각 운영기관에서 재량으로 자유롭게 편성하여 운영하는 과정으로 학습지원의 성격 운영 불가
특별지원 과정		청소년 캠프(방학), 부모교육, 초청 인사 특별강의, 발표회 등
생활지원		급식, 상담, 건강관리, 생활일정 관리(메일링 서비스) 등의 생활지원

자료: 여성가족부(2012: 86)에서 재구성

청소년 방과 후 아카데미의 추진체계를 살펴보면 2006년 지자체 매칭펀드 방식(국비:지방비=5:5)을 도입하여 지자체 보조 사업으로 진행했으며, 여성가족부와 지방자치단체가 공동으로 운영했고, 여성가족부가 지방자치단체를 통하여 사업신청서를 제출받아 검토 후 최종 지정하는 방식으로 이루어졌다. 여성가족부는 청소년 방과 후 아카데미 사업의 운영을 지원하기 위해 '청소년 방과 후 아카데미 운영지원단'을 구성·운영(전문기관 위탁 운영: 한국청소년활동진흥원)했으며, 이곳에서 전국의 방과 후 아카데미 평가 등의 업무를 수행했다. 각 청소년 방과 후 아카데미 운영 시설에서는 수련시설장, 지자체 청소년업무 관계자, 보건소장, 사회복지 관련 기관장 등 지역사회 청소년 관련 기관·단체의 장 등으로 구성된 '청소년 방과 후 아카데미 지원협의회'를 구성·운영했다(여성가족부, 2012).

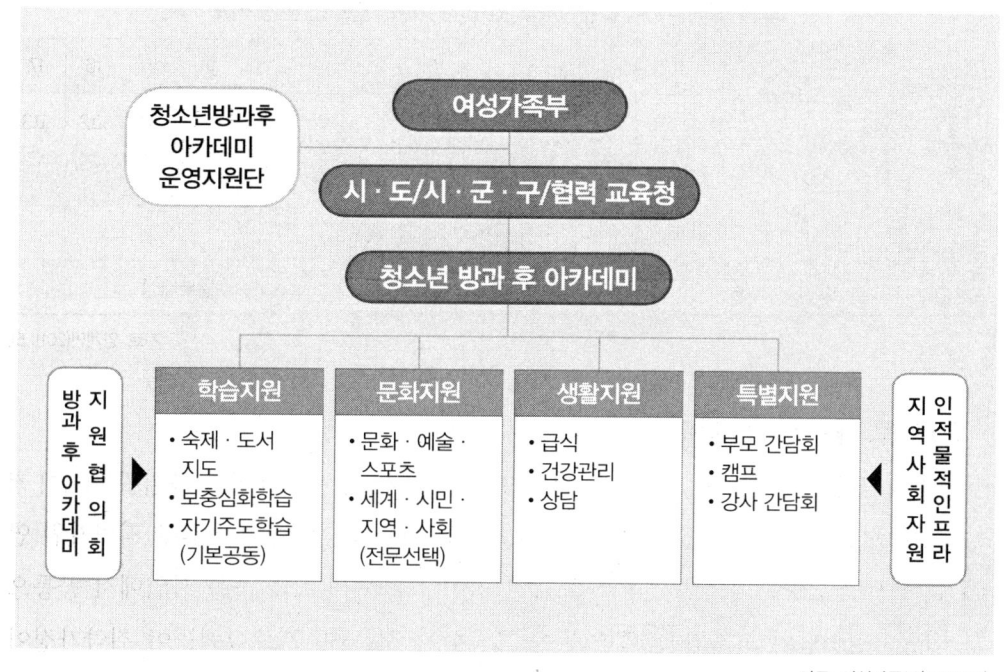

자료: 여성가족부(2012: 90).

[그림 4-3] 청소년 방과 후 아카데미 추진체계

4) 방과 후 돌봄서비스의 중복

(1) 이용 연령대의 중복

3개 사업은 '초중등교육법[5]', '아동복지법[6]', '청소년기본법[7]'의 연령대가 중복됨으로 인해 이용 연령대가 중복될 수밖에 없는 상황이었다. 특히 초등학교 고학년을 대상으로 3개 사업의 연령층이 중복되었고, '방과 후 학교'와 '지역아동센터'는 초등학교 저학년, '방과 후 학교'와 '방과 후 아카데미'는 중학생에서 대상자 중복이 두드러졌다(〈표 4-5〉 참조).

〈표 4-5〉 방과 후 돌봄서비스 별 이용 아동·청소년 연령 비교

분류	연령(세)	4	5	6	7	8	9	10	11	12	13	14	15	16	17
	학년			초1	초2	초3	초4	초5	초6	중1	중2	중3	고1	고2	고3
방과 후 학교				주 대상											
방과 후 아카데미								주 대상							
지역아동센터		일부		주 대상						일부대상					

자료: 양계민(2011: 5).

(2) 프로그램 내용의 중복

3개 사업이 제공하는 프로그램을 살펴보면, 학습지도, 문화체험과 특별활동(특기 적성), 생활지원(급식, 위생, 안전, 귀가지도 등), 생활지도(상담, 사례관리), 외부 지역자원 연계 등의 사업을 중복적으로 제공함을 알 수 있다. 특히 세 개의 돌봄 사업에서 공통으로 아동·청소년의 보호와 급식 지원을 제공하는 것은 이 프로그램들이 취약가정이나 맞벌이가정 자녀의 보호 측면에 주목하고 있었음을 방증한다고 하겠다. 또한 세 방과 후 돌봄 사업의 운영시간도 대체로 야간까지 포함하고 있었다(〈표 4-6〉 참조). 요컨

---

5) 초등교육법상 만 6세부터 초등교육이 시작된다.

6) 아동복지법상 만 18세 미만을 아동으로 본다.

7) 청소년기본법상 만 9세 이상 24세 이하를 청소년으로 본다.

대, 세 개의 방과 후 돌봄서비스는 그 명칭과 서비스 제공 장소만 다를 뿐 실질적으로 학습, 급식, 인성지도 등의 공통적인 프로그램을 운영함으로 인해 사업 간의 차별성을 찾아보기 힘들었다.[8]

〈표 4-6〉 방과 후 돌봄서비스 내용 비교

구분	방과 후 학교(초등 돌봄교실)	지역아동센터	청소년 아카데미
서비스	학습지도	학습지원(숙제지도, 학습지도)	학습보완(숙제지도, 교과보충 등)
	문화체험, 특기적성	놀이 및 특별활동 지원	문화지원(문화, 예술, 스포츠 등)
	급식, 안전, 귀가지도	생활지원(급식, 위생, 안전)	생활지원(급식, 위생, 안전, 귀가지도)
	상담 및 인성지도	사례관리(상담, 부모교육 등)	생활지도(개인 사례관리, 심리상담, 건강관리, 부모교육 등)
	외부자원 연계	지역자원 연계	지역자원 연계
이용 시간대	방과 이후 야간 22:00 (엄마품 온종일 돌봄교실 06:30~22:00)	1일 8시간 (14:00~19:00 필수 운영) 토·일요일 운영 가능	평일 15:00~21:00 주말 5시간 (09:00~18:00 사이)

자료: 이태수(2011: 3) 일부 내용 재구성.

(3) 시설 이용의 중복

제한된 돌봄서비스를 특정 이용자가 중복하여 사용하게 되면 서비스의 형평성과 사업의 효율성 면에서 문제가 발생하게 된다. 초등학생의 약 15%는 한 주일의 대부분을 방과 후에 성인의 보호 없이 보내고 있었으며, 한 주일 중 일부를 방과 후에 성인 보호 없이 보내는 초등학생까지 포함하면 그 비율이 약 30%(전체 초등학생 328만 명 중 97만 명)에 이르렀다는 점(전명기, 2013)을 고려해 볼 때, 시설의 중복 이용은 재고되어야

---

[8] 세 기관의 방과 후 돌봄서비스에는 미세하나마 정책목표 상의 차이가 존재했다. 즉, 교육부는 사교육비 절감과 돌봄기능 확대 등을 통해 공교육의 내실화를 추구했고, 보건복지부는 지역사회 아동의 건전육성을 위한 종합적 아동복지 서비스 제공을 추구했으며, 여성가족부는 방과 후 돌봄이 필요한 청소년을 대상으로 공적 서비스 기능을 강화하는 데 목적을 두었다. 그러나 이러한 미세한 정책목표 차이에도 불구하고, 실제 서비스가 이루어지는 일선 현장에서는 실질적으로 유사한 서비스가 제공되었고, 정책 간의 차별성이 두드러지지 않다는 점이 부각되었다. 이렇게 볼 때, 방과 후 돌봄서비스 사례는 또한 미세한 정책목표의 차이가 정책현실에서는 충분히 반영되기 어렵다는 점을 보여주는 정책사례의 예가 된다고 하겠다.

할 부분이었다. 지역아동센터를 대상으로 지역아동센터와 방과 후 학교의 중복 이용을 조사한 이향란(2010: 42-45)에 의하면, 조사 대상 센터의 85%에서 두 프로그램을 중복적으로 이용하는 아동이 발견되었다(〈표 4-7〉 참조). 지역아동센터는 시설 이용의 중복성을 해소하고자 초등 돌봄교실(방과 후 학교의 교과-특기적성 프로그램 이용 제외), 타 지역아동센터, 청소년 방과 후 아카데미, 보육시설(유치원 포함), 방과 후 보육시설의 중복 이용을 금했다(홍승아 외, 2013; 지역아동센터중앙지원단, 2013a). 그러나 이용 아동 수에 따라 보조금을 받거나 학교평가[9]의 점수로 반영되었던 현실 속에서 중복 이용 금지를 실행에 옮기는 것이 쉽지 않은 실정이었다.

〈표 4-7〉 지역아동센터를 이용하며 방과 후 학교를 이용하는 현황

지표	구분	지역아동센터 개소(%)
중복 이용 아동의 존재 여부	없다 있다	61 (15.1) 344 (84.9)
	합계	405 (100)

자료: 이향란(2010: 45) 일부 수정 재인용

❸ 방과 후 돌봄서비스 관련 제도변화 분석

1) 보건복지가족부 중심의 통합 시도: 부분 통합과 중복

방과 후 돌봄서비스의 중복 상황에서, 이를 일부 통합하고자 하는 노력이 보건복지가족부(2008~2010)에 의해 시도되었다. 2008년 정부조직 개편에 따라 국가청소년위원회와 여성가족부의 가족 및 보육업무, 그리고 기획예산처 양극화 민생대책본부의 업무를 보건복지가족부로 이관함에 따라 국가청소년위원회에서 실시하던 방과 후 아

---

[9] 2013학년도 학교평가지표 가이드북에 의하면 참여학생 수에 따라 정량평가하며 초등학교의 경우 100점 만점에 최고 4점을 부여하게 되어 있었다.

카데미 사업을 보건복지가족부의 지역아동센터 사업과 통합할 수 있게 된 것이었다. 보건복지가족부의 통합 시도는 단계적인 접근을 취했다. 즉, 초기단계에서는 [통합×협력] 접근법을 취하여, 이전 보건복지부의 지역아동센터가 중심이 되지만, 방과 후 아카데미 사업과 관련된 기능과 조직을 유지한 상태에서 지역아동센터와 협력을 모색하는 방식이었다. 이후 중기단계에는 일부 유사 기능을 통합하고, 장기단계에 이르면 기능과 조직을 완전 통합할 것을 계획했다([그림 4-4] 참조).

그러나 이 통합 시도는 3개 사업 전체를 대상으로 한 것이 아니라 2개 사업만을 통합하려 했다는 점에서 부분적인 통합 시도로 볼 수 있다. 따라서 여전히 교육과학기술부 주관의 방과 후 학교와 보육 프로그램은 보건복지가족부의 프로그램과 중복을 일으키는 상황이었으며, 이 중복에 대한 대처는 불분명한 상태였다. 즉, 양 기관의 돌봄서비스 중복현상에 대해서는 통합, 경쟁, 협력의 세 접근 중 어떤 방식을 어떻게 조합할 것인지에 대한 논의가 결여되어 있는 상황이었다. 따라서 이러한 부분적인 통합 시도에 대해서는 결국 [부분 통합×중복]으로 정리할 수 있다.

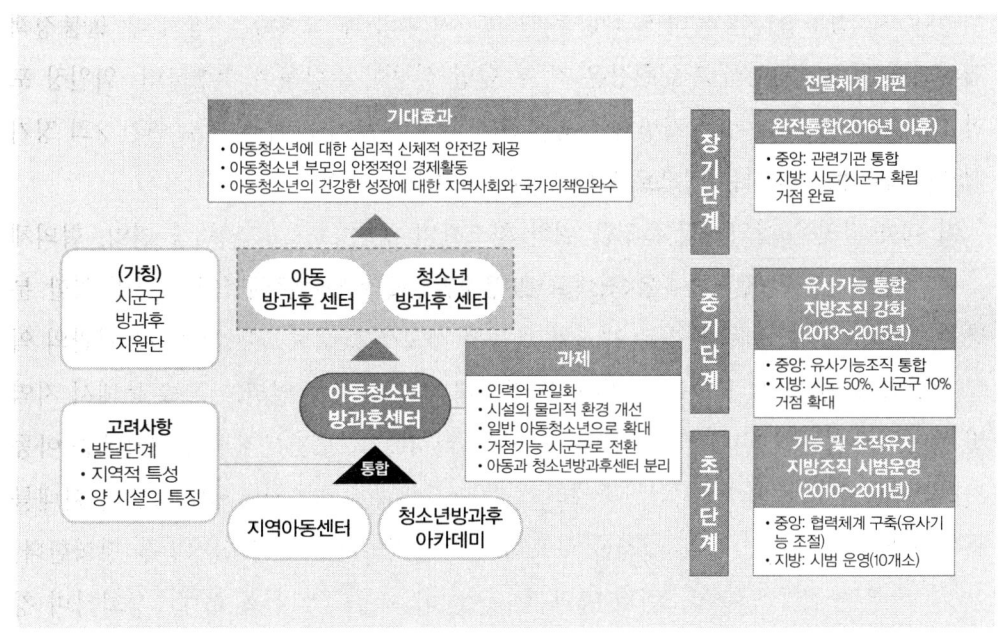

www.afterschool.go.kr/com/afterSchool/afterSchool.do
자료: 김미숙 외(2009: 166)의 그림 재인용.

[그림 4-4] 지역아동센터와 청소년 방과 후 아카데미 통합 단계

그러나 이러한 부분적인 통합 시도마저 실패로 귀결되었다. 2010년 정부조직 개편으로 인해, 여성부가 다시 여성가족부로 환원되고 보건복지가족부가 보건복지부로 개편되면서 청소년 정책 업무가 여성가족부로 이관되었다. 이때 청소년 방과 후 아카데미 사업이 여성가족부로 이관됨으로써 방과 후 돌봄서비스는 다시 종전과 같이 3개 부 3개 사업으로 진행되게 되었다.

2) 교육부 중심의 협업 추진과 변화: 통합과 협력

위의 통합 실패 후에도 기관 간 연계 협력을 통해 효율적인 돌봄 지원체계를 마련해야 할 필요성이 지속적으로 제기되었으며, 이에 대한 대응으로 기관 간 '협력'을 주된 구성요소로 하는 혼합형 대응방안(협력×통합)이 모색되었다. 즉, 2012년 10월에 4개 부가 방과 후 돌봄서비스의 업무협약을 체결하여 돌봄아동 지원 등 방과 후 돌봄 정책 논의를 위한 기관 간 협의체 구성·운영, 공동 수요조사, 중복·누락 방지를 위한 정보 공유 및 연계, 프로그램 연계모델 개발에 관한 공동 연구용역 등의 추진과제에 합의했다. 이 업무협약에 의하면 4개 부(행정안전부 추가)가 참여하는 '방과 후 돌봄정책 협의회'를 구성·운영하고 위원장은 각 부 담당 실장이 순환하여 수행하며, 위원장 포함 15명의 위원은 각 부가 지명하는 공무원과 민간 전문가로 하여 최소 연간 2회 정기적으로 회의를 개최하는 것으로 되어 있었다.

이 대응 방안은 협의체의 운영을 위한 최소한의 '통합' 요소— 위원장 선임, 협의체 주관 기관(교육부) 선정 등 —를 지니고 있었지만, 동등한 수준에서의 기관별 역할 분담을 토대로 '협력'을 통해 중복 제거와 효율성 제고를 모색하고자 했다. 각 기관의 역할 분담을 보면, 우선 교육부가 기관 간 협의체를 주관하고, 일선 학교를 통해서 지역별 돌봄서비스 이용 현황 및 수요조사를 매년 실시한다. 보건복지부는 취약계층 아동 보호를 최우선으로 하며, 지역아동센터의 기능 강화와 드림스타트센터의 전국 확대를 통해 아동복지 서비스 연계 체계를 구축함으로써 지역사회 돌봄 안전망을 강화한다. 여성가족부는 취약계층 청소년의 방과 후 돌봄 및 활동의 지원을 확대·강화하며 청소년수련시설 및 프로그램 등과 연계를 위해 노력하고 등하굣길 안전 이동을 위한 동행 서비스 지원을 확대한다. 행정안전부는 각 기관에서 시행하는 방과 후 돌봄 사업이 지역에서 체계적으로 연계되어 시행될 수 있도록 지방자치단체의 자발적 참여를 유도·지원한다(보건복지부, 2012). 요컨대, 각 사업의 프로그램 운영상 공간의 제약으로 인해 다양한 인성 및 특성 프로그램을 이용하지 못하는 문제를 해결하기 위하여 지역사회 내 돌봄서비스 기관의 시설과 프로그램을 연계함으로써, 공간적 제약을 벗어나 다양한 돌봄서비스를 제공하기 위한 협업이었다.

그러나 박근혜 정부로의 정권 교체 후, 대통령 공약사업과 국정과제의 일환으로 초등 돌봄교실의 확대가 강조되면서 당초 협업 의도와는 달리 교육부 중심의 '부처통합 방과 후 돌봄서비스'로 변화가 발생했다(교육부, 2013d; 보건복지부, 2013; 여성가족부, 2013). 이는 '협력'보다는 '통합'에 더 큰 비중이 주어진 혼합형 대응방안(통합×협력)으로서 궁극적으로 교육부의 주도 하에 방과 후 돌봄서비스를 통합하려는 접근으로 이해될 수 있다.

이에 교육부는 2013년 9월부터 전국 78개 초등학교에서 통합 방과 후 돌봄서비스의 시범운영을 실시했고(교육부, 2013c), 저소득층과 맞벌이 부부 자녀 중심의 방과 후 돌봄교실을 2014년부터 일반 초등학교 1~2학년도 무상으로 이용하는 방안을 마련했다(교육부, 2013b). 또한 교육부는 방과 후 돌봄서비스를 지원하기 위하여 '방과 후 돌봄서비스 연계체제 구축·운영 매뉴얼(안)'을 발표하고, 시·도교육청 및 교육지원청을 중심으로 돌봄지원협의회를 구성하여 각 사업을 연계·추진하는 것으로 했다. 이에 각 부의 산하기관이 협조하며, 드림스타트센터에서는 시설 미이용 아동·청소년을 발굴하여 시간대별 연계 등 맞춤형 돌봄서비스 제공을 주관하는 것으로 되어 있었다(한국교육개발원, 2013).

그러나 돌봄지원 및 운영협의회 인원 구성에 있어, 교육청 인원이 다수를 차지하고 직접적인 이해관계를 갖는 지역아동센터나 청소년 아카데미 참여 인원은 적게 구성되어 있었다(한국교육개발원, 2013: 19-20). 따라서 교육부 중심의 접근법은 역할 분담 및 협업체계를 이끌어내기보다는 교육청 중심의 사업으로 집중될 수밖에 없는 구조로 되어 있었다.

교육부는 2014년 1월에 국고 1,008억 원 등을 투입하여 돌봄교실 9,600실을 추가로 설치하고, 총 17,000실의 돌봄교실에서 약 33만 명의 초등학생들을 대상으로 돌봄서비스를 제공할 계획을 발표했다(교육부, 2014). 반면, 지역아동센터는 2013년보다

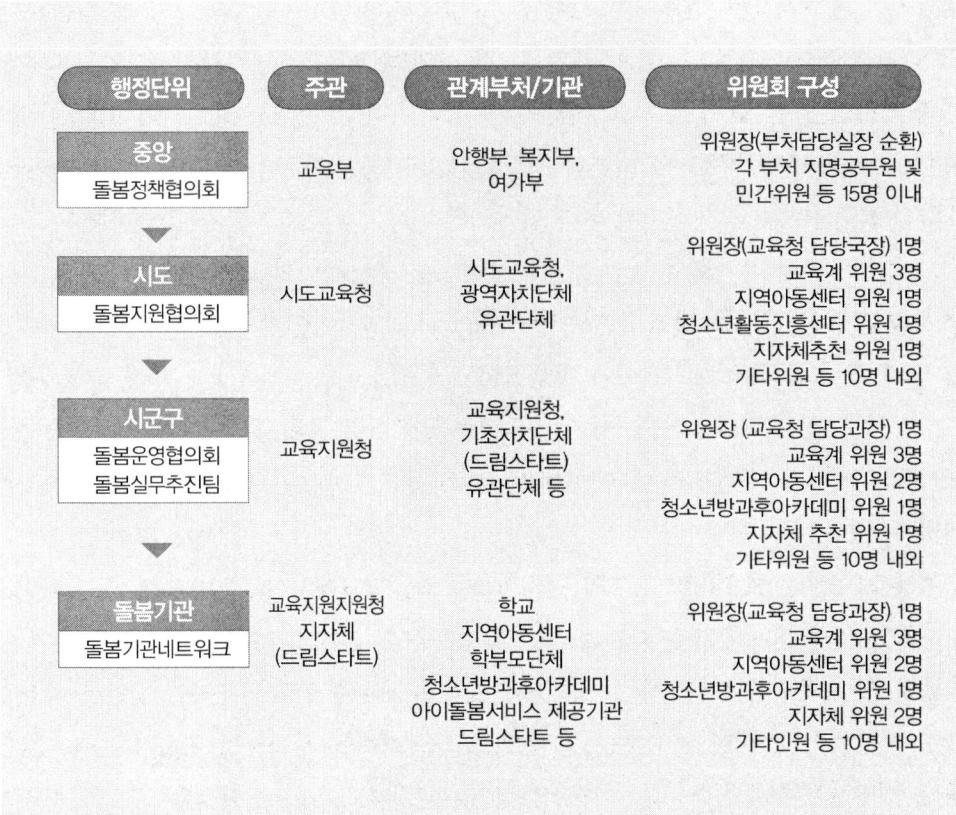

자료: 한국교육개발원(2013: 17-20) 내용의 재구성

[그림 4-5] 돌봄협의체 운영 체계

74억(5.9% 증액) 증액되었고, 청소년 아카데미는 16억(10% 감액)이 감액되어 지원하는 것으로 결정되었다(보건복지부, 2014; 여성가족부, 2014). 이러한 일련의 변화를 토대로 초등 돌봄교실 중심의 방과 후 돌봄서비스 통합을 모색했으나, 이에 대해 보건복지부 관련 행위자인 지역아동센터는 아동 수에 따른 운영비 차등 지급의 폐지와 아동의 우선 배정을 요구했고, 운영권의 일괄 반납 방안을 고려하기까지 했으며, 여성가족부 관련 행위자인 청소년 아카데미는 시설 간 시간대별 운영안에 불참할 것을 통보했을 정도로 교육부(안)에 대한 강한 반발을 표명했다.

이러한 분위기 속에서 돌봄지원협의회와 돌봄운영협의회가 적절하게 작동하지 못했고, 교육부 중심의 통합 노력이 큰 무리 없이 전개될 수 있을지에 대한 의문이 제기되었다. 결국 이와 같은 상황 전개는 '완전 통합' 이전 단계에서 필요로 되는 '협력' 기제의 작동을 어렵게 했다. '협력' 기제가 성과를 내기 위해서는 관련 행위자 간에 상호 신뢰의 토대가 있어야 하는데, 위의 상황 전개는 상호신뢰를 구축하기보다 오히려 기존의 신뢰까지 파괴하는 효과를 냈기 때문이었다.

4 결론: 요약 및 토론

공공부문에서 발생하는 서비스 중복에 대해서는 '통합', '경쟁', '협력'을 구성요소로 하는 원형 및 혼합형의 대응이 가능하다. 특히 현실 세계의 복잡성과 정부 역량의 한계로 인해 원형적인 대응보다는 혼합형의 대응이 불가피한 경우가 일반적이다. 본 연구는 '방과 후 돌봄서비스' 사례를 대상으로 공공서비스 중복현상에 대한 이명박, 박근혜 정부의 대응 양상을 분석했다.

방과 후 돌봄서비스는 교육부, 보건복지부, 여성가족부(예: 국가청소년위원회)가 관여하는 업무 영역으로서 서비스의 중복현상이 나타났다. 이에 대해 정부는 먼저 2008년의 정부 조직개편을 토대로 지역아동센터(보건복지부 소관)와 청소년 방과 후 아카데미(국가청소년위원회 소관)의 단계적 통합을 모색했다. 이는 '부분적 통합'과 '중복'이 병존하는 대응 방안이었다. 그러나 이 대응 방안은 2010년의 정부 조직개편으로 청소년 방과 후 아카데미 사업이 여성가족부로 이관됨으로 인해 실패를 겪었다.

2012년 정부는 새로운 대응 방안을 모색했다. 관련 3개 부와 행정안전부까지 포함하는 '방과 후 돌봄서비스 업무협약'을 체결한 것이었다. 이는 '협력'을 주된 요소로 하고, '통합' 기제로 이를 보완하고자 하는 접근방식이었다. 그러나 2013년 정부의 교체와 더불어 대통령 공약사업과 국정과제의 일환으로 초등 돌봄교실이 강조되면서, 교육부 중심의 방과 후 돌봄서비스 통합방안이 제시되었다. 이 방안은 '협력'보다는 '통합'에 더 큰 비중이 주어진 혼합형 대응 방안으로서 궁극적으로 교육부의 주도 하에 방과 후 돌봄서비스를 통합하려는 접근으로 볼 수 있었다. 그러나 지역아동센터와 청소년 아카데미 관련 행위자들의 반발로 인해 교육부 중심의 통합 노력은 주목할만한 성과를 내지 못했다.

이명박, 박근혜 정부에서 시도되었던 방과 후 돌봄서비스 중복 대응 사례가 제공해 주는 이론적·실천적 함의는 다음과 같다. 첫째, 서비스 중복현상에 대한 정부의 대응 방안에 '통합' 요소가 공통적으로 포함되었다는 점이다. 이는 두 측면에서 해석할 수 있다. 하나는 '통합' 요소의 불가피성이다. 어떤 대응 방안이 되었건 정부의 활동은 궁극적으로 일정한 질서의 형성을 모색한다. 질서의 형성은 정부 내·외의 행위자들이 미래를 예견하고 이를 근거로 자신들의 행동 경로를 결정함에 있어 긴요하기 때문이다. 방과 후 돌봄서비스 사례에서도 관련 행위자들(3개 부 및 일선 학교, 센터 등)이 제도 개편 후 발생할 일에 대해 예측하도록 하기 위해서는 반드시 '통합' 요소의 작동을 통한 질서의 형성이 필요했던 것으로 해석할 수 있다. 다른 하나는 우리나라 정책입안자들은 서비스 중복에 대해서 기본적으로 한 기관으로 통합하는 것을 바람직한 접근방식으로 이해하고 있다는 것이다. 이는 아래의 두 번째 시사점과 관련해서 살펴볼 필요가 있다.

둘째, 방과 후 돌봄서비스 중복현상에 대한 정부의 대응 방안에는 '경쟁' 요소가 결여되었다. 한국 정부는 일반적으로 공공기관 간 또는 공공기관과 민간기관 간의 '경쟁'을 유도하는 방안을 제도화하기보다는 '통합'을 통해 유사한 서비스 제공기관의 중복을 제거하기 위해 노력하고 있다. 이러한 경향은 특히 중앙정부 소속기관과 자치단체에서 제공하는 서비스가 중복된다고 판단되는 경우, 자치단체 쪽으로 기능을 통합하려는 노력을 통해서 잘 발견된다. 방과 후 돌봄서비스 사례에서도 정부는 궁극적으로 한 기관으로 서비스 제공 및 관리권을 '통합'하고자 했다. 이렇게 볼 때, 서비스 중복현상에 직면해서 한국 정부가 취할 것으로 기대할 수 있는 가장 현실적인 대응 방안은 [통합×협력]의 형태이다. 한 기관에 의한 완전한 통합을 일거에 달성하는 것은 사실상 불가능하므로, 일단 관련 기관 간의 연계와 협력을 통해 중복의 최소화를 모색하면서 궁극적으로 한 기관으로 서비스의 제공과 관리를 통합하는 것이다. 그러나 이 접근방식을 실현하는 것은 쉽지 않다. '통합' 주체가 될 기관의 '조직 제국주의'(organizational imperialism) 성향이 발현될 수 있기 때문이다.

셋째, 교육부 중심의 '통합' 방안은 기회를 잡은 기관의 조직 제국주의 성향이 발현되는 사례를 보여준다. 위에서 논의한 대로, '통합'의 주체가 될 기회를 얻게 된 교육부는 여타 관련 기관과의 '협력' 노력보다는 자신의 영향력을 확대하는데 우선적인 관심을 보였다. 그러나 교육부 중심의 체제구축을 통해 방과 후 돌봄서비스 중복현상을 일시에 해소하는 것은 불가능하다. 따라서 일정 기간 동안 기존 관련 기관 및 행위자들과의 협력을 통해서 단계적인 통합 노력을 기울여야 하는데, 위에서 나타난 바와 같은 '제국주의적' 태도는 여타 기관과의 신뢰에 부정적인 영향을 미치고 그들의 협력을 끌어내기 어렵게 하는 요인이 된다.

이러한 현상은 '통합'을 위주로 하는 대응 방안이 현실의 맥락에서 주목할만한 부작용을 가져올 수 있음을 시사한다. 따라서 관련 정책과 제도의 입안자들은 정책·제도의 내용 형성뿐만 아니라 그 실행단계에서 나타날 수 있는 현상에 대해서도 면밀하게 고려하여야만 정책·제도의 취지를 실현할 수 있을 것이다.

문화 형태와 관련지어 보면, 이명박, 박근혜 정부의 방과 후 돌봄서비스 제도 개편 노력 또한 앞의 2장에서 살펴본 우리나라 정부 관료제의 주된 행정문화(계층주의 문화)의 힘을 반영했다. 계층주의 문화는 상위 기관이나 관리자의 권위적인 명령으로 일사불란한 조직구조를 유지하는 것을 바람직하게 여기는 문화 형태이다. 따라서 '통합'을 위주로 해서 서비스 중복현상에 대응하려는 노력이 나오게 된 것은 이해할만하다고 하겠다. 다만, 권위를 부여받은 기관(교육부)의 경직적이고 자기중심적인 사업추진 현상이 나타난 점은 계층주의 문화의 부정적인 영향이 발현된 것으로 해석할 수 있다. 한편, 상대적으로 취약한 개인주의 문화 요소로 인해 '경쟁' 방안에 관한 관심은 매우 제한되었고, 마찬가지로 상대적으로 취약한 평등주의 문화 요소로 인해 '협력' 방안은 그 중요성과 필요성이 인지되었음에도 불구하고 적절한 형태로 활용되는 데 있어 한계를 보였다. 이러한 사례분석 결과는 계층주의 문화 요소의 의의를 보여줌과 더불어 계층주의 문화와 여타 문화 요소의 효과적인 혼합형태를 구축하고 이를 성공적으로 운영하는 경험의 축적이 정부 조직의 운영과 정책의 추진에 매우 중요한 조건이 될 수 있음을 시사한다.

참고문헌

교육부. (2013a). 「2013 방과후학교 운영 현황」.
교육부. (2013b). 안심하고 양육할 수 있는 여건 조성을 위한 초등 방과후 돌봄 서비스 확대 운영(보도자료).
교육부. (2013c). 안심하고 양육할 수 있는 여건 조성을 위한 초등 방과후 돌봄 강화 시범학교 운영(보도자료).
교육부. (2013d). 「2013년 교육부 대통령 업무보고」.
교육부. (2014). 2014년도 교육부 예산 54조 2,481억원 확정(보도자료).
국가청소년위원회. (2006). 「2006 청소년백서」.
김기홍. (2006). 지역 네트워킹과 방과후 학교 활성화. 「한국직업개발연구원」, 정책연구 2006-8.
김미숙. (2006). 방과후 아동보육서비스 전달체계 효율성 제고에 관한 연구. 「보건사회연구」. 26(2): 3-36.
김미숙·이향란·황진구·이주연·신어진·최진희. (2009). 방과후 통합운영모델 및 전달체계에 관한 연구. 「보건사회연구원」, 정책연구 09-55.
김지경·우석진·장윤희. (2012). 청소년방과후아카데미 경제적 효과성 분석을 위한 기초연구. 「서울연구원」, 수시과제 12-R22.
김통원. (2006). '희망한국 21'과 사회복지 전달체계. 경실련, 「사회복지전달체계 실효성 제고를 위한 공청회 자료집」.
김홍원. (2013). 엄마품 온종일 돌봄교실 운영실태 및 개선방안. 「교육정책네트워크 ISSUE PAPER 1」.
김홍원·양애경·정영모·임현성·김유리. (2011). 지역연합 방과후학교 운영실태 및 활성화 방안. 「한국교육개발원」, CR2011-27.
대한민국정부. (2006). 「제1차 저출산고령사회기본계획(2006-2010)」.
박천오·주재현·진종순. (2012a). 우리나라 융합행정의 정책방향과 추진방안에 관한 연구. 「행정논총」. 50(2): 35-64.
박천오·주재현·진종순. (2012b). 우리나라 융합행정의 발전 가능성과 방향에 관한 탐색적 연구. 「한국정책과학학회보」. 16(2): 85-112.
방과 후 학교 홈페이지(2014). 방과 후 학교의 비전과 목적. https://www.afterschool.go.kr/com/afterSchool/afterSchool.do
변종임·조순옥·최종철·박현정·김인숙. (2009). 2009년 방과후 학교운영 실태조사 및 성과분석연구. 「한국교육개발원」, 연구보고 2009-13.
보건복지부. (2012). 방과후 돌봄서비스 수요자 중심으로 촘촘해진다(보도자료).
보건복지부. (2013). 「2013년 보건복지부 대통령 업무보고」.
양계민. (2011). 방과후 돌봄서비스 실태와 개선방안. 「NYPI YOUTH REPORT」. 18(10): 2-15.
양애경 외. (2013). 2012 방과후학교 성과분석. 「한국교육개발원」, 수탁연구 CR2013-25.
여성가족부. (2012). 「2013년도 청소년 사업안내」.
여성가족부. (2013). 「2013 여성가족부 대통령 업무보고」.
여성가족부. (2014). 「2014년도 여성가족부 소관 예산 및 기금운용계획 개요」.
윤향미·조문석·오재록. (2013). 방과후 돌봄서비스 사업의 문제점과 정책과제. 「한국자치행정학회보」. 27(1): 181-203.

이만우 · 김영수. (2013). 복지사업의 '중복' 및 '편중' 현황과 과제. 「국회입법조사처」, 현안보고서 Vol. 193.
이유진 · 김영지 · 김진호 · 이용교 · 조아미 · 이상희. (2011). 지역사회 중심 청소년공부방 운영 활성화 방안 연구. 「한국청소년정책연구원」, 연구보고 11-R04.
이태수. (2011). 아동청소년의 방과후 서비스 연계체계의 구축방안. 「방과후돌봄서비스 연계정책토론회 자료집」.
이혜숙 외. (2008). 서울시 방과후학교 운영 실태와 활성화 방안 연구. 「서울연구원 연구보고서」, 2008-PR-46.
이향란. (2010). 지역아동센터 아동의 방과후학교 참여현황조사 분석을 통한 제언. 「저소득층 방임아동에 대한 방과후 돌봄서비스 체계적 연계방안 모색 세미나 자료」.
임현정 외. (2013). 데이터 기반 교육정책 분석 연구(Ⅱ): 방과후 학교 성과에 영향을 미치는 학교 특성 분석. 「한국교육개발원」, 연구보고 RR 2013-26.
장상윤. (2013). 협업과제 관리방안. 「한국행정연구원 협업행정 세미나 제2세션 발표자료집」.
전명기. (2013). 방과후 아동 · 청소년 돌봄의 제도적 문제점과 개선방안. 「2013 방과후 아동청소년 돌봄제도 문제와 개선방안 정책토론회 자료집」.
제양순. (2011). 방과후 초등 돌봄교실 운영실태 분석을 통한 문제점 및 개선방안. 「서울 교육연구정보원 교육연구논문」.
조성한. (1997). 사회복지행정서비스 전달체계 연구. 「한국행정연구원」, 연구보고서 97-02.
주재현 · 이인수. (2009). 주민생활지원서비스 전달체계 통합정책의 효과성 평가: 평택시 노인복시서비스를 중심으로. 「국가정책연구」. 23(3): 165-192.
주재현 · 신동석. (2014). 공공서비스 중복에 대한 정부의 대응방식 연구: 방과후 돌봄서비스 사례를 중심으로. 「국가정책연구」. 28(1): 103-128.
지역아동센터중앙지원단. (2013a). 「2013년 지역아동센터 운영매뉴얼」.
지역아동센터중앙지원단. (2013b). 「전국지역아동센터 실태조사 보고서」.
청소년아카데미 홈페이지(2014).
최태호. (2012). 한국의 '방과후교육'정책: 정책변동의 관점. 한국교원대학교 교육정책전문대학원 박사학위논문.
한국교육개발원. (2013). 「방과후돌봄 서비스 연계 체제 구축 · 운영 매뉴얼(안)」. 연구자료 CRM 2013-131.
홍승아 · 최인희 · 김영란. (2013). 방과후 아이돌봄 지원사업 평가 및 개선방안 연구. 「국회여성가족위원회」.

Hood, C. (1986). *Administrative Analysis: An Introduction to Rules, Enforcement and Organizations*. London: Harvester Wheatsheaf.
Hood, C. (1991). A Public Management for All Seasons? *Public Administration*. 69: 3-19.
Hood, C. & Jackson, M. (1991). *Administrative Argument*. Aldershot, UK: Dartmoluth.
Kooiman, J. (2003). *Governing as Governance*. London: Sage.
Pressman, J. L. & Wildavsky, A. (1979). *Implementation, 2nd ed*. London: University of California Press.
Rhodes, R. A. W. (1996). The New Governance: Governing without Government. *Political Studies*. 44(4): 652-667.
Thompson, G., Frances, J. Levacic, R. & Mitchell, J. (eds.) (1991). *Markets, Hierarchies and Networks: The Coordination of Social Life*. London: Sage.

제5장
공무원 책임성 갈등: 사회복지전담공무원의 갈등 인식과 대응 분석*

1 서론

　동시에 다양한 역할을 수행할 기대 하에 놓인 오늘날의 공무원은 때때로 수행할 책임이 서로 충돌하는 상황에 직면할 수 있다(Romzek & Dubnick, 1987; Cendón, 2000; 주재현·한승주, 2015). 지켜야 할 가치들 사이에 하나를 선택해야 하는 갈등 상황에 직면했을 때, 공무원은 어떻게 대응할 것인가? 이 장은 책임성 갈등 상황에 놓인 공무원의 인식과 대응이 개인이 지닌 '삶의 양식'(ways of life)에 따라 달라질 가능성을 제기하면서 그 양태를 사회복지전담공무원을 대상으로 분석하였다.
　책임성 갈등 현상을 살펴봄에 있어 사회복지전담공무원은 적절한 연구 대상이 될 수 있다. 최근 들어 사회복지의 확대와 더불어 적극적인 복지서비스의 제공을 위하여 복지예산 증액, 현장 중심의 원스톱 복지서비스 설계 등 정부의 다양한 노력이 진행되

＊ 주재현·한승주·임지혜(2017)를 수정한 원고임.

는 가운데 사회복지전담공무원의 공적 책임이 더욱 중요해지고 있다. 사회복지 직렬의 공무원은 사회복지 분야의 전문가로서 복지행정의 일선에서 복지대상자와 긴밀히 교류하면서 사회복지 서비스를 효과적으로 전달하는 역할을 맡고 있다. 일반행정 직렬의 공무원과 비교할 때 전문가적 정체성, 복지대상자에 대한 봉사의식, 사회의 복지 요구에 대한 민감성 등이 강할 것으로 여겨진다. 책임성 차원으로 표현하면, 사회복지전담공무원은 전문가적 책임성(professional responsibility) 및 정치적 책임성(political responsibility)을 강하게 느낄 가능성이 있으며, 이러한 책임성이 높기를 사회로부터 기대받는 것이다. 공무원에게 일반적으로 중시되는 법적/계층적 책임뿐만 아니라 전문가적/정치적 책임을 강하게 인식한다면, 책임성이 충돌하는 갈등 상황은 더욱 갈등적으로 인지될 수 있다.

사회복지전담공무원에 대한 선행연구는 그들의 소진과 스트레스에 대한 연구(박응열·남기민, 2008; 문영주, 2010; 이형렬·송경민, 2010; 성희자·권현수, 2013; 최정숙, 2014; 김소정·이영철, 2014), 직무특성이나 직무만족에 관한 연구(임성옥, 2006; 강종수·류기형, 2007; 방하남·김상욱, 2009), 역할갈등이나 모호성에 대한 연구(문영주, 2007; 전기우, 2012; 김소정, 2015), 그리고 재량행위에 대한 연구(이환범·이수창, 2007; 김영민·임도빈, 2011; 김소정, 2013; 2014) 등으로 분류될 수 있다. 이 중 본 연구와 밀접한 관련성을 지닌 연구는 역할갈등이나 재량에 관한 연구이다. 이 연구들은 사회복지전담공무원이 책임성 갈등을 겪고 있다거나 스스로 재량권을 축소하는 방향으로 사고하고 행동하는 경향이 있다는 흥미로운 발견을 보고했으나, 책임성 갈등에 대해 체계적·포괄적인 검토를 했다고 보기는 어렵다. 본 연구는 선행연구의 이러한 한계를 보완하려는 탐색적 시도라고 하겠으며, 이를 위해 문화이론의 '삶의 양식(문화 특성)' 개념을 활용했다.

공무원의 책임성 갈등이 그들이 지니고 있는 가치(자율, 복종 등) 및 사회적 관계(상하관계, 동료관계 등)와 밀접한 관련을 맺고 있음을 고려해볼 때, 문화이론과 삶의 양식 개념은 사회복지전담공무원의 책임성 갈등 현상을 주제로 하는 본 연구에 기여할 여지가 크다고 하겠다. 이 관점을 적용하면, 사회복지전담공무원을 포함한 공무원들이 어떤 삶의 양식을 지니고 있는지에 따라 서로 다른 가치관과 사회적 관계를 지지할 것이며, 업무수행 과정에서 나타날 수 있는 책임성 갈등 현상에 대한 인식 및 그러한 갈등 상황에 대한 대응 전략(이탈, 설득, 순종, 방치) 선택에서 차이를 보일 것으로 추론할 수 있다. 본 연구는 사회복지전담공무원들이 삶의 양식에 따라 책임성 갈등을 인식하는 정도 및 인식된 갈등에 대한 대응 방식의 선택에 있어 차이가 있는지를 경험적으로 분석하고, 그 함의를 논의하는 데 목적을 두었다.

다음의 2.에서는 먼저 공무원의 책임성 갈등과 삶의 양식 및 책임성 갈등 대응 전략 등에 대한 이론적 논의를 전개한 후, 3.에서 연구 방법을 정리했다. 4.에서 삶의 양식에 따른 책임성 갈등 인식과 대응 전략의 차이에 대해 분석했고, 마지막으로 5.에서 분석 결과를 요약하고 본 연구의 함의에 대해 논의했다.

2 공무원의 책임성 갈등과 삶의 양식

1) 공무원의 책임성 갈등

행정의 책임성은 그 내용과 유형이 학자마다 조금씩 다르게 정의되고 있으나 (Sinclair, 1995; Kearns, 1994; Bovens, 2007) 차이는 크지 않으며 가장 대표적으로 인용되는 것이 롬젝과 듀브닉(Romzek & Dubnick, 1994)의 분류이다. 이에 따르면 행정의 책임성(accountability)은 계층적 책임(bureaucratic accountability), 법적 책임(legal accountability), 전문가적 책임(professional accountability), 그리고 정치적 책임(political accountability)으로 구별되며 분류의 기준은 통제의 원천과 통제의 정도이다. 간략히 보면, 계층적 책임이란 조직 내부 상급자로부터의 지시에 순응할 의무인데 이 책임은 강한 제재(불복종에 대한 징계 등)가 따른다. 법적 책임은 입법된 내용의 준수 의무이며 이 책임도 강한 제재(불법행위에 대한 법적 처벌)가 따른다. 전문가적 책임은 전문적 윤리·기준에 대한 순응 의무로서 이 책임을 다하지 못할 때 관련 전문가 공동체로부터의 비난과 제재, 내면의 가책을 겪을 것이지만 통제의 정도는 상대적으로 약하다. 정치적 책임은 조직 외부의 다양한 이해관계자의 요구 및 일반 국민의 여론에 순응할 의무로서 이 책임을 다하지 못할 때 사회적 비난과 공공봉사자로서의 내적 갈등을 겪을 것이지만 통제의 강도는 상대적으로 약하다(Romzek, 2000; Romzek &

Dubnick, 1994).

　이러한 공무원의 책임성은 상호 간 충돌의 가능성이 존재한다(Bovens, 2010; Cooper, 2012; Roberts, 2002; Harmon, 1995; Koppell, 2005; 한상일, 2013). 공무원이 수행해야 할 다양한 역할들이(role-set) 특정한 상황에서 동시에 수행되어야 할 때, 더욱이 그 역할이 서로 다른 것을 요구할 때, 공무원은 무엇에 책임을 져야 할지 책임성의 갈등을 경험할 수 있다. 그리고 책임성 갈등은 여섯 가지 논리적 조합이 가능하다([그림 5-1] 참조).[1] 여기서는 사회복지전담공무원의 상황을 중심으로 책임성의 갈등 상황을 살펴보면 다음과 같다(Romzek & Ingraham, 2000; 주재현·한승주, 2015: 3-11).

		통제의 원천	
		내부	외부
통제의 정도	높음	계층적 책임(Bureaucratic Accountability)	법적 책임(Legal Accountability)
	낮음	전문가적 책임(Professional Accountability)	정치적 책임(Political Accountability)

주: ↔는 책임성의 상호 충돌을 의미함.
자료: Romzek & Dubnick(1994: 271)을 수정.

[그림 5-1] 공무원 책임성의 유형과 상호충돌

　첫째, 계층적 책임과 전문가적 책임의 충돌 상황으로, 특정한 상황에서 조직의 충실한 구성원 및 부하로서의 역할 수행이 사회복지 업무의 전문가로서의 역할 수행과 양립하기 힘든 상황이다. 조직 상사 혹은 상위 기관으로부터 내려온 명령 및 지시가 업무의 전문적 규범이나 기준과 다르다고 인식할 때, 조직의 오랜 내부 규정을 따르는 것이 전문가로서 자신의 윤리와는 다르다고 느낄 때 등이 여기에 해당한다.

　둘째, 계층적 책임과 정치적 책임의 충돌 상황으로, 특정한 상황에서 조직의 충실한 구성원 및 부하로서의 역할 수행이 지역주민이나 수급자에 대한 공익 봉사자 및 대변자로서의 역할 수행과 양립하기 힘든 상황이다. 조직 상사 혹은 상위 기관으로부터 내려온 명령·지시나 조직 내부의 운영 규정에 따르는 것이 지역주민이나 수급자의 요

---

[1] 이론적으로 세 개 이상의 책임성 충돌도 가능하지만, 여기서는 두 유형 간의 충돌을 중심으로 살펴보았다.

구와 다르다고 판단될 때 등이 이에 해당한다.

셋째, 법적 책임과 전문가적 책임의 충돌 상황으로, 법규의 충실한 집행자로서의 역할 수행과 사회복지 업무의 전문가로서의 역할 수행이 양립하기 힘든 상황을 말한다. 공식적인 법규나 판례의 내용이, 통용되는 전문적 기준이나 규범과는 다르다고 판단될 때, 법규를 따르면 전문가로서 자신의 윤리를 위배한다고 느낄 때 등이다.

넷째, 법적 책임과 정치적 책임의 충돌 상황으로, 특정한 상황에서 법규의 충실한 집행자로서의 역할 수행과 지역주민이나 수급자에 대한 봉사자 및 대변자로서의 역할 수행이 양립하기 힘든 상황이다. 공식적인 법규 내용과 지역주민/수급자나 지역사회단체 등이 요구하는 주장이 다를 때, 정치·사회적 논란이 많은 법규가 의회에서 제정되어 집행하게 되었을 때, 지역주민이나 단체들이 법규의 부당함을 주장하며 개정을 강력히 요구해올 때 등이 여기에 속한다.

다섯째, 전문가적 책임과 정치적 책임의 충돌 상황으로, 특정한 상황에서 사회복지 전문가로서의 역할 수행과 지역주민/수급자에 대한 봉사자 및 대변자로서의 역할 수행이 양립하기 힘든 상황이다. 업무와 관련되어 통용되는 전문적 판단 기준과 외부 이익집단의 요구가 다를 때, 지역주민이나 단체가 전문가로서 따라야 하는 윤리로 수용하기 어려운 요구를 할 때 등이 여기에 해당한다.

마지막으로, 계층적 책임과 법적 책임의 충돌 상황으로, 특정한 상황에서 조직의 충실한 구성원 및 부하로서의 역할 수행이 법규의 충실한 집행자로서의 역할 수행과 양립하기 힘든 상황을 의미한다. 조직 상사 혹은 상위 기관으로부터 내려온 명령 및 지시가 법 규정이나 감사 기준과 다를 때, 혹은 조직의 표준적 운영 규정이 법적 판단이나 입법 의도와 다름을 알게 되었을 때 등이 이에 해당한다.

이렇게 책임성이 충돌하는 상황에서 공무원이 어떠한 선택을 할 것인가의 문제는 행정 책임성 연구의 주된 초점 중 하나이다. 갈등을 경험하는지, 갈등 상황에서 어떠한 선택을 할 것인지 등을 파악해야 공무원 책임성 강화를 위한 방안의 설계가 가능할 것이기 때문이다.

2) 삶의 양식과 책임성 갈등의 인식 및 대응

(1) 삶의 양식에 따른 대응 전략(EVLN) 차이

책임성 갈등 상황에 직면한 조직 구성원의 대응은 일반적으로 이탈·설득·순종·방치 중 하나의 양태로 나타날 수 있다(Hirschman, 1970; Farrell, 1983; Rusbult et al, 1982; 주재현·한승주, 2015: 11-15). 이탈(Exit) 전략은 현재의 조직이나 위치를 포기하고 다른 것을 선택하는 전략인데, 당면한 책임성의 충돌 상황에서 조직을 떠나거나 보직을 변경하는 방식으로 충돌 상황을 벗어나려는 양태 등이 여기에 해당한다. 설득(Voice) 전략은 문제 상황을 변화시키기 위한 적극적인 저항 전략으로서, 책임성의 충돌 시 조직 상사 및 상위 기관 또는 관련 이해당사자를 향해 자신의 의견을 직접 개진하며 충돌의 완화 및 개선을 위해 적극적으로 행동하는 것이다. 순종(Loyalty) 전략은 조직 상부의 판단을 수용하고 위로부터의 명령 및 지시에 따르는 것으로서, 상사, 상급기관의 지시 혹은 공식 법규에 가까운 방향으로 선택하는 것을 말한다. 방치(Neglect) 전략은 조직에서 이탈하지 않은 채 조직에 부정적 영향을 주는 행위로서, 문제 상황이 사라질 때까지 참고 기다리며 경우에 따라 주어진 일을 형식적으로 처리하거나 추가적 노력을 투입하지 않는 행동 등으로 나타날 수 있다.

위에서 언급한 바와 같이, 본 연구는 책임성 갈등에 직면한 공무원의 대응 전략이 공무원 개인의 삶의 양식에 따라 다를 수 있다고 판단한다. 물론 관료제적인 행정조직에 속해 있는 공무원의 대응 전략은 주로 순종이나 방치의 양태로 나타날 것으로 예상해볼 수 있다. 그러나 그렇다고 하더라도, 삶의 양식에 따른 대응 전략의 상대적 차이는 존재할 수 있다고 보는 것이 본 연구의 입장이다. 즉, 개인적인 이익 추구와 관련된 능동적인 선택을 강조하는 이탈 전략은 개인주의 삶의 양식, 전문가로서의 입장과 공동체 전체의 이익을 위한 적극적 참여를 강조하는 설득 전략은 평등주의 삶의 양식, 상위기관·상사·법규의 우선성을 강조하는 순종 전략은 계층주의 삶의 양식, 수동적이고 소극적인 차원에서 갈등 상황에 적응하고자 하는 방치 전략은 운명주의 삶의 양식과 관련성이 높다. 다시 말해서, 공무원별로 개인주의적 문화 성향이 강한 경우[2]는

---

[2] 이하 개인주의자로 호칭하였다. 다른 문화 성향도 마찬가지이다(계층주의자 등).

이탈 전략을 선호할 가능성이, 계층주의적 문화 성향이 강한 경우는 순종 전략을 선호할 가능성이, 평등주의적 문화 성향이 강한 경우는 설득 전략을 선호할 가능성이, 그리고 운명주의적 문화 성향이 강한 경우는 방치 전략을 선호할 가능성이 상대적으로 더 클 것으로 볼 수 있다.[3]

(2) 책임성 갈등 상황 하 삶의 양식, 갈등 인식, 그리고 대응 전략의 관련성

책임성 갈등에 대한 인식 가능성 또한 삶의 양식별로 다르게 나타날 수 있다. 직면한 갈등 상황에서 갈등을 더 강하게 인식하는 경우는, 상충하는 두 책임성에 부여하는 주관적인 가치 및 중요도가 유사할 때일 수 있다. 아래에서는 각 책임성 갈등 상황에서 사회복지전담공무원의 갈등 인식과 대응에 대해 삶의 양식을 고려해서 추론했다 (〈표 5-1〉 참조).[4]

〈표 5-1〉 책임성 갈등과 삶의 양식별 갈등 인식과 대응 전략 예측

	책임성 갈등의 유형	계층주의자	운명주의자	개인주의자	평등주의자
1	계층적 책임 ↔ 법적 책임	인식 H, 순종	인식 H, 방치	?	인식 M, 설득
2	전문가적 책임 ↔ 정치적 책임	인식 L	인식 L	?	인식 H
3	계층적 책임 ↔ 전문가적 책임	인식 L	인식 L	?	인식 M
4	계층적 책임 ↔ 정치적 책임	인식 L	인식 L	?	인식 M
5	법적 책임 ↔ 전문가적 책임	인식 L	인식 L	?	인식 M
6	법적 책임 ↔ 정치적 책임	인식 L	인식 L	?	인식 M

주: 'H, M, L'은 갈등으로 인식될 상대적 가능성의 정도(high, intermediate, low)를 나타냄.

먼저 계층주의자와 운명주의자는 계층적 책임과 법적 책임이 충돌하는 상황에서 갈등을 인식할 가능성이 상대적으로 더 높을 것이다(〈표 5-1〉의 1). 계층제적 권위와 준

---

[3] 이와 관련된 자세한 논의는 제1장 3.(문화이론의 적용[45~48쪽])을 참조하기 바람.
[4] 공무원의 책임성 갈등 인지와 대응의 쟁점에 문화이론을 적용해서 분석한 선행연구가 존재하지 않기 때문에, 이하의 논의는 문화이론의 기본 내용을 토대로 추론하는 방식을 취했다.

수해야 할 법이 충돌할 때 갈등을 가장 크게 인식할 집단은 계층주의자와 운명주의자일 것이기 때문이다. 즉, 계층주의자는 집단을 중시하고 부여된 규제를 강하게 인식하므로 조직 내부의 지시이며 강한 통제가 뒤따르는 계층적 책임성을 중요하게 여기며, 역할 수행의 책임을 강하게 묻는 법적 책임의 중요성도 받아들인다. 또한, 운명주의자는 조직 정체성은 약하지만 부여된 규제를 따르려는 인식은 강하므로 법적 규정이나 상관의 정당한 지시를 우선해서 중요하게 받아들일 가능성이 크다. 따라서 계층주의자와 운명주의자는 계층적 책임과 법적 책임의 충돌에서 갈등을 높게 인식할 가능성이 크다. 조직 내 법적·계층적 규제와 규율에 대해 상대적으로 부담을 덜 갖는 평등주의자는 계층적 책임과 법적 책임의 충돌 자체에 대한 인식 가능성이 낮을 것으로 추론할 수 있지만, 실제에 있어 공무원으로서의 평등주의자는 준수해야 할 법과 계층제적 권위가 충돌할 경우 일정 정도의 갈등을 인식할 가능성이 존재한다. 한편, 갈등 대응에 있어 운명주의자는 방치 전략을 취할 것이지만, 계층주의자는 법과 계층제 상부 중에서 순종의 대상을 선택하는 데 상당한 어려움을 겪을 것으로 보이고, 평등주의자도 설득의 대상을 정하는 데 어려움이 있을 것으로 판단된다.

평등주의자는 전문가적 책임과 정치적 책임이 충돌하는 상황에서 갈등을 인식할 가능성이 상대적으로 더 높을 것이다(〈표 5-1〉의 2). 전문가적 가치와 민원인의 요구가 충돌할 때 갈등을 가장 크게 느낄 집단은 평등주의자로 볼 수 있다. 즉, 평등주의자는 조직 내부에서 자신의 전문가적 판단을 적극적으로 표출하는 전문가적 책임을 중요시함과 더불어, 조직 내부의 동료뿐 아니라 외부 민원인과 지역사회 구성원에게도 공동체 의식을 지닐 수 있으므로 이들의 요구에 부응하는 정치적 책임도 중요시한다. 따라서 평등주의자는 중요시하는 정도가 유사한 두 가지 책임성인 전문가적 책임과 정치적 책임이 충돌할 때 갈등을 높게 인식할 가능성이 크다. 이 상황에서 전문가적 책임을 우선시하는 이들은 지역주민과 단체를 대상으로 설득작업을 펼칠 것이고, 정치적 책임을 중요시하는 이들은 동료 전문가 집단을 대상으로 지역주민과 단체의 입장에서 설득작업을 펼칠 것으로 예상된다.

개인주의자는 속해 있는 집단(공무원 조직, 지역공동체)에 대한 정체성이 약하고 부여된 규제를 반드시 따라야 한다는 인식이 약하므로, 네 개의 책임성 어느 것에 대해서도 절대적인 우선성을 느끼지 않을 가능성이 크다. 우선적으로 중요시해야 할 책임성이 두드러지지 않는 상황에서 개인주의자의 갈등 인식은 상반된 방향으로 나타날 수 있다. 즉, 책임성 갈등 인식 자체가 취약하거나 반대로 갈등 인식이 매우 높을 수 있다. 전자의 경우는 우선적으로 추구하는 가치가 결여되어 있음으로 인해 책임성 갈등에서 자유로울 수 있음을 의미하며, 후자의 경우는 지향하는 명확한 가치가 부재함으로 인해 오히려 갈등 인식이 높아질 수 있음을 의미한다. 개인주의자의 경우, 갈등 인식 수준이 어떻게 나타날지는 명확하지 않으나, 갈등 상황에서 이탈 전략을 선택할 가능성이 다른 이들보다 상대적으로 높을 것으로 예상할 수 있다.

한편, '계층적 책임↔전문가적 책임', '계층적 책임↔정치적 책임', '법적 책임↔전문가적 책임', '법적 책임↔정치적 책임'의 네 가지 갈등 상황은 갈등으로 인지되는 정도가 낮을 수 있다(〈표 5-1〉의 3, 4, 5, 6). 현실적으로 공무원을 통제하는 정도가 계층/법적 책임이 전문가/정치적 책임에 비해 훨씬 강하므로, 공무원은 위 네 가지 충돌 상황에서는 충돌하는 두 책임성의 중요도가 유사하게 느껴져 갈등하기보다는 계층/법적 책임 쪽으로 기울 가능성이 크다. 삶의 양식을 고려할 때, 계층주의자와 운명주의자는 계층적 책임과 법적 책임에 대한 선호가 강하므로 전문가적/정치적 책임보다 계층적/법적 책임의 우선성을 당연하게 여길 것이므로 위 상황에서 갈등을 인지하는 정도가 더 낮을 수 있다.

다만, 평등주의자의 경우는 다를 가능성이 있는데, 평등주의자는 전문가적 책임과 정치적 책임을 선호할 것으로 예상되기 때문에 계층적/법적 책임의 우선성을 당연시하지 않을 수 있다. 전문가로서의 가치나 민원인에 관한 관심과, 공무원으로서 준수해야 할 법이나 계층제적 권위 사이에서 선택의 갈등을 인식할 가능성이 계층주의자나 운명주의자보다는 높을 것으로 추론된다.

이상 논의한 내용을 정리하면 다음과 같다. 계층주의자와 운명주의자는 계층적 책임과 법적 책임이 충돌하는 상황에서 갈등 인식 정도가 높을 것이고 다른 상황들에서는 갈등 인식이 낮을 것으로 예상되며, 책임성 갈등 상황에서 계층주의자는 상대적으로 순종 전략을, 운명주의자는 방치 전략을 선택할 가능성이 크다. 평등주의자는 전문가적 책임과 정치적 책임이 충돌하는 상황에서 갈등 인식 정도가 높을 것이고, 다른 상황에서도 갈등을 인식할 가능성이 존재한다. 갈등 상황에서 평등주의자는 설득 전략을 채택할 가능성이 상대적으로 높다. 개인주의자의 책임성 갈등 인식 정도에 대한 예측은 양 방향적인데, 갈등으로 인식할 경우 이들은 이탈 전략을 선택할 가능성이 상대적으로 높을 것으로 예상된다.

이상의 이론적 논의를 토대로 본 연구에서 규명하고자 하는 연구 문제를 세부적으로 정리하면 다음과 같다. 첫째, 사회복지전담공무원에게 네 가지 삶의 양식은 어떠한 비중으로 나타나는가? 둘째, 삶의 양식별로 선호될 것으로 예상되는 책임성 갈등 대응 전략이 선택되었는가? 셋째, 책임성 갈등 상황별로 삶의 양식과 갈등 인식 수준은 어떻게 나타나는가? 넷째, 책임성 갈등 상황별로 삶의 양식에 따라 우선적으로 선택되는 대응 전략이 발견되는가? 이를 탐색하기 위해 다음과 같은 연구 방법을 적용하였다.

3 연구 방법

1) 조사 대상 및 방법

연구는 사회복지전담공무원을 대상으로 한 설문조사 방식으로 진행되었다. 조사 범위는 수도권 기초자치단체 9곳의 사회복지전담공무원이었으며[5], 2016년 7월부터 9월까지 총 480부를 배포하여 305부가 수거되었다(수거율 63.54%). 305명 표본의 특징은 다음의 〈표 5-2〉와 같다. 표본의 연령대는 30대 이상이 절반 정도를 차지했고, 성별로는 여성의 비중이, 학력은 4년제 대학 졸업의 비중이 과반수를 차지했으며, 근속연수와 직급은 비교적 고르게 분포되었다.

---

[5] 표본추출은 근무지의 다양성을 확보하고자 지역별로 할당하여 서울시는 성동구·성북구·서대문구·양천구·강서구·송파구의 6개 지역을, 경기도는 남양주시·용인시·고양시의 3개 지역을 대상으로 하였다.

⟨표 5-2⟩ 표본의 구성

항목		응답자 수(명)	비율(%)
연령대	20대	49명	16.1%
	30대	170명	55.7%
	40대	71명	23.3%
	50대 이상	15명	4.9%
	무응답	0명	0%
성별	남자	75명	24.6%
	여자	228명	74.8%
	무응답	2명	0.7%
근무지	시군구청	148명	48.5%
	읍면동 주민센터	157명	51.5%
학력	고등학교 졸업	1명	0.3%
	2·3년제 대학 졸업	23명	7.5%
	4년제 대학 졸업	255명	83.6%
	대학원 재학 이상	24명	7.9%
	무응답	2명	0.7%
근속년수	1년 미만	46명	15.1%
	1년–3년 미만	88명	28.9%
	3–5년 미만	54명	17.7%
	5년–10년 미만	50명	16.4%
	10년 이상	64명	21.0%
	무응답	3명	1%
직급	6급	22명	7.2%
	7급	61명	20%
	8급	72명	23.6%
	9급	141명	46.2%
	무응답	9명	3%

2) 조사 내용

설문조사는 사회복지전담공무원의 삶의 양식(문화 성향) 측정, 책임성 갈등 유형별 대응 전략 측정, 책임성 갈등 인식 등으로 구성되었으며, 측정 문항은 아래와 같이 구성하였다.

먼저 공무원의 삶의 양식 측정은 카한 외(Kahan et al., 2010)가 개발한 집단성과 격자성 측정 문항을 활용했다. 그동안 문화이론을 적용한 연구가 다수 있었지만, 상당 부분 질적 연구의 성과였으며(Douglas & Wildavsky, 1982; Schwarz & Thompson, 1990; Lockhart, 2001; 박종민 편, 2002; 박병현, 2005 등), 양적 연구는 집단성과 격자성 측정의 어려움으로 인해 상대적으로 제한되었다. 양적 측정의 경우, 측정 방식은 네 개의 삶의 양식을 직접 측정하거나(Dake, 1992; Wildavsky & Dake, 1990; 김서용, 2006; 이윤경, 2014 등), 격자성과 집단성을 측정한 후 삶의 양식을 도출하는 방식이 있다(정동재·박재완, 2002 등). 본 연구는 후자의 방식으로 접근하여 카한과 그의 동료들이 개발한 지표 중 격자성과 집단성을 각 6문항으로 측정하는 설문을 우리나라의 상황에 맞게 수정해 활용했다(주재현·한승주·임지혜, 2017: 144-146).[6]

집단성 측정의 중심 요소는 정부의 역할이다. 사회 전체(공동체)를 위해서 정부가 개인의 삶에 관여·간섭하는 것을 수용하는 정도를 통해서 공동체에 대한 일체감의 정도를 측정한다. 격자성 측정의 중심 요소는 사회적 평등 또는 차별이다. 차별에 대한 수용의 정도, 평등을 추구하는 과정에서 과도한 규제가 있다고 인식하는 정도 등을 통해서 사회적 처방의 상태를 파악하는 것이다.

문항의 구성은 다음의 〈표 5-3〉과 같으며 신뢰도 분석 결과, 집단성의 측정지표 중 신뢰도(Cronbach α) 값을 저하시키는 1개 문항을 삭제하여[7] 집단성 5개 지표, 격자성 6개 지표로 구성되었다.[8] 신뢰도 유효 수준인 0.6을 기준으로 격자성은 0.784, 집단

---

[6] 격자성과 집단성을 측정하는 국내 연구가 일부 있으나(정동재·박재완, 2002; 오수길·채종헌, 2003), 이들 연구는 지표의 신뢰도가 낮게 나타나거나 지표의 근거가 불확실하여 활용하지 않았다.

[7] 삭제된 문항은 '정부는 사람들이 서로 해치지 않도록 하기 위해 법을 만들 필요가 있다'였으며, 이 문항을 삭제시 Cronbach α값이 0.586에서 0.59로 증가했다.

[8] 집단성의 1),2),3)문항과 격자성의 1),2),3)문항은 역코딩되었다.

성은 0.59로 나와 격자성은 유효성을 확보하였으나 집단성은 약간 낮은 수준이었다. 각 문항의 동의 정도는 6점 척도(매우 그렇다-그렇다-그런 편이다-그렇지 않은 편이다-그렇지 않다-전혀 그렇지 않다)로 측정되었다.

책임성 갈등은 롬젝(Romzek, 1987)의 유형을 기초로 여섯 가지 갈등 상황을 제시했다. 계층적 책임과 법적 책임의 충돌, 계층적 책임과 전문가적 책임의 충돌, 계층적 책임과 정치적 책임의 충돌, 법적 책임과 전문가적 책임의 충돌, 법적 책임과 정치적 책임의 충돌, 전문가적 책임과 정치적 책임의 충돌이다. 여섯 가지 상황에서 사회복지전담공무원의 대응은 이탈, 설득, 방치, 순종에 해당하는 문장 중 하나를 선택하는 방식으로 측정했다.

이탈에 해당하는 문항은 '문제 상황을 벗어나기 위해 업무 담당자 변경 혹은 보직 변경을 시도한다'였으며, 설득에 해당하는 문항은 '문제 상황이 해결될 때까지 적극적으로 발언을 하거나, 관련자를 만나 설명하고 설득한다'였고, 방치에 해당하는 문항은 '문제 상황이 사라질 때까지 참고 기다리며 적극적인 대처를 미룬다'였다. 그리고 순종에 해당하는 문항은 '문제 상황에 대한 상사의 결정이나 상위 기관의 의견을 묻고 따른다'였다.[9]

또한 각 갈등 상황마다 반드시 하나를 선택해야 한다면 무엇을 선택할 것인지 양자택일 상황을 부여하여, 두 책임성 중 하나를 선택하도록 하여 어떤 책임성을 더 중요시하는지의 선호를 파악했다.

한편, 책임성 갈등을 양적으로 측정한 선행 연구가 거의 없는 상황이므로 이 연구는 브루어 외(Brewer et al., 2000)와 주재현·한승주(2015)에서 사용한 측정 문항을 부분적으로 수정하여 사용했다. 구체적인 문항은 다음 〈표 5-3〉에 제시했다. 책임성 갈등 인식 정도는 갈등 경험의 정도를 질문하는 방식으로 유형별로 2개씩 총 12개의 문항을 제시하여 주관적으로 경험한 책임성 갈등의 정도를 측정했으며, 7점 척도(전혀 그렇지 않다-그렇지 않다-그렇지 않은 편이다-보통-그런 편이다-그렇다-매우 그렇다)에서 표기하도록 했다. 신뢰도 분석 결과에 따라 Cronbach α값이 0.8을 넘어서 갈등 유형별 문항의 평균값을 이용할 수 있었으나, 법적 책임과 전문가적 책임의 갈등의 경우는 신뢰

---

9) 주재현·한승주(2015)에서 사용한 측정 문항을 부분적으로 수정하여 사용했다.

〈표 5-3〉 삶의 양식과 책임성 갈등 측정 지표 및 신뢰도

		측정 문항	신뢰도*
삶의 양식 측정	집단성 (Group) 측정	1) 정부가 우리들의 일상생활에 너무 심하게 간섭한다. 2) 사람들을 그들 자신으로부터 보호하는 일(예: 자살방지, 금주 및 금연 등)은 정부가 할 일이 아니다. 3) 정부는 사람들에게 어떻게 살라고 말하는 것을 멈춰야 한다. 4) 개인의 자유와 선택을 제한하는 한이 있더라도, 정부는 사회의 목표 성취를 위해 더 노력해야 한다. 5) 정부는 개인들이 할 수 있는 선택에 제한을 가해서 사람들이 사회의 선(善)에 장애가 되지 않도록 해야 한다.	0.59
	격자성 (Grid) 측정	1) 부가 더 평등하게 분배되면, 우리 사회는 더 좋아질 것이다. 2) 우리는 부자와 빈자간의 차별과 남성과 여성간의 차별을 획기적으로 줄일 필요가 있다. 3) 사회적 소수자들(예: 빈민, 여성, 동성애자, 다문화가정 등)에 대한 차별은 여전히 우리 사회에서 매우 심각한 문제이다. 4) 우리나라는 평등권을 너무 과하게 추진했다. 5) 빈민, 여성, 동성애자, 기타 소수자들의 집단은 평등권을 원하는 것이 아니라 자신들만을 위한 특별한 권리를 원하는 것으로 보인다. 6) 우리 사회가 전반적으로 너무 관대하고 유약해졌다.	0.784
책임성 갈등 인식 측정	계층적 책임 ↔ 전문가적 책임	1) 상사나 상위기관의 명령·지시·의견이 업무처리 시 통용되는 전문적 규범 및 기준과 달라서 선택의 곤란함을 경험한 적이 있다. 2) 조직 내부의 운영 관행이 업무 담당자로서 자신의 판단과는 달라서 선택의 곤란함을 경험한 적이 있다.	.809
	계층적 책임 ↔ 정치적 책임	1) 상사나 상위기관의 명령·지시·의견이 주민·민원인의 요구와 달라서 선택의 곤란함을 경험한 적이 있다. 2) 조직 내부의 운영 관행이 업무와 관련된 외부 이해관계자들의 요구와 달라서 선택의 곤란함을 경험한 적이 있다.	.994
	법적 책임 ↔ 전문가적 책임	1) 법규 같은 공식적 기준을 따르는 것이 전문가로서 해야 할 바와 충돌하여 선택의 곤란함을 경험한 적이 있다.	-
	법적 책임 ↔ 정치적 책임	1) 법 규정·감사기준·판례 등이 주민·민원인의 요구와 달라서 선택의 곤란함을 경험한 적이 있다. 2) 업무와 관련된 외부 이해관계자들의 요구가 법규 같은 공식적 기준과 달라서 선택의 곤란함을 경험한 적이 있다.	.929
	전문가적 책임 ↔ 정치적 책임	1) 업무처리 시 통용되는 전문적 규범 및 기준이 외부 이해관계자의 요구와 달라서 선택의 곤란함을 경험한 적이 있다. 2) 주민·민원인의 요구가 전문가로서 따라야 할 바와 달라서 선택의 곤란함을 경험한 적이 있다.	.910
	법적 책임 ↔ 계층적 책임	1) 상사나 상위기관의 명령·지시·의견이 법 규정·감사기준·판례 등과 달라서 선택의 곤란함을 경험한 적이 있다. 2) 조직 내부의 운영 관행이 공식적 법규 등과 달라서 선택의 곤란함을 경험한 적이 있다.	.926

*Cronbach α 값.

성 기준을 충족하지 못하여 문항 1개를 제거하고 단일 문항을 사용했다.

이와 같은 측정을 통하여, 사회복지전담공무원의 네 가지 삶의 양식(계층주의, 운명주의, 평등주의, 개인주의)이 집단별로 나타난 분포를 분석했고, 삶의 양식별로 선호될 것으로 예상되는 책임성 대응 전략(이탈, 순종, 방치, 설득)이 선택되었는가를 확인했으며, 이러한 선택이 책임성 갈등 상황별로 어떻게 나타났는지를 분석했다.

4 사회복지전담공무원의 삶의 양식과 책임성 갈등 대응 분석

1) 사회복지전담공무원의 삶의 양식

먼저, 사회복지전담공무원의 삶의 양식(문화 성향)을 확인하기 위하여 계층주의, 운명주의, 개인주의, 평등주의 집단별 분포를 살펴보았다. 6점 척도로 측정된 격자성과 집단성이 모두 높게 측정된 집단을 계층주의, 집단성은 높지만 격자성이 낮은 집단을 평등주의, 집단성은 낮으나 격자성이 높은 집단을 운명주의, 집단성과 격자성이 모두 낮은 집단을 개인주의 집단으로 분류하였다.[10]

분석 결과, 약 66%의 응답자가 평등주의 집단으로 분류되어, 응답한 사회복지전담공무원 중 절반 이상이 평등주의적 삶의 양식임을 알 수 있었다. 다음 〈표 5-4〉에 제시된 것처럼, 응답자의 약 66%(202명)가 평등주의, 약 26%(78명)가 개인주의, 약 5%(14명)가 운명주의, 4%(11명)가 계층주의 집단으로 분류되었으므로 '평등주의 〉 개인주의 〉 운명주의 〉 계층주의' 집단 순으로 삶의 양식이 분포됨을 알 수 있었다.

이러한 결과는 우리나라 공공조직 및 공무원의 문화 성향에 관한 선행연구와 비교할 때 구별되는 특징이다. 일반직 공무원을 대상으로 한 문화 성향 연구는 계층주의

---

10) 3.5점을 기준으로 계층주의자(집단성, 격자성 모두 3.5점 이상), 개인주의자(집단성, 격자성 모두 3.5점 미만), 평등주의자(집단성 3.5점 이상, 격자성 3.5점 미만), 운명주의자(집단성 3.5점 미만, 격자성 3.5점 이상)로 나뉘었다. 이러한 구분은 본 연구에서 사용한 설문문항의 특성상 1,2,3점은 '그렇지 않다'는 부정적 의미를, 4,5,6점은 '그렇다'는 긍정적 의미를 담고 있으므로 3.5점을 분류기준으로 해서 높고 낮음의 특정한 가치 판단이라고 볼 수 있기 때문에 가능하다.

성향이 대부분을 차지한다고 보고했다. 중앙행정기구 공무원을 대상으로 한 연구(오수길·채종헌, 2003)에서는 지배적인 문화 성향이 계층주의로 확인되었으며, 공기업 구성원을 대상으로 한 연구(정동재·박재완, 2002)에서도 공기업별로 차이는 있으나 역시 계층주의가 가장 많이 분포되었다. 이와 달리 사회복지전담공무원을 대상으로 한 본 연구에서는 평등주의 문화 성향이 큰 비중을 차지한 것이다.

이에 따라, 전담 업무 혹은 직렬에 따라 공무원 개인의 삶의 양식이 다를 가능성을 제시해볼 수 있을 것이다. 담당 업무가 삶의 양식을 형성하는 데 영향을 준 것인지, 혹은 특정한 삶의 양식을 가진 자가 특정한 업무(직렬)를 선호한 결과인지 그 인과성을 주장하긴 어렵지만, 후자의 가능성으로 추론해볼 수 있다. 사회복지 직렬을 선택하여 입직한 공무원의 경우, 일반행정 직렬을 선택한 공무원에 비해서 사회복지 대상자나 민원인의 현실에 공감하고 개선하려는 의지가 높을 수 있고 업무 과정에서 그러한 자극이 계속될 가능성이 크다. 따라서 복지업무의 특성상 공동체 의식이 높으면서도 권위에 따르기보다는 자율적 행동을 하려는 평등주의 성향이 강한 이들이 사회복지 직렬을 선택하여 입직할 가능성이 클 수 있을 것이다. 절반 이상의 응답자가 평등주의 삶의 양식으로 확인된 본 연구의 결과는 사회복지전담공무원의 주류가 사회복지업무의 성격과 조응되는 삶의 양식을 지니고 있으며, 타 업무(직렬)의 공무원과 구별되는 삶의 양식을 가진 집단일 가능성을 제안하게 한다.

한편, 조사대상자의 1/4 정도가 개인주의 삶의 양식을 지닌 것으로 나타났다는 점도 주목할 만하다. 개인주의 삶의 양식이 강할 경우, 공무원 조직이나 지역사회에 대한 정체감이 높지 않고, 사회복지전담공무원으로서의 역할 규정이나 자신에게 부과되는 규율의 절대성을 받아들이는 정도도 상대적으로 높지 않은 특성을 지닐 것으로 예상된다. 개인주의자가 다수 존재한다는 것은 공직을 자신의 이익(안정된 신분과 수입의 보장)을 보장하는 수단으로 여기는 이들도 상당수 사회복지전담공무원이 되고 있음을 방증하는 것으로 해석될 수 있다.[11]

---

11) 만약 공직이 부과하는 부담이 이익을 초과한다고 여긴다면, 이들은 공직을 떠날 수도 있을 것이다. 그러나 공직 이상으로 자신의 이익을 보장해줄 수 있는 다른 통로가 존재하지 않는다고 판단할 경우 이들은 공직을 떠나지 못한 채, 자신이 수행해야 할 역할 규정이나 규율의 절대성을 받아들이게 될 수 있고, 이는 운명주의 삶의 양식으로 변화가 발생함을 의미한다. 그런데 이들이 만약 자신이 소속되어 있는 조직이나 사회

〈표 5-4〉 사회복지공무원의 삶의 양식 분류

	계층주의	운명주의	개인주의	평등주의	총계
인원수	11명	14명	78명	202명	305명
비중	3.6%	4.6%	25.6%	66.2%	100%

2) 삶의 양식과 대응 전략의 차이

공무원의 삶의 양식별로 책임성 갈등에 대응하는 전략이 어떻게 선택되었는가를 살펴보기 위해, 책임성이 충돌하는 여섯 가지 갈등 상황의 선택을 대응 전략별로 합하여 평균한 값을 분석하였다.[12] 분석 결과, 모든 삶의 양식에서 순종이 가장 많이 선택된 가운데, 계층주의 집단은 '순종 〉 설득 〉 이탈 〉 방치', 운명주의 집단은 '순종 〉 방치 〉 설득 〉 이탈', 평등주의 및 개인주의 집단은 '순종 〉 설득 〉 방치 〉 이탈'의 순으로 나타났다.[13]

다음 〈표 5-5〉에 제시되었듯이, 통계적으로 유의미한 차이는 방치 전략의 선택에서 나타났는데, 운명주의자가 계층주의자에 비하여 방치 전략을 더 선호한다는 통계적 차이가 발견되었고 이 결과는 이론적 가정과 일치한다. 방치 전략을 선택한 평균값이 가장 높은 집단이 운명주의 집단으로 나타났고 통계적으로도 유의미하였다(p〈.01). 조직 정체성은 약하지만 부여된 규제를 따르려는 운명주의 삶의 양식을 가졌다면 책

에 대한 정체감을 발전시키게 된다면 다시 계층주의 삶의 양식으로 변화가 발생한다. 따라서 우리는 개인주의자들이 운명주의나 계층주의로 변화할 가능성에 주목하고 지속적으로 관찰할 필요가 있다.

12) 여섯 가지로 제시된 책임성 갈등 유형마다 나타난 순종, 이탈, 방치, 설득 전략을 합하여 평균하였으므로, 각 대응 전략이 최솟값 0에서 최댓값 6사이의 값을 가진다.

13) 본 연구는 응답자의 특성 요인(성별, 직급, 근무지 등)에 따른 차별성까지 분석에 포함하지는 못했다. 다만, 사회복지전담공무원의 근무지 차이(시군구청/읍면동)에 따라 대응 전략의 선택과 책임성 갈등 인식이 다를 수 있다는 가정 하에 차이 분석을 실시해 보았다. 시군구청 근무자가 읍면동 근무자보다 법률에 근거한 재량적 판단을 더 수행할 가능성이 크기 때문이다. 그러나 분석 결과, 모두 통계적으로 유의미한 차이를 보이지 않아(p〈.05) 분석 결과 보고에서 제외하였다. 추측건대, 이러한 결과는 설문 문항이 일반적·보편적인 상황을 제시하고 있기 때문에, 응답자들도 이에 상응해서 자신의 개인적인 가치관과 사회관계를 반영했기 때문으로 보인다.

임성이 충돌하는 상황에서의 곤란함을 형식적으로 수용하지만 실제로는 지연하거나 방치하는 소극적 대응을 할 가능성이 크기에 다른 집단에 비하여 상대적으로 방치 전략을 선택할 가능성이 높을 것이라는 추론과 합치한다.

그 외에도, 계층주의 집단에서 순종 전략이 가장 높게 나온 것은 논리적 추론과 일치하는 결과이며, 평등주의 집단의 경우, 순종을 제외하면 설득 전략이 높게 나온 점도 앞의 추론과 연결되는 바이다. 평등주의자는 위계질서의 순종보다도 집단 공동체 의식이나 공정성 추구의 성향이 강할 것이므로 갈등 상황의 곤란함을 적극적으로 표출하는 설득 전략을 더 선택할 수 있다고 앞서 가정하였는데, 통계적으로 확인되지는 않았어도 이러한 추론과 유사한 결과라 할 것이다. 그러나 개인주의 집단의 경우, 앞의 추론과 달리 이탈 전략의 선택 정도가 낮았다. 추론과 실제 현실과의 차이로 볼 수도 있으며 달리 해석하면 개인주의 집단이 이론적으로 기대하는 특성을 보일 만큼 안정성을 지니지 못하고 있음을 의미할 수도 있다.[14]

따라서 앞서 예측하였던 추론(〈표 5-1〉 참조)과 조사 결과를 비교하면, 운명주의자가 대응 전략으로 방치를 상대적으로 더 선호하리라는 추론은 부합하는 것으로 나타났다.

〈표 5-5〉 삶의 양식과 대응 전략의 차이

	계층주의	운명주의	개인주의	평등주의	평균	F값/유의확률
이탈	0.45 (0.934)	0.29 (0.611)	0.17 (0.545)	0.09 (0.575)	.13 (.587)	1.893/ .131
설득	1.36 (1.748)	1.07 (1.207)	1.27 (1.925)	1.51 (2.126)	1.42 (2.027)	.415/ .743
방치	0.18 (0.405)	1.93 (2.165)	1.19 (1.987)	0.57 (1.175)	.78 (1.505)	6.888/ .000**
순종	4 (2.646)	2.43 (2.503)	3.35 (2.491)	3.69 (2.405)	3.56 (2.446)	1.522/ .209

** $p<0.01$. 사후검증(Dunnett T3) 결과: 운명주의>계층주의

---

[14] 이탈 전략이 가장 낮게 선택되고 있는 것은 삶의 양식의 차이를 떠나, 이탈 전략 자체가 중하위직 사회복지전담공무원이 현실적으로 선택하기 어려운 전략이기 때문일 가능성도 크다.

3) 삶의 양식과 책임성 갈등 인식 차이

책임성 갈등의 상황별로 갈등을 인식하는 수준은 어떻게 나타나며 삶의 양식에 따른 차이가 있는지를 분석했다.

먼저, 7점 척도로 측정된 갈등 인식 수준은 전체적으로 '법적 책임↔정치적 책임'(평균 4.19), '법적 책임↔전문가적 책임'(평균 4.17), '전문가적 책임↔정치적 책임'(평균 4.13), '계층적 책임↔정치적 책임'(평균 4.06), '계층적 책임↔전문가적 책임'(평균 3.95), '계층적 책임↔법적 책임'(평균 3.7)의 순으로 나타났다. 법과 정치적 책임이 부딪히거나 전문가적 책임이 부딪히는 경우의 곤란함을 더 경험하고 있으며, 계층적 책임과 전문가적 책임 및 법적 책임이 충돌하는 상황의 곤란함을 비교적 덜 경험하는 것으로 볼 수 있었다.

삶의 양식별로 인지된 갈등 수준을 비교하면, 전체 갈등 상황에서의 갈등 인식 수준은 '개인주의 > 운명주의 > 평등주의 > 계층주의자'의 순으로 나타났다. 개인주의 집단(평균 4.46)과 운명주의 집단(평균 4.02)은 책임성 충돌로 인한 곤란함을 강하게 인식하는 편으로 볼 수 있었으나 평등주의(평균 3.81)와 계층주의(평균 3.56) 집단은 상대적으로 약하게 인식하였다.

삶의 양식에 따른 인지된 갈등 수준의 차이는 '법적 책임↔전문가적 책임'을 제외한 모든 상황에서 통계적으로 유의했다. 사후검증 결과를 보면 개인주의 집단의 갈등 인식이 계층주의나 평등주의 집단에 비하여 높게 나타나는 차이가 확인되었다.

앞서 추론에서는 '계층적 책임↔법적 책임'의 상황에서는 계층주의나 운명주의자의 갈등 인식이 강할 것으로 보았으며, '전문가적 책임↔정치적 책임'의 상황에서는 평등주의자의 갈등 인식이 강할 것으로 보았다. 그러나 이러한 추론과 달리 개인주의자와 운명주의자의 책임성 갈등 인식이 높게 나타난 것이다.

전체적으로 개인주의자의 갈등 인식이 강하게 나타난 것을 확인할 수 있는데, 앞서 추론에서 이들의 갈등 인식 정도가 명확하지 않았으나 조사 결과를 통해서 개인주의자가 갈등 상황에서의 갈등 인식이 높음을 발견한 것이다. 개인주의자는 특정한 책임성에 강한 선호를 상대적으로 덜 가질 것이므로 오히려 책임성이 충돌할 때 무엇을 선택할지 혼란이 더 클 가능성이 반영된 결과로 보인다.

또한 '전문가적 책임↔정치적 책임'의 충돌 상황에서는 사후검증 결과, 평등주의 집단이 계층주의 집단에 비해 갈등 인식이 통계적으로 더 높게 나타났다. 이는 앞선 추론과 부합하는 결과로서 전문가적 윤리 규범과 외부 민원인의 요구 등에 부응하려는 평등주의자의 성향상 선호하는 이 두 기준이 충돌하는 상황에서 선택의 어려움을 인식할 가능성이 반영된 것으로 보인다.

한편, 통계적으로 유의미하지는 않았으나 평등주의자의 갈등 인식이 높게 나타난 상황은 '법적 책임↔전문가적 책임' 및 '법적 책임↔정치적 책임'이었다. 이는 공무원 행위의 일차적 기준이 되는 법과 평등주의자가 성향상 선호하는 전문윤리 및 기준, 그리고 민원인에 대한 부응이 부딪히는 갈등을 느끼기 때문인 것으로 해석된다.

따라서 앞서 예측하였던 추론(〈표 5-1〉 참조)과 조사 결과를 비교하면, 추론이 불확실했던 개인주의자의 경우, 갈등 인식이 모든 상황에서 가장 높게 나타났다. '계층적↔법적 책임' 상황에서 계층주의자와 운명주의자가 갈등 인식이 높을 것이라는 추론은 운명주의자가 (개인주의자에 이어) 두 번째로 갈등 인식 수준이 높았으므로 부분적으로 부합하는 것으로 보인다. '전문가적↔정치적 책임' 상황에서 평등주의자가 갈등 인식이 높을 것이라는 추론은 분석 결과와 부합하지는 않았으나 평등주의자의 갈등 인식이 계층주의자에 비해서는 높았다. 또한 그 외 상황(계층/법↔전문가/정치적 책임)에서는 평등주의자의 갈등 인식이 약간 더 높을 것이라는 추론은 일부 상황에서(법↔전문가, 법↔정치적 책임) 평등주의자의 갈등 인식이 두 번째로 높았으므로 부분적으로 부합하는 것으로 보인다.

〈표 5-6〉 삶의 양식과 책임성 갈등 인식 차이

	계층주의	운명주의	개인주의	평등주의	평균	F값/유의확률
계층적 책임 ↔ 법적 책임	3.40 (0.664)	3.75 (0.849)	4.35 (1.159)	3.46 (1.129)	3.70 (1.174)	45.952/ .000**
전문가적 책임 ↔ 정치적 책임	3.27 (0.684)	4.03 (0.795)	4.62 (1.222)	3.99 (1.129)	4.13 (1.168)	30.752/ .000**
계층적 책임 ↔ 전문가적 책임	4 (0.5)	3.78 (1.188)	4.47 (1.243)	3.76 (1.168)	3.95 (1.206)	28.523/ .000**
계층적 책임 ↔ 정치적 책임	3.63 (0.551)	4.39 (1.533)	4.66 (1.171)	3.83 (1.198)	4.06 (1.242)	41.535/ .000**

법적 책임 ↔ 전문가적 책임	3.54 (0.820)	4.14 (1.027)	4.14 (1.101)	4.22 (6.800)	4.17 (5.564)	4.925/ .984
법적 책임 ↔ 정치적 책임	3.54 (0.610)	4.03 (1.100)	4.59 (1.153)	4.08 (1.206)	4.19 (1.195)	20.139/ .003**
평균	3.56 (.516)	4.02 (.863)	4.46 (.890)	3.81 (.968)	3.981 (.972)	25.632/ .000**

** p<0.01

계층적 책임↔법적 책임 사후검증(scheffe) 결과: 개인주의 〉계층주의, 평등주의
전문가적 책임↔정치적 책임 사후검증(scheffe) 결과: 개인주의 〉평등주의 〉계층주의
계층적 책임↔전문가적 책임 사후검증(scheffe) 결과: 개인주의 〉평등주의
계층적 책임↔정치적 책임 사후검증(scheffe) 결과: 개인주의 〉평등주의
법적 책임↔정치적 책임 사후검증(scheffe) 결과: 개인주의 〉계층주의, 평등주의

4) 책임성 갈등 상황별 대응 전략의 차이

마지막으로 책임성 갈등 상황별로 삶의 양식에 따라 대응 전략이 어떻게 나타났는가를 살펴보았다. 책임성 갈등 상황별로 삶의 양식에 따른 대응 전략의 차이는 일부 상황(계층적 책임↔전문가적 책임, 법적 책임↔전문가적 책임, 법적 책임↔정치적 책임, 전문가적 책임↔정치적 책임)에서 통계적으로 유의미하게 나타났다(〈표 5-7〉 참조).

위에서 확인한 바와 같이, 대체로 '순종 〉설득 〉방치 〉이탈'의 순으로 대응 전략을 선택하는 가운데, '계층적 책임↔전문가적 책임' 상황에서는 운명주의 집단의 방치 선택이 높았고, 평등주의 집단은 순종을 제외하면 설득 선택이 높았다. '법적 책임↔전문가적 책임' 상황에서는 순종 다음으로 운명주의와 평등주의 집단의 설득 선택이 높았으며, '법적 책임↔정치적 책임' 상황에서는 운명주의 집단의 방치 선택과 평등주의 집단의 설득 선택이, '전문가적 책임↔정치적 책임' 상황에서는 운명주의 집단의 방치 선택이 상대적으로 높은 특징을 보였다.

〈표 5-7〉 책임성 갈등 상황별 삶의 양식과 대응 전략 차이

		대응 전략					x^2/유의수준[15]
		이탈	설득	방치	순종	결측치	
계층적 책임 ↔ 전문가적 책임	계층주의	0 0%	4 36.4%	0 0.0%	7 63.6%	0 0%	23.350/ .046*
	운명주의	1 7.1%	2 14.3%	7 50.0%	4 28.6%	0 0%	
	개인주의	5 6.4%	16 20.5%	13 16.7%	43 55.1%	1 1.3%	
	평등주의	4 2.0%	45 22.3%	25 12.4%	125 61.9%	3 1.5%	
	총계	10 3.3%	67 22.0%	45 14.8%	179 58.7%	4 1.3%	
법적 책임 ↔ 전문가적 책임	계층주의	2 18.2%	1 9.1%	1 9.1%	7 63.6%	0 0%	30.133 / .012*
	운명주의	0 0%	4 28.6%	3 21.4%	6 42.9%	1 7.1%	
	개인주의	2 2.6%	14 17.9%	17 21.8%	45 57.7%	0 0%	
	평등주의	3 1.5%	46 22.8%	16 7.9%	132 65.3%	5 2.5%	
	총계	7 2.3%	65 21.3%	37 12.1%	190 62.3%	6 2.0%	
법적 책임 ↔ 정치적 책임	계층주의	2 18.2%	0 0%	1 9.1%	8 72.7%	0 0%	42.647/ .004**
	운명주의	1 7.1%	2 14.3%	4 28.6%	6 42.9%	1 7.1%	
	개인주의	1 1.3%	18 23.1%	13 16.7%	46 59.0%	0 0%	
	평등주의	1 0.5%	57 28.2%	13 6.4%	126 62.4%	5 2.5%	
	총계	5 1.6%	77 25.2%	31 10.2%	186 61.0%	6 2.0%	

15) 기대빈도가 5미만의 셀이 20%를 넘어서 몬테카를로 유의수준(양면)으로 검정하였음.

전문가적 책임 ↔ 정치적 책임	계층주의	0 0%	3 27.3%	0 0.0%	8 72.7%	0 0%	23.258/ .043*
	운명주의	0 0%	0 0%	6 42.9%	7 50.0%	1 7.1%	
	개인주의	1 1.3%	17 21.8%	15 19.2%	45 57.7%	0 0%	
	평등주의	2 1.0%	51 25.2%	20 9.9%	125 61.9%	4 2.0%	
	총계	3 1.0%	71 23.3%	41 13.4%	185 60.7%	5 1.6%	

** $p<0.01$, * $p<0.05$

한편, 본 연구 결과를 관련된 선행연구의 결과와 비교하면 몇 가지 유사점과 차이점을 발견할 수 있다. 2015년 지방자치단체 일반직 공무원을 대상으로 진행된 책임성 갈등 대응연구(주재현·한승주, 2015)에 비하여 2016년 지방자치단체 사회복지전담공무원을 대상으로 진행된 이번 연구는 책임성 갈등에 대한 갈등 인식이 더 높게 나타났다. 여섯 가지 책임성 갈등 상황 모두에서 보통 미만의 인식 수준(5점 척도 하 3점 미만)을 보였던 선행연구에 비하여 본 연구는 대체로 보통 이상의 인식 수준(7점 척도 하 4점 이상)을 나타냈다. 사회복지전담공무원이 일반직 공무원보다 책임성 갈등 상황에서 인지하는 갈등이 더 높은 것은 평등주의적 삶의 양식으로 설명해볼 수 있을 것이다. 사회복지전담공무원 집단에 평등주의 삶의 양식을 가진 이들이 상대적으로 많다면, 법이나 지시보다 전문가적 윤리나 민원인의 요구에 부응하려는 의지가 높기에 책임성의 갈등을 더 민감하게 느낄 수도 있을 것이다.

또한, 갈등을 느끼는 상황의 순위를 비교하면, 선행연구에서는 '정치적 책임↔계층적 책임', '정치적 책임↔법적 책임', '정치적 책임↔전문가적 책임' 등의 순으로 나타났으며, 본 연구는 '법적 책임↔정치적 책임', '법적 책임↔전문가적 책임', '전문가적 책임↔정치적 책임' 등의 순으로 나타났다. 이를 통해 정치적 책임, 전문가적 책임을 둘러싼 갈등 상황을 민감하게 인식한 것을 알 수 있었다. 대응 전략의 선택에서는 선행연구의 경우 '설득 〉 순종 〉 방치 〉 이탈'의 순으로 나타났으며, 본 연구에서는 '순종 〉 설득 〉 방치 〉 이탈'의 순으로 나타나 설득과 순종 사이의 선호 차이가 있었다.

5 결론

　삶의 양식에 따라 사회복지전담공무원의 책임성 갈등 인식과 대응에 차이가 있을지를 질문한 본 연구의 분석 결과는 이론적 추론과 모두 부합하지는 않았으나, 일정 부분 삶의 양식에 따른 차이가 있음을 보여주었다.
　설문조사에 응답한 사회복지전담공무원의 삶의 양식은 주로 평등주의로 발견된 가운데, 책임성 갈등 상황에 대응하는 우선적 전략은 모든 삶의 양식에서 순종으로 나타났으나, 운명주의자의 경우는 방치 전략에 대한 선호가 상대적으로 강했으며, 평등주의자는 설득 전략이 비교적 높게 나타났다. 삶의 양식을 떠나 공무원으로서 가장 선호하는 전략은 상사의 의견을 묻고 지시에 따르는 순종 전략으로 나타났으나, 대응 전략의 차선책 선택에는 삶의 양식이 부분적으로 영향을 미친다고 볼 수 있었다.
　책임성 갈등 상황에 따라 갈등 인지 수준이 삶의 양식별로 다르게 나타나는가를 살펴본 결과, 대부분의 갈등 상황에서 개인주의 집단의 인지 수준이 다른 집단에 비해 높았다. 특정한 책임성에 강한 선호를 느끼지 않을 개인주의자의 특성상 책임성이 충돌할 때 무엇을 선택할지 갈등이 더 큰 것으로 해석할 수 있었다. 또한 전문가적 책임과 정치적 책임의 충돌 상황에서는 전문직 윤리와 민원인의 요구에 부응하려는 성향이 강한 평등주의자가 그렇지 않은 계층주의자에 비해 갈등 인지 수준이 더 높게 나타났다. 평등주의자는 법적 책임과 전문가적 책임 및 법적 책임과 정치적 책임 간에도 상대적으로 높은 갈등 인지 수준을 보였다. 공무원 행위의 일차적 기준이 되는 법과 사회복지 전문가로서의 전문성과 대응성 간의 갈등을 높게 느끼는 것으로 볼 수 있다.
　사회복지 현장에서 여러 업무를 동시에 수행하면서 때때로 경험할 책임의 충돌을 현명하게 풀어가기 위해서 우리는 사회복지전담공무원에게 적극적 사유와 행동을 기대하고 있다. 사회복지 전문가로서 자신을 인식하고 사회적 약자에게 봉사하기 위하여 부당하거나 부적절한 지시나 행정 관행에 대해 발언하고 개선하길 바라는 것이다. 책임성 갈등을 적극적으로 풀어가길 바라는 기대 하에서 공무원 개인이 지닌 삶의 양식이 갈등 대응의 중요한 설명요인이 될 수 있는가를 살펴보았다. 본 연구의 분석 결과, 비록 인과성의 확인까지는 아니었으나, 책임성 갈등을 인식하는 정도는 삶의 양식에 따라 다를 수 있으며, 삶의 양식은 갈등 상황에서 대응 전략을 선택할 때 제한적 영향을 미칠 수 있음을 알 수 있었다.

　삶의 양식에 따라 서로 다른 행동이 나타난다는 것은 상식적으로 충분히 인정할 수 있지만 그 증명이 쉽지 않고, 그에 따른 정책적 대안 마련이 용이하지 않은 것이 사실이다. 그러나 정부 조직행태의 합리적 분석을 위하여 공무원 대다수가 자신과 자신의 일을 어떻게 규정하고 있는지 그 삶의 양식을 파악하는 것은 기초적 접근이 될 것이다. 특히 사회복지전담공무원과 같이, 일선에서 고객에게 응대하며 재량에 따른 업무 처리의 여지가 많고 재량의 적극적 발휘가 기대되는 경우라면, 이들의 행태를 이해하고 분석하기 위한 중요한 요인으로서 삶의 양식 분석은 더욱 필요할 것이다.

　사회복지의 현장은 공무원으로서 책임져야 할 많은 역할과 의무가 때로는 상충할 가능성이 크다. 이러한 갈등에 직면했을 때 이를 인식하고 풀어가는 태도가 사회복지전담공무원의 삶의 양식에 따라 달라질 수 있다면, 삶의 양식의 유지 또는 변화를 위한 설계 혹은 삶의 양식을 고려한 설계를 해보아야 할 것이다. 평등주의자로 자신을 규정한 다수의 응답자가 전문가적 책임이나 정치적 책임에 높은 가치를 부여하고 갈등 상황에서 설득의 태도를 보이려는 경향이 존재하므로, 이러한 성향이 적극적인 사회복지 서비스의 제공으로 연결될 수 있는 전달체계의 구축에 관심을 가질 필요가 있다. 이는 사회복지전담공무원의 재량을 조장하고 이를 통해서 그들의 전문성과 대응성을 제고하는 전달체계를 지향함을 의미한다. 사회복지전담공무원은 전문가이면서 동시에 공무원이라는 이중성을 지니며, 따라서 이들은 책임성 갈등의 문제에서 벗어나기 어려운 태생적 특성을 지닌다. 그러나 본 연구는 사회복지 분야와 정합도가 높은 평등주의가 이들의 주류 삶의 양식임을 발견했다. 앞으로의 과제는 이들이 법적 규율의 틀 내에서 평등주의 삶의 양식을 유지하면서, 법규와 전문성·대응성의 균형을 모색하는 일이 될 것이다.

　한편, 응답자 중 적지 않은 비중을 차지한 개인주의자가 책임성 갈등을 높게 인식하는 상황에서 이들의 갈등 인식이 적극적인 대응 행태로 이어질 수 있는 방안을 고려해야 할 것이다. 또한 소수이기는 하지만, 운명주의자도 갈등 인식 정도가 높고 갈등 상황에서 방치 전략으로 대응할 가능성을 보여, 이들에 대해서도 좀 더 긍정적인 대응 행태를 유도할 필요가 있다. 전반적인 방향은 이들의 '집단성' 제고가 될 것이다. 공무원 조직, 나아가 지역사회에 대한 이들의 소속감을 높이려는 노력(예컨대, 중·하급 사회복지전담공무원에 대한 고위공무원의 지속적인 배려와 관심 등 조직몰입도를 제고하기 위한 노력, 지역사회와 공무원 조직 간의 거리를 좁히기 위한 노력 등)의 필요성을 제시해볼 수 있을 것이다.

공무원의 다양한 역할이 부딪히는 상황에서 삶의 양식에 따른 갈등 인식과 대응 행태를 탐색한 본 연구는 가능성이 큰 추론들을 제시하였으나, 그 인과관계의 확인과 보편적 타당성 확보를 위해서는 좀 더 체계적이고 포괄적인 실증연구가 누적되어야 할 것으로 보인다. 더불어 차후 이러한 연구 결과에 기반을 둔 구체적인 정책 방안도 모색되어야 할 것이다.

참고문헌

강종수 · 류기형. (2007). 사회복지사의 경력몰입 결정요인 및 직무태도에 미치는 효과. 「한국사회복지학」. 59(3): 201-227.

김서용. (2006). 정책과정에서 전문가의 중립성에 대한 실증분석: 문화이론과 Q방법론의 적용을 통해. 「한국행정학보」. 40(4): 127-153.

김소정. (2014). 사회복지전담공무원의 재량행사에 관한 연구: 동사무소 사회복지전담공무원을 중심으로. 「사회복지연구」. 45(2): 349-374.

김소정. (2013). 읍면동 사회복지전담공무원의 재량행사에 영향을 미치는 요인. 「사회복지연구」. 44(4): 367-393.

김소정. (2015). 동사무소 사회복지전담공무원의 역할 딜레마. 「사회복지연구」. 46(1): 315-342.

김소정 · 이영철. (2014). 클라이언트에 대한 부정적 인식이 사회복지전담공무원의 소진에 미치는 영향. 「한국사회복지행정학」. 16(3): 31-52.

김영민 · 임도빈. (2011). 일선관료의 재량권 사용에 대한 연구-사회복지 전담 공무원의 재량행사 수축경향을 중심으로. 「한국조직학회보」. 8(3): 25-59.

문영주. (2007). 사회복지전담공무원의 역할갈등, 역할모호성, 직무수행에 있어 멘토유무에 따른 잠재평균분석. 「한국비영리연구」. 6(2): 179-215.

문영주. (2010). 사회복지 서비스 전달체계 개편이 사회복지전담공무원의 역할 스트레스와 직무만족에 미치는 영향. 「사회연구」. 20(0): 9-35.

방하남 · 김상욱. (2009). 직무만족도와 조직몰입도의 결정요인과 구조분석. 「한국사회학」. 43(1): 56-88.

박병현. (2005). 복지국가 발달의 문화적 분석. 「한국사회복지학」. 57(3): 277-304.

박웅열 · 남기민. (2008). 사회복지전담 공무원의 직무스트레스 요인이 고객지향성에 미치는 영향: 책임감과 자기효능감의 매개효과를 중심으로. 「사회복지연구」. 38(0): 93-121.

박종민 편. (2002). 「정책과 제도의 문화적 분석」. 서울: 박영사.

성희자 · 권현수. (2013). 사회복지전담공무원의 직무긴장, 소진, 이직의도와의 관계: 민간부문 사회복지사와의 비교를 중심으로. 「사회과학연구」. 24(3): 361-383.

오수길 · 채종헌. (2003). 한국 중앙행정기구의 문화유형 비교분석: grid-group 문화이론의 적용. 「한국사회와 행정연구」. 14(3): 45-68.

이형렬 · 송경민. (2010). 여성 사회복지전담공무원의 소진에 영향을 미치는 요인. 「GRI연구논총」. 12(2): 171-200.

이환범 · 이수창. (2007). 사회복지 전담공무원의 행정재량행위가 국민기초생활보장수급자 선정에 미치는 영향요인 분석. 「한국공공관리학보」. 21(3): 1-23.

이윤경. (2014). 국민 가치관이 정부 공정성 인식에 미치는 영향에 관한 연구. 「정부학연구」. 20(1): 119-154.

임성옥. (2006). 사회복지사의 직무특성과 조직몰입에 관한 연구: 사회복지전담공무원과 종합사회복지관 사회복지사 집단비교를 중심으로. 「사회복지정책」. 25: 5-26.

전기우. (2012). 사회복지전담공무원의 역할 인지부조화 해소방안 연구: 원인과 그 처방. 「대한정치학회보」.

20(1): 289-322.

정동재·박재완. (2002). 공기업 조직문화의 실증분석: 집단성-격자성 문화이론을 중심으로. 「한국행정연구」. 11(4): 116-148.

주재현·한승주. (2015). 공무원의 책임성 딜레마 인지와 대응: 지방자치단체 공무원을 중심으로. 「정부학연구」. 21(3): 1-33.

주재현·한승주·임지혜. (2017). '삶의 양식'과 공무원의 책임성 갈등에 관한 연구: 사회복지전담공무원을 중심으로. 「한국정책학회보」. 26(2): 137-165.

최정숙. (2014). 사회복지전담공무원의 소진에 관한 질적 연구. 「사회복지연구」. 45(4): 201-240.

한상일. (2013). 한국 공공부문의 다양화와 새로운 책임성 개념의 모색. 「한국조직학회보」. 10(2): 123-151.

Bovens, M. (2007). Analysing and Assessing Accountability: A Conceptual Framework. *European Law Journal*. 13(4): 447-468.

Bovens, M. (2010). Two Concepts of Accountability: Accountability as a Virtue and as A Mechanism. *West European Politics*. 33(5): 946-967.

Brewer, G. A., Seldon, S. C. & Facer, R. L. (2000). Individual Conceptions of Public Service Motivation. *Public Administration Review*. 60(3): 254-264.

Cendón, A. B. (2000). Accountability and Public Administration: Concepts, Dimensions, Developments. In *Openness and Transparency in Governance: Challenges and Opportunities*.

Cooper, T. L. (2012). *The Responsible Administrator: an Approach to Ethics for the Administrative Role*. John Wiley and Sons.

Dake, K. (1992). Myths of Nature: Culture and the Social Construction of Risk. *Journal of Social Issues*. 4: 21-37.

Douglas, M. & Wildavsky, A. (1982). *Risk and Culture: An Essay on the Selection of Technological and Environmental Dangers*. Berkeley: University of California Press.

Farrell, D. (1983). Exit, Voice, Loyalty, and Neglect as Responses to Job Dissatisfaction: A Multidimensional Scaling Study. *Academy of Management Journal*. 26(4): 596-607.

Harmon, M. M. (1995). *Responsibility as Paradox: A Critique of Rational Discourse on Government*. CA: Sage Publications.

Hirschman, A. O. (1970). *Exit, Voice, and Loyalty: Responses to Decline in Firms, Organizations, and States*. Harvard University Press.

Kahan, D. M., Braman, D., Monahan, J., Callahan, L, & Peters, E. (2010). Cultural Cognition and Public Policy: The Case of Outpatient Commitment Laws. *Law and Human Behavior*. 34: 118-140.

Kearns, K. P. (1994). The Strategic Management of Accountability in Nonprofit Organization: An Analytical Framework. *Public Administration Review*. 54(2): 185-192.

Koppell, J. G. (2005). Pathologies of Accountability: ICANN and the Challenge of 'Multiple Accountabilities Disorder'. *Public Administration Review*. 65(1): 94-108.

Lockhart, C. (2001). *Protecting the Elderly: How Culture Shapes Social Policy*. University Park, PA.: Penn State University Press.

Roberts, N. C. (2002). Keeping Public Officials Accountable through Dialogue: Resolving the Accountability Paradox. *Public Administration Review*. 62(6): 658~669.

Romzek, B. S. (2000). Dynamics of Public Sector Accountability in An Era of Reform. *International Review of Administrative Sciences*. 66: 21-44.

Romzek, B. S. & Dubnick, M. J. (1987). Accountability in the Public Sector: Lessons from the Challenger Tragedy. *Public Administration Review*. 47(3): 227-238.

Romzek, B. S. & Dubnick, M. J. (1994). Issues of Accountability in Flexible Personnel Systems. In Ingram, P. W. & Romzek, B. S. (eds.), *New Paradigms for Government: Issues for the Changing Public Service*. Jossey-Bass.

Romzek, B. S. & Ingraham, P. W. (2000). Cross Pressures of Accountability: Initiative, Command, and Failure in the Ron Brown Plane Crash. *Public Administration Review*. 60(3): 240-253.

Rusbult, C. E., Zembrodt, I. M. & Gunn, L. K. (1982). Exit, Voice, Loyalty, and Neglect: Responses to Dissatisfaction in Romantic Involvements. *Journal of Personality and Social Psychology*. 43(6): 1230-1242.

Schwarz, M. & Thompson, M. (1990). *Divided We Stand*. Hempel Hempstead: Harvester Wheatsheaf.

Sinclair, A. (1995). The Chameleon of Accountability: Forms and Discourses. Accounting, *Organizations and Society*. 20(2): 219-237.

Wildavsky, A. & Dake, K. (1990) Theories of Risk Perception: Who Fears What and Why?. *Daedalus*. 4: 41-60.

집단-격자 문화이론과
정부·행정의 분석

제2부
정부와 정책의 분석

제6장
거버넌스 체제의 형태: 영국 행정개혁 사례분석*

1 서론

   거버넌스 체제(governance system)는 공공 및 민간부문의 다양한 행위자(agents)와 기관(agencies) 간의 관계 및 그들의 행동에 질서와 균형을 부여하는 제도적 틀을 말하며, 통치구조(governing structure) 또는 조정기제(coordinating mechanism) 등의 개념으로 불리기도 한다(Rhodes, 1996; Bevir, 2007; 유재원·이승모, 2008; 주재현, 2021 참조).[1] 일반적으로 원형적인(prototypical) 거버넌스 체제에는 계층제(hierarchies), 시장(markets), 네트워크(networks)의 세 가지가 있다(Thompson et al., 1991). '계층제'는 정부의 공식적 법규나 행정 명령 등을 통해서, '시장'은 경쟁 기제를 활용해서, 그리고

---

* 주재현(2012)과 주재현(2021: 105-132)을 수정한 원고임.

1) '통치구조'는 한 국가 내 자원의 권위적 배분 현상에 주로 관련되고 정부 조직관리 측면과의 관련성은 약한 개념으로 해석될 여지가 있으며, '조정기제'는 조직 내적 갈등관리나 공공서비스 중복의 조정 등으로 한정되어 이해될 여지가 있다. 따라서 여기서는 '거버넌스 체제' 개념을 사용한다.

'네트워크'는 신뢰와 파트너십에 토대를 두고 통치와 조정이 이루어지는 거버넌스 체제를 말한다. 계층제는 규제와 조화를 강조하는 계층주의 문화, 시장은 개인의 자조(自助)와 경쟁을 강조하는 개인주의 문화, 네트워크는 차등의 배제와 협력을 강조하는 평등주의 문화에 각각 조응하는 거버넌스 체제이다.[2] 앞의 여러 주제에서 언급된 바와 같이 현실 세계의 거버넌스 체제는 원형의 형태가 아니라 혼합형의 형태로 운영되는 것이 일반적이다.

본 연구는 19세기 말 이후 서구 국가를 중심으로 추진되어 온 행정개혁들이 거버넌스 체제의 변화를 모색하는 노력으로 파악한다. 즉, 19세기 말 미국을 중심으로 나타난 '진보주의' 행정개혁(Progressive Public Administration) 이후 1970년대 말에 이르기까지는 '계층제'에 의존하는 거버넌스 체제가 주류를 형성했으나(Hood, 1994), 신공공관리(New Public Management) 행정개혁은 '시장'을, 뉴거버넌스(New Governance) 행정개혁은 '네트워크'를 지배적인 거버넌스 체제로 채택하려는 노력이었다(〈표 6-1〉 참조).[3]

〈표 6-1〉 거버넌스 체제의 주요 특징

구분기준	계층제	시장	네트워크
문화적 토대	계층주의 문화	개인주의 문화	평등주의 문화
행정개혁 모형	행정중심론	신공공관리론	뉴거버넌스론
관리 가치	합법성(법령, 규칙)	결과	신뢰
작동 원리	명령과 통제(감시·감독)	경쟁	파트너십
공공서비스	공공기관 직접 생산	민영화, 민간위탁, 경쟁입찰 등	공동 공급(다양한 행위자 참여)
관리 방식	관료제 중심	고객 지향	공동목표 지향

자료: 주재현(2012: 244), 주재현(2021: 113)을 일부 수정함.

---

[2] 현실 세계에 대한 주체적인 통제의 어려움과 예측 불가능성을 주요 문화적 편향으로 하는 운명주의 문화에서는 독자적인 거버넌스 체제를 논리적으로 도출하기 어렵다. 다만, 운명주의 문화가 중심적인 문화 형태인 사회라고 하더라도 사회적 규제를 담당하고 있는 사회의 상층부는 계층주의자일 가능성이 크기 때문에 이러한 사회에서 성립될 수 있는 거버넌스 체제는 계층제 형태에 가까울 것으로 예상해 볼 수 있다.

[3] 원형적인 거버넌스 체제와 행정개혁 모형에 대한 이론적 논의는 제1장 3.(문화이론의 적용[48~54쪽])을 참조하기 바람.

이 장은 그와 같은 거버넌스 체제의 변화 모색에도 불구하고, '계층제' 기제가 신공공관리 행정개혁과 뉴거버넌스 행정개혁의 시대를 관통해서 건재했음은 물론 오히려 시장 또는 네트워크 중심적인 행정개혁의 주요 요소로 자리 잡고 있었음을 보이는 데 연구의 목적을 두었다. 즉, 실제 행정제도(개혁 수단)의 운영에서 계층제 양식이 불가피한 요소로 자리 잡고 있었음을 보이고자 했다.

세 거버넌스 체제 중 '계층제'의 실효성에 대해서는 계층제의 종말론·건재론·상황론 간의 논쟁이 존재한다(유재원·이승모, 2008: 195). '계층제'가 더 이상 유효한 거버넌스 체제가 되지 못한다는 주장(Pinchot & Pinchot, 1994; Richards & Smith, 2002)에 대해 '계층제'가 여전히 유효하며 공공업무를 관리하는 기능을 잘 수행하고 있다는 주장(Davis, 2002; Hill & Lynn, 2005)이 제기된 바 있다. 한편, 정책영역이나 조직유형 등의 상황변수에 따라 '계층제'가 유효할 수도 그렇지 않을 수도 있다는 주장이 제시되기도 했다(Jordan et al., 2005; Keast et al., 2006). 국내에서는 우리나라 중앙 및 지방 공무원을 대상으로 한 설문조사 결과를 토대로 세 거버넌스 체제 중 '계층제'가 여전히 중심적인 기제로 작동하고 있음을 보이는 연구 결과가 제시되었다(유재원·소순창, 2005; 김근세 외, 2005; 유재원·이승모, 2008). 한편, 장지호·홍정화(2010)는 국내 연구성과를 검토한 후, 계층제 요소를 포함하고 있는 '국가 중심 거버넌스' 현상의 실재에도 불구하고, 이에 관한 연구가 '시민사회 중심 거버넌스'에 대한 연구보다 상대적으로 취약함을 지적했다.

본 연구는 공무원이 업무를 수행하는 과정에서 어떤 거버넌스 체제가 주로 사용되고 있는지를 묻는 인식조사 방식이나 선행연구에 대한 평가(review) 방식이 아니라 대표적인 행정개혁 사례(제도)의 내용과 제도의 운영을 검토하는 방식을 통해서 '계층제' 기제가 각 제도에 내재하여 있었음을 보이고자 했다. 또한 이 연구는 우리나라의 제도가 아니라 대표적인 벤치마크 대상국인 영국의 신공공관리 및 뉴거버넌스 행정개혁 사례(제도)를 분석의 대상으로 한다는 점에서 기존의 국내 연구와 차별성을 지닌다. 영국 보수당 정부(1979-1997년)가 추진했던 행정개혁은 전술한 신공공관리로 명명되어 전 세계적으로 상당한 영향을 미쳤으며, 뒤를 이은 노동당 정부의 행정개혁 또한 주목할만한 관심을 끌었다. 우리나라의 행정개혁도 영국 보수당 및 노동당 정부의 영향에서 벗어나 있지 않아, 김대중·노무현 정부는 물론, 이명박 정부에서도 영국 행정개혁의 교훈을 찾으려는 노력이 계속되었다.[4] 이러한 의의를 지닌 영국 사례에 대한 분석은 우리에게 시사하는 바가 클 것으로 기대되었다.

먼저 2.에서 영국 신공공관리 행정개혁과 뉴거버넌스 행정개혁의 대표적인 사례(의무경쟁입찰제도, 연계형 정부)를 검토하고, 각 사례에서 '계층제' 기제가 어떻게 '시장' 또는 '네트워크' 기제와 공존하고 있었는지를 분석했다. 이어서 3.에서는 분석 결과로 나타난 거버넌스 기제 혼합 현상의 의미를 토론했고, 마지막 4.(결론)은 연구 결과를 요약했다.

❷ 영국 행정개혁 사례의 분석

1) 신공공관리 행정개혁: 의무경쟁입찰제도

대처(Margaret Thatcher)와 메이저(John major) 수상으로 이어졌던 보수당 정부는 공공서비스 공급자인 공공조직의 비효율성에 주목하고, 공공부문에 경쟁기제를 도입해서 이 문제를 극복해 나가고자 했다. 이러한 노력을 보여주는 대표적인 개혁방안 중의 하나로 의무경쟁입찰제도(compulsory competitive tendering: CCT)를 들 수 있다.[5] 이하에서는 의무경쟁입찰제도가 '시장' 기제에 토대를 두고 있었으나, 동시에 '계층제' 기제가 제도 운영의 주요 요소로 가미되어 있었음을 보이고자 한다.

(1) 보수당 정부의 CCT 추진 배경

영국의 우파 사상가와 정치인들은 영국의 지방정치와 행정이 정당 간의 과열 경쟁

---

[4] 특히 2010년 이후에는 '융합행정'(고객 관점에서 행정·공공기관과 민간이 긴밀히 협력하여 규제 정합성을 높이거나 시설·정보 등의 공유와 기능 연계를 통해 새로운 가치를 창출하는 창조적 업무방식: 행정안전부 외, 2011: 2)의 필요성이 부각되어 융합행정의 선례 중 하나인 영국 노동당 정부의 '연계형 정부'(Joined-up Government: JUG)에 대한 관심이 제고되었다(행정안전부 외, 2011).

[5] CCT는 이후 1991년의 백서(Competing for Quality)를 통해서 시장성 테스트(marketing test) 개념으로 재정립되었다.

과 관료주의로 인해 그 기능과 재정이 확대되어 심각한 비효율의 문제에 봉착해 있는 것으로 보았다. 특히 그들은 다수의 지방정부가 노동당에 의해 장악되면서, 과도한 복지정책의 추진으로 인한 심각한 재정적자에도 불구하고 관리상의 무능과 노동조합과의 결탁 때문에 그대로 방치할 경우 회복 불능상태에 빠질 것으로 보았다(Gray & Jenkins, 1991: 472). 이러한 배경 하에서 보수당 정부는 그동안 경쟁 없이 독점적 지위를 보장받았던 지방정부 조직들이 더 이상 그러한 '특권적' 지위를 누릴 수 없게 하려고 공공서비스 생산과 제공에 민간기업의 참여를 유도하는 CCT를 도입했다. 지방정부로 하여금 민간기업과 경쟁하게 함으로써 납세자인 주민에게는 양질의 서비스를 저렴한 가격으로 제공하고 민간기업에게는 새로운 기회를 제공하며 폐쇄적 행정환경을 기업환경과 접목시킴으로써 행정문화를 쇄신할 수 있다는 것이었다(양형일, 1997: 110).

공공부문에 경쟁기제를 도입하는 것은 다음의 몇 가지 점에서 보수당 정부에게 매력적이었다. 첫째, 정부조직에 대한 업무의존도를 낮추고 기업 등 외부조직이 저렴한 비용으로 업무를 수행하게 된다면 공공지출을 절감할 수 있을 것으로 기대되었다. 둘째, 정부 또는 민간조직 중 어느 쪽이 서비스 제공기관으로 결정되건 간에 CCT 과정은 사업의 내용과 비용을 명확히 하는 유용한 수단이 될 수 있었다. CCT 과정에서 직무기술서와 서비스 공급의 실질적인 비용을 명확히 할 필요가 있는데, 이러한 정보는 서비스 공급에 대한 책임의 이전이 비용 면에서 효과적인지를 확인하는데 긴요했다. 셋째, CCT는 공공부문에 계약주의(contractualism)의 도입을 가져왔는데, 여기서 정부는 만족스럽지 못한 서비스 공급자에 대해 계약을 철회할 수 있는 권리를 가지고 있었기 때문에 공공서비스의 공급에 대한 새로운 규제의 틀을 발전시킬 수 있었다(서필언, 2005: 445-446).

(2) CCT의 시장 요소

CCT는 경쟁 원리를 적용해서 공공서비스의 생산 및 공급자를 결정하는 제도였다. 즉, 공공서비스의 생산·공급에 있어 정부조직에 독점적 지위를 부여하는 것이 아니라 민간조직(주로 기업)에게도 기회를 제공하고, 정부조직과 민간조직 중에 가장 경쟁력 있는 입찰자에게 공공서비스의 생산 및 공급 기능을 부여하자는 것이었다. CCT는 공급가격의 비교를 강제 규정하고 있다는 의미이지, 해당 서비스의 공급을 반드시 민간 공급자가 담당해야 한다는 것은 아니었다. 상업적 기준에 따라 민간조직이 서비스 공급자로 선정될 수 있지만, 동일한 기준에 의해서 정부조직이 공급자로 선정될 수도 있었다. CCT 체제 하에서 지방정부가 입찰에 부쳐지는 기능을 계속 수행하고자 할 경우, 지방정부는 해당 기능의 수행(또는 서비스의 제공)을 담당할 '직접 서비스 조직'(direct service organization: DSO)을 구성한 다음 입찰에 참여할 수 있었다. 요컨대 CCT는 '민간'에 초점을 두는 것이 아니라, '경쟁'에 초점을 두고 있는 제도였다. 경쟁이 결여된 채 정부 독점이 민간 독점으로 형태만 바뀌게 된다면, 여전히 비용절감과 서비스 질의 향상은 기대할 수 없게 된다고 보았다. 종전의 공공서비스 제공에서 비효율성이 문제가 되었던 것은 정부조직이 비경쟁적 환경에서 독점적인 지위를 유지했다는 데 기인했던 바가 컸기 때문에, 정부가 독점해 온 서비스 영역 가운데 상당 부분을 경쟁 입찰에 부치자는 것이 CCT의 기본취지라고 하겠다(김종순, 2000: 192; Gray & Jenkins, 1991: 472).

보수당은 1980년 '지방정부의 계획 및 토지에 관한 법률'(Local Government Planning and Land Act)을 제정해서 공공서비스 제공에 대한 경쟁 입찰을 의무화했다. 당시의 CCT는 지방정부 주관의 시설건설과 관리(local authority construction and maintenance) 영역에 한정해서 적용되었는데, 일부 지방정부는 폐기물 수거와 같은 여타 서비스 영역에 CCT를 자발적으로 적용하기도 했다. CCT의 영역은 1988년 (및 1989년의 2차 입법)과 1992년의 '지방정부법'(Local Government Act)에 의해 확장되었다(〈표 6-2〉 참조). 1980년의 입법이 CCT를 도입했고, 1988년 입법이 '근로 분야' (blue collar services)에 중점을 둔 것이었다면 1992년의 입법은 '전문 분야'(white collar services)에 이르기까지 경쟁 입찰의 대상 기능이 확장되었다(Patterson & Pinch, 2000; 양형일, 1997: 111-112).[6]

---

6) 단, 1988년과 1992년의 입법은 해당 기능의 시행을 일률적으로 규정하지 않고, 내각에 권한을 위임하여 지방정부의 사정을 고려해서 단계적으로 시행할 수 있도록 했다.

〈표 6-2〉 CCT 관련 입법과 주요 입찰 대상 기능

연도	관련 법	입찰 대상 기능
1980	지방정부의 계획 및 토지에 관한 법률	시설건설과 관리
1988/ 1989	지방정부법(및 2차 입법)	건물청소, 거리청소, 쓰레기수거, 학교 및 사회복지 급식, 정원·공원관리, 차량관리, 스포츠·여가서비스관리
1992	지방정부법	경찰·소방·학교 차량관리, 극장·박물관 관리, 도서관 서비스, 주차서비스, 설계서비스, 토목계획 서비스, 공공주택관리, 자산관리, 건설관리, 행정관리서비스, 법률서비스, 재무관리서비스, 인력관리서비스, 전산정보서비스

자료: Patterson & Pinch(2000: 270); 양형일(1997: 111).

1997년에 수행된 조사에 의하면, CCT는 서비스의 질보다는 제공 가격에 초점을 두고 수행되었던 것으로 나타났다. 전체 계약의 91%가 1차 입찰에서 가장 낮은 가격을 제시한 기관에게 낙찰되었으며, 2차 입찰에서는 최저 가격 제시 기관에 낙찰된 비율이 85%에 이르렀다(Patterson & Pinch, 2000: 270). 한편, 경쟁 입찰에 부쳐졌던 공공서비스의 낙찰기관 구성을 살펴보면, 1997년도의 경우 정부조직이 '근로 분야' 전체 계약의 56.5%를 차지했다. 또한 계약의 규모에서도 정부조직이 체결한 계약의 규모가 상대적으로 컸던 것으로 나타났다. 그러나 전반적인 추세는 민간조직의 성공 비율이 점차 커지고 있었다(〈표 6-3〉 참조).

〈표 6-3〉 민간조직의 '근로 분야' CCT 계약체결 비중(1991년 및 1997년)

분야	계약(수)의 비율(%)		계약(규모)의 비율(%)	
	1991	1997	1991	1997
건물청소	40	56	14	31
쓰레기수거	27	38.5	21	37
거리청소	25	36	19	30
차량관리	23	30	14	24
급식(학교, 사회복지)	1.5	30	0.6	22
급식(기타)	25	41	21	29

정원·공원관리	31	47	18	32
스포츠·여가관리	-	26	-	16
전체 계약	30	43.5	16	29

자료: Patterson & Pinch(2000: 271).

(3) CCT의 계층제 요소

위에서 살펴본 바와 같이 CCT는 시장 기제를 토대로 하고 있었다. 그러나 동시에 CCT에는 계층제 요소가 내재하고 있었다. 계층제 기제는 특히 제도의 작동을 규율하는 각종 규칙과 중앙정부에 의한 계층제적 감독의 형태로 드러났다.

CCT 체제를 유지하기 위한 규칙과 중앙정부의 규제에서 나타나는 계층제 요소는 다음과 같다(김종순, 2000: 194-195; 양형일, 1997: 112-113). 첫째, CCT는 지방정부의 운영에 대한 중앙정부의 통제 의지를 반영하고 있었다. 따라서 특정 공공서비스를 의무적으로 경쟁 입찰에 부치고, 그 구체적인 시행 시기까지 명시한 것 자체가 계층제 기제가 적용되고 있었음을 보여준다.

둘째, 지방정부의 DSO가 낙찰을 받게 되면 DSO는 회계를 독립시켜 별도로 관리되어야 했으며, 경쟁 입찰에 참여하는 기업들과는 달리 적어도 계약액의 5% 이상을 이익으로 남겨야 했다. 또한 계약이행과 관련된 주요 사항을 중앙정부에 보고하고, 불공정 경쟁을 막기 위한 각종 법적·제도적 장치를 준수해야 했다.

셋째, 지방정부가 경쟁을 억제·왜곡·금지하지 못하게 하는 각종 법적·제도적 장치가 마련되어 있었다. 특히 1988년의 '지방정부법'은 경쟁 원리를 제한하거나 왜곡하는 행위나 조치를 지방정부가 취해서는 안 된다는 점을 명문화했으며, 문제 발생시 지방정부에 제재를 취할 수 있는 권한을 중앙정부에 부여했다. 입찰에 문제가 있거나 의문이 제기되는 경우, 중앙정부의 주무 장관[7]은 지방정부에 대해 서면으로 입찰절차에 관해 구체적으로 보고하게 하고 재입찰을 명할 수 있도록 했다. 또한 경쟁 입찰에 명

---

7) 잉글랜드의 경우 환경부 장관, 웨일즈·스코틀랜드·북아일랜드의 경우 각 지역담당 장관이 일반적으로 지방정부의 경쟁 입찰 업무를 담당했다.

백한 불공정행위가 있다고 판단될 경우에는 해당 지방정부 DSO의 입찰 참여 자체를 금하는 등의 적절한 조치를 취할 수 있는 권한을 해당 장관에게 부여했다.

2) 뉴거버넌스 행정개혁: 연계형 정부

블레어(Anthony Charles Lynton Blair: Tony Blair)의 노동당 정부는 1999년의 백서(*Modernizing Government*)에서 정책결정과 집행에서 나타나는 파편화(fragmentation) 현상에 주목하고, 이 문제를 연계형 정부(JUG)와 횡단적 정책(cross-cutting policy)으로 극복해 나가야 한다고 주장했다. 또한 거버넌스 형성과 네트워크 구축이 노동당 정부가 추진해야 할 과제라고 천명했다. 따라서 이러한 주장에 의한다면, 노동당 정부는 시장 경쟁(market competition)과 계층제적 감독(hierarchical oversight)을 강조했던 이전의 보수당 정부와는 달리 주로 '네트워크' 기제를 강조하는 행정개혁 방향을 채택했던 것으로 이해된다. 아래에서는 노동당 정부의 연계형 정부 개혁이 네트워크 방식을 크게 활용하고자 했음을 밝힌다. 그러나 동시에 노동당 정부의 연계형 정부 개혁에서도 보수당의 신공공관리 개혁과 마찬가지로 '계층제' 기제가 중시되었다는 점을 부각하고자 한다.

(1) 영국 노동당 정부의 JUG 추진

전통적인 영국 행정은 부처주의(departmentalism)의 전형이었다. 정부는 각 부처를 중심으로 기능(functions)별로 분리되어 있었고, 각 부처는 종종 특정 전문직과 밀접한 관련을 맺고 있었다(예: 보건부문- 의사, 교육부문- 교사, 내무부문- 경찰 등). 또한 의회는 부처별 재정이 본래의 특정 목적대로 정확하게 지출되었는지를 조사했다. 이러한 체제는 기능별 정부의 대책추진, 부패와 낭비의 방지, 명확한 책임의 소재 등에 있어 대체로 효율적이었다(Smith, 1999). 그러나 시간의 경과에 따라 부처주의의 약점들이 나타났다. 정책문제가 복합성을 지니게 되면서(즉, 다수의 쟁점이 부처별 영역의 경계에 걸쳐 있게 되면서) 정부의 문제해결 능력이 약화했고,[8] 심한 경우에는 부처들이 정책문제

---

[8] 예컨대, 특정 부처의 경계선을 넘나드는 욕구를 가진 이들(예: 노인, 아동·청소년 등)에 대한 정부 대응의 민감성이 높지 않은 현상이 나타났다.

에 대해 단편적으로 접근함으로 인해 문제해결의 부담을 서로 떠넘기게 되는 현상이 나타났으며,9) 각 부처는 시민에 봉사하기보다 자신의 권한이나 영역을 보호하는데 더 큰 노력을 기울이는 경향이 나타나기도 했다(Mulgan, 2005: 176-177).

이 문제를 해소하기 위해 영국 정부들은 중앙 및 지방정부 수준에서 다양한 노력— 대부처주의, 종합적 사회정책접근, 부처간 위원회, 시민헌장, 원스톱 숍 등 —을 기울였는데, 지방정부 수준에서 시행된 노력에 비해 중앙정부 수준에서 시행되었던 정책의 성과는 매우 제한되었다. 대부처(super-ministries)는 중앙정부 부처들의 정보 과부하 문제를 악화시켰으며, 대부처를 감당해야 하는 장관의 역량 문제를 드러냈다. 종합적 사회정책접근(Joint Approach to Social Policy)은 정치적 의지의 결여, 명확한 목표의 결여, 통합수준 개선 기제에 관한 관심 부족 등으로 인해 실패했다. 또한 부처 간 위원회(interdepartmental committees)와 특별과업팀(task forces)은 수상의 정치적 관심을 충분히 받지 못했으며, 그 결과 큰 효과를 거두지 못했다(Mulgan, 2005: 177-178).

이러한 조건 하에 집권한 블레어 정부는 JUG를 강력하게 추진하게 되었는데, 노동당 정부의 JUG 추진에 배경이 되었던 구체적 요인들은 다음과 같다. 첫째, 노동당 정부가 주목했던 다수의 문제— 사회적 배제, 가족, 범죄, 기업의 경쟁력, 환경 등 —는 부처주의적인 구조와 수단으로 쉽게 해소될 수 없었다. 둘째, 사회과학의 연구성과를 통해, 위의 문제를 포함한 사회문제들은 상호 연결되어 있어10) 하나의 문제를 해결하기 위해서는 여러 수단이 동원되어야 한다는 것이 널리 알려졌다. 셋째, 이전 보수당 정부의 NPM 개혁은 명백한 한계를 지녔음이 드러났다. NPM 개혁은 다수의 책임운영기관과 비정부부처공공기관(NDPBs)에 의해 운영되는 행정 구조를 야기했는데(파편화 현상), 이 단일목적 기관들은 위와 같은 복합적인 문제에 대처하는 데 특히 취약했다. 나아가 이 기관들은 복합적인 성격의 문제를 방치했고, 정보공유 노력을 충분히 기울이지 않았으며, 인터넷의 잠재력을 활용하는 데 한계를 보였다. 넷째, 기술 및 조

---

9) 예컨대, 학교(교육담당 부처)가 '문제 학생'에 대한 지도를 포기함으로 인해 청소년 비행이 늘어나고 이것이 경찰(치안담당 부처)의 부담 증가로 귀결되었으며, 교도소(내무담당 부처)가 재소자 교화나 직업훈련을 적절하게 수행하지 않음으로 인해 출소자들이 사회보장제도(복지담당 부처)에 부담을 주는 현상이 나타났다.

10) 예컨대, 사회적 배제는 생애 초기의 여러 위험과 요인에 크게 영향을 받으며, 범죄는 경제·가족 등 여러 요인에 의해 규정된다.

직 관련 기법이 신속하게 발전했으며, 특히 수평적인 의사소통과 조정의 비용이 빠르게 감소했다. 이러한 변화로 인해, 전통적인 조직구조보다 네트워크 조직이 더 중요한 활동의 단위가 될 수 있는 여건이 조성되었다. 다섯째, 소비자주의의 확대를 배경으로 시민은 더 나은 서비스를 원했으며, 이는 전통적인 부처 구조에 의해서는 달성되기 어려운 것이었다. 따라서 시민고객 집단[11]의 욕구 충족이라는 기준을 적용할 경우 정부의 조직구조가 어떻게 달라질 것인지를 검토하는 것이 당연한 것으로 받아들여졌다 (Mulgan, 2005: 178-180; 박천오 외, 2012: 91-92).

(2) JUG의 네트워크 요소[12]

영국 노동당 정부 JUG는 공통의 이용자를 대상으로 서비스를 제공하는 기관들 간에 네트워크를 형성하고, 이를 기반으로 서비스 제공 창구의 단일화를 통해 서비스 이용자의 편의를 높이고자 했다. 중소기업지원체제의 경우, Business Link Operators(BLOs)[13]는 중소기업지원청(Small Business Service: SBS)과의 계약에 의해 자신이 담당하게 된 지역에서 중소기업과 관련된 주요 서비스를 직접 제공하거나 다른 지원기관에 관한 정보를 제공하는 등 One Stop Service 창구로서의 역할을 수

---

[11] 예컨대, 노인, 아동·청소년, 편부·편모(single parent), 중소기업(small businesses) 등을 들 수 있다.

[12] 여기서는 노동당 정부에서 추진되었던 두 정책사례— 아동·청소년복지, 중소기업지원 —를 주된 소재로 했다. 두 정책사례는 사회정책과 산업정책 영역에서 JUG가 어떻게 추진되었는지를 보여주는 대표적인 사례로 볼 수 있다.

[13] Business Link 제도는 1990년대 중반에 처음으로 도입되었으며, 그 취지는 중소기업에 대한 지원과 조언을 위한 원스톱 숍을 설치하는 것이었다. 처음에는 전국적으로 80개의 BLO가 있었으나 SBS가 들어선 후 45개로 정비되었다. BLO는 민간부문에 속해 있는 기관들로서 각 BLO는 공개적인 경쟁과정을 통과한 후 SBS와 3년 단위 계약을 체결하여 위의 사업을 수행했다. BLO가 수행했던 SBS의 주요 사업은 다음과 같다: 기업의 창업과 운영을 돕기 위한 각종 정보와 조언의 제공; SBS 관리 하의 재정지원 프로그램 운영; 중소기업의 문제점에 대한 진단과 처방; 회계기법 등 전문적 기술 관련 지도; 정보기술과 전자상거래에 대한 정보제공; 필요한 경우 여타 민간의 중소기업지원서비스에 대한 소개 등. BLO의 사업에는 SBS와의 계약 내용에 들어 있지 않은 것도 포함되었다. 예를 들어, BLO는 중소기업의 인력개발과 포괄적인 국제상거래 관련 역량 증진을 위한 프로그램이나 기타 활동 지역 내 조직과의 협력 하에 고유의 프로그램을 운영하기도 했다. 이상의 SBS와 관련된 서비스 및 SBS와 관련되지 않은 서비스를 제공함에 있어 BLO는 해당 분야 전문가를 고용하여 운영했으며, 전문적인 서비스를 제공하는 일부 경우에 있어 중소기업들로부터 서비스 이용료를 받았다. 그러나 BLO 운영에 들어가는 비용의 상당 부분은 SBS로부터 제공되었다(DTI, 2001; CBE, 2000; Business Link, 2003).

행했다(SBS, 2001; DTI, 2001). 아동·청소년복지정책의 경우, 관련 분야의 전문가들이 물리적으로 한 공간에 모여 있는 기관(예: 아동센터)을 활성화하거나,[14] 이러한 물리적 통합이 불가능한 경우에는 '가상 센터'(virtual team)를 운영했다. 학교와 아동센터(Children's Centres) 내 또는 그 주변에 여러 분야의 전문가로 구성된 팀을 구성해서 운영하도록 독려했고, 이 팀을 통해 일선 교사나 아동보호자가 제기하는 사안들에 신속하게 반응할 수 있도록 했다(DfES, 2004).[15] 이외에도 서비스 사용자의 특성·경험을 기준으로 한 서비스 통합을 추진했다(예: 임산부, 은퇴자 등 같은 경험이나 상황을 공유한 이들을 대상으로 한 관련 서비스의 통합적 제공).

또한 영국 노동당 정부의 JUG는 관련 기관 간의 조정에서 실무자 수준의 네트워크 형성과 협력을 조직화했다. 중앙정부 수준에서, 여러 중소기업 관련 부처의 고위 실무담당 공무원들로 구성된 'Whitehall Group'이라는 정책 조정기구를 운영했으며, 이 'Whitehall Group'이 정부 내 발언권이 큰 부처들의 고위 간부로 구성되었다는 점이 정책조정의 실효성을 담보했다(DTI, 2001: 171). 아동·청소년 복지정책의 경우, 내각사무처에 'Children and Young People's Unit'을 설치해서 관련 부처 간의 조정을 주관하도록 했다.

지역 수준에서 중소기업 관련 서비스 전달에 관여하는 여러 기관— 지역개발기구(Regional Development Agencies: RDA),[16] 자치단체, BLOs, SBS 지부, 중소기업조직 등 —간에 파트너십을 조장할 수 있는 조정기구를 제도화했다. 서비스 수혜자인 중소기업의 의견을 반영하여 지역의 특성에 맞는 서비스를 제공하기 위해서는 해당 지역

---

14) 영국 정부는 영국 내 모든 단위 지역사회마다 최소 한 개씩 아동센터를 설치했으며, 2008년까지 2,500개, 2010년까지 3,500개의 설치를 목표로 했다.

15) 초기 단계에서의 통합적 서비스 전달 노력의 성과의 예로 아동보호 프로그램 재등록률 저하를 들 수 있다(1998의 20%에서 2004의 13%로 저하). 이는 도움을 필요로 하는 아동을 대상으로 한 초기 단계에서의 사회서비스의 질적 수준 향상으로 인해 유사 프로그램에 재등록할 필요성이 줄어들었음을 간접적으로 보여주는 지표라고 하겠다.

16) 당시 노동당 정부하의 영국에는 9개의 지역개발기구(RDAs)가 설치되어 있었다. RDA의 설립목적은 해당 지역의 경제발전과 쇄신을 추진하고, 기업 활동의 효율성과 경쟁력 및 투자 확대를 촉진하는 데 있었다. RDA는 1999년에서 2000년에 걸쳐 통상산업성, 환경교통성, 교육기술성 등 세 중앙부처로부터 재정지원을 받아 출범했다. RDA는 광역자치단체와의 파트너십 하에 지역경제 활성화 전략을 수립·추진했으며, 기초자치단체를 광역적 차원의 전략을 추진하기 위한 서비스 전달자 또는 대리인으로 활용했다.

내에서 서비스 제공자와 수혜기관들이 한 자리에 모여서 서로의 의견을 듣고 이를 조정하려는 노력이 긴요했다. RDA가 중심이 되어 운영된 이러한 조정기구는 지역 내 서비스의 중복과 혼란을 제거해나가는 데 있어 중추적인 역할을 수행했다(DTI, 2001; SBS, 2003). 아동·청소년 복지정책에서는 아동·청소년 보호를 위해 기존의 지역아동·청소년보호위원회(Area Child Protection Committee)를 대체하는, 강화된 기능의 지방아동·청소년보호위원회(Local Safeguarding Children Boards)를 설치함으로써 지역 내 정책조정의 실효성을 제고했다. 그 외의 영역에도 지방 수준에서 다수의 파트너를 단일의 협력추진기구에 포섭하는 노력이 추진되었다(예: Youth Offending Teams) (DfES, 2003; 2004).

이 외에도 영국 노동당 정부는 JUG를 추진하는 과정에서 다음과 같은 네트워크 기제들을 활성화했다(Mulgan, 2005: 182-184). 첫째, 연계형 예산(joined-up budgets)의 확보 및 운영('Sure Start', 마약류 관리, 범죄 관리 등의 분야)을 통해 네트워크의 재정적 기반을 확보했다. 둘째, 데이터베이스나 인덱스 설치를 위한 제도/IT기술 지원을 토대로 해서 정보공유 노력을 기울였다(예: 아동·청소년의 건강·교육·사회보호·범법행위 등에 관한 포괄적 정보의 관련 전문가 공유). 셋째, 인접 분야에 대한 일선 공무원의 이해를 제고하고, 통합서비스 제공 역할을 조장했다(예: 범죄의 사회적 맥락에 대한 경찰공무원의 이해 제고, 'Job Centre Plus' 일선 공무원의 융합행정 역할). 넷째, '정책활동팀'(policy action teams)의 설치를 통해 정책결정과정 상의 연계형 접근을 시도했다.[17]

(3) JUG의 계층제 요소

그러나 영국 노동당 정부의 JUG는 '계층제' 기제의 영향 하에 추진되었다. 무엇보다도, 영국 노동당 정부의 JUG는 행정부 수반의 강력한 정책 의지가 개혁의 추진에 매우 긴요한 조건을 구성했음을 보여주었다. 블레어 수상은 빅토리아 클림비(Victoria Climbie)라는 소녀의 사망사건[18]을 계기로 영국 아동·청소년 복지정책의 방향 전환

---

17) 'Social Exclusion Unit'은 18개의 정책활동팀을 구축해서 취약·결핍지역의 복합적인 문제에 대응하고자 했다. 각 정책활동팀은 관련 부처의 실무급 공무원, 외부 민간전문가, 해당지역 주민/근로자 대표 등으로 구성되었으며, 팀 관련 업무를 주관하는 장·차관의 후원을 받는 구조를 취했다(SEU & CMPS, 2002).
18) 2000년에 빅토리아 클림비라는 소녀가 자신의 이모와 이모의 동거남에 의해 심한 학대를 받아 사망에 이

을 모색했고, 이를 통해 녹서(Every Child Matters)의 발간과 아동법의 개정을 주도했다. 이 과정에서 연계형 아동·청소년정책이 모색될 수 있었다. 또한 블레어 수상은 앞장서서 영국의 경제·사회발전에 있어 중소기업이 중요한 역할을 담당한다는 점을 강조하고 관련 부처들을 독려함으로써 통상산업성(DTI)과 중소기업지원청(SBS)뿐 아니라 여타 중앙정부 부처의 중소기업정책에 대한 관심을 크게 증진시켰다. 나아가 블레어 수상은 1999년에 발간된 백서(Modernizing Government)에서 정책과정의 분절화(fragmentation)를 극복하기 위해 연계형 정부(JUG)가 필요하다는 점을 천명했다. 수상의 주도에 힘입어 노동당 정부의 JUG는 적극적으로 추진될 수 있었고, 아동·청소년 복지정책과 중소기업정책을 포함한 다수의 영역에서 성과를 낼 수 있었다(박천오 외, 2012: 92).

또한 노동당 정부는 수상의 정책추진에서 핵심적 도구 역할을 수행할 수 있는 중앙행정기관을 활용해서 JUG를 추진했다. 노동당 정부의 JUG 추진에서 센터 역할을 수행한 기관은 내각사무처(Cabinet Office)와 재무성(Treasury)이었으며, 기타 중앙부처들은 자신의 전문 영역에서 지도적인 역할을 담당했다(Ling, 2002: 622-624). 내각사무처의 'Performance and Innovation Unit'은 협업의 활성화에 필요한 기술, 예산 형태, 리더십 스타일 등에 관한 자료를 제공했으며, 'Service First Unit'은 공공정책과 행정서비스에 대한 시민의 견해를 알기 위해 'People's Panel'(영국 국민의 제 구성 영역에서 차출된 인구집단)을 설치·운영했다. 또한 내각사무처는 융합행정을 추진하기 위해서 'Social Exclusion Unit'과 'Prime Minister's Delivery Unit'을 비롯한 다수의 부서(Units)를 설치했다. 재무성은 'Public Services Agreements'(횡단적인 성격의 목표를 포함한 각 부처의 전반적인 목표를 확인), 'Public Service Productivity Panel'(공공부문의 생산성 증진방안에 대해 조언), 협업이 나타날 수 있는 회계 및 예산의 틀 제시 등의 방법으로 연계형 정부를 추진했다(박천오 외, 2012: 93). 기타 중앙 부처들은 각 영역에서 연계형 정부를 추진하기 위한 사업을 주도했다. 특히 교육·기술성(Department for Education and Skills)은 유아와 보육 분야에서, 통상산업성(Department of Trade and

---

른 사건은 언론의 집중 조명 하에 아동·청소년의 복지 일반에 대한 문제 제기로 발전했으며, 노동당 정부는 이 문제를 정책의제로 받아들여 아동·청소년정책을 근본적으로 재구성하려는 노력을 기울였다.

Industry)은 중소기업지원 분야에서 주목할 만한 사업들을 기획·시행했다.

이와 관련하여, 노동당 정부 JUG는 추진 전담기관을 지정함으로써 책임소재를 명확하게 하는 접근을 취했다. 중소기업정책의 경우, 다수의 중앙부처에 산재되어 있는 규제 및 지원방안을 총괄하는 책임을 SBS에 부여했으며, 실제 정책이 집행되는 지방 수준에서는 RDA에 조정 및 관리책임을 부여했다. 아동·청소년 복지정책의 경우, 중앙정부의 교육기술성을 주무 부처로 하고 여기에 아동·청소년·가족 관련 정책을 통합·조정하는 전담차관(Minister for Children, Young People and Families)을 두었다. 또한 아동·청소년들로부터 의견을 수렴하고 아동·청소년의 이익을 대변하는 독립적 기관으로 아동·청소년책임관(Children's Commissioner) 직을 설치했다. 지방정부 수준에서는 각 지방 단위에서 교육과 아동·청소년의 사회서비스를 책임지는 아동·청소년서비스국장(Director of Children's Services) 직을 신설하고 아동·청소년담당지방의원(a lead council member for children)을 지정했다(박천오 외, 2012: 93). 그 외의 분야에서도 노동당 정부는 내각사무처 내에 해당 영역별 전담기구(예: Social Exclusion Unit, Rough Sleepers Unit, Performance and Innovation Unit, Children and Young People's Unit 등)를 설치하거나 전담차관(ministers with cross-cutting portfolios; 예: 보건성 소속의 'Sure Start' 전담차관)을 임명하는 접근을 취함으로써 사업추진과 그에 따른 책임소재를 명확히 했다. 내각사무처와 재무성(the Treasury)은 JUG를 추진하고 그 성과를 모니터하는 책임을 부여받았다.[19]

❸ 거버넌스 체제 혼합 현상에 대한 토론

이상의 분석 결과는 다음과 같은 시사점을 제시한다. 첫째, '시장'과 '네트워크'는 순수한 원형적 형태로 현실 세계에 존재하기 힘들 수 있다. 둘째, '계층제'는 '시장' 또는 '네트워크' 기제와도 공존하면서 실제 행정제도(개혁 수단)의 운영에서 불가피한 요

---

19) 내각사무처와 재무성은 새롭고 창의적인 연계형 정부 접근에 재정을 지원하고, 연계형 업무에 대한 훈련을 추진하며, 우수사례를 전파하는 노력을 통해 부여받은 책임을 감당하고자 했다(NAO, 2001: 2).

소로 작용한다. 여기서는 이러한 현상이 나타나게 된 이유에 대해서 탐색적인 차원에서 토론하도록 한다(Thompson et al., 1990; Schwarz & Thompson, 1990; Douglas & Wildavsky, 1982 등 참조).

'시장'은 개인 및 조직 간의 경쟁을 기본 원리로 한다. 시장에서 각 개인 및 조직은 자신의 성공을 위해 타인과 경쟁하고 있으며, 자신이 성취하지 못하면 다른 사람에게 그 성공을 빼앗기게 된다. 여기서는 실패를 제도의 탓으로 돌리기보다는 개인적인 역량의 탓으로 여기며, 제도의 간섭을 최소화하고 개인의 선택을 최대화하고자 한다. 시장 경쟁을 통해서 하나의 균형 상태에 도달할 수 있지만, 이 균형은 오래 지속되지 않는다. 경쟁에서 승리한 이들도 곧 새로운 경쟁자들의 도전에 직면하게 되고, 만약 이 경쟁에서 승리하지 못하면 패배자의 위치로 내려앉게 된다. 따라서 완전히 순수한 형태의 시장 경쟁체제는 지속적인 변화와 역동성으로 특징지어진다.

그러나 시장 경쟁체제가 유지되기 위해서는 시장 질서를 유지·보호하고, 필요시 심판관의 임무를 수행할 존재 또는 기제가 요구된다. 즉, 약탈과 무질서를 방지하고, 공정한 경쟁을 보장할 강제력과 권위를 지닌 관리자가 필요하다는 것이다. 나아가 '시장 경쟁'이 하나의 체제로서 자리 잡기 위해서는 어느 정도의 안정이 요구된다. 한 체제가 효과적으로 관리되기 위해서는 변화의 방향과 결과가 어느 정도 예측될 수 있어야 하는데, 순수한 시장 경쟁체제는 그러한 예측 가능성의 범위를 축소함으로써 체제의 효과적인 운영을 어렵게 한다. 또한 과도한 경쟁과 변화는 사회구성원의 삶에 피로도를 높인다. 소수의 예외적인 경우를 제외하면, 대부분의 개인과 조직은 일정 기간의 도전과 변화를 거치고 나면, 안정적인 상태에 들기를 기대한다. 특히 경쟁에서 승리한 이들은 자신의 성공이 더 오래 지속되기를 바란다. 즉, 더 이상의 도전을 허용하지 않거나 관리 가능한 수준으로 새로운 도전을 제약함으로써 자신의 위치를 유지하고자 한다.

'계층제'는 시장 경쟁체제의 정립·유지 및 구성원 삶의 안정화에 대한 요구를 충족시키는데 필요한 수단을 제공해준다. 관료제적으로 운영되는 정부 행정기제가 동원됨으로써 시장질서가 안정적으로 운영될 수 있게 되고, 경쟁의 과열을 방지하여 시장의 예측가능성을 높일 수 있게 된다. 그리고 이러한 정부의 개입은 경우에 따라 기득권자에 대한 과도한 도전을 억제하는 효과를 낳을 수 있다. 요컨대 '시장' 체제는 성립 그 자체를 위해서 또는 시장 경쟁 관여자들(특히 기득권자)의 요구를 충족시키기 위해서 '계층제'를 필요로 한다.

신공공관리론은 경쟁기제를 토대로 하고 있지만, 일면 계층제적인 감시·감독(oversight) 기제를 탑재하고 있었다. NPM은 민영화·경쟁입찰 등을 통해 공공서비스의 생산을 모색하지만, 민영화와 경쟁입찰은 새로 성립된 시장에 대한 정부의 규제 및 민간업체나 낙찰기관에 대한 정부의 감시·감독을 수반했다. 또한 가격기제에 의한 시장 선택이 어려운 상황 하에서 전개된 정부 내·외의 경쟁은 정부가 주관하는 평가 활동을 활성화시켰으며, 이는 새로운 형태의 규칙 설정과 부과 및 감독과 다르지 않았다. NPM에서 고위공무원이 조직관리에 집중하도록 하고 조직관리 상의 책임을 묻는 것에서도 고위공무원에 대한 계층제적 감독 요소를 발견할 수 있다. 요컨대, 신공공관리론은 경쟁 원리를 강조하는 레토릭에도 불구하고, 상당 부분 계층제 요소를 지녔다고 볼 수 있으며, 이는 사실상 불가피한 현상이었다고 하겠다.

'네트워크'는 개인 및 조직 간의 파트너십을 기본 원리로 한다. 여기서 각 개인과 조직은 공동체의 일원으로 이해되며, 그들은 전체 공동체의 이익을 실현하기 위해 협력해야 하는 존재로 파악된다. 공동체 구성원들의 공동체에 대한 저항은 금기시되며, 구성원 간 관계는 경쟁이 아니라 협동과 연대로 특징지어지고, 합의에 의한 의사결정이 존중된다. 그러나 이러한 평등주의적 네트워크 관계에서는 집단 내적 역할 분화가 정교하지 않으므로 구성원 간의 관계가 불명료하고, 집단 내의 권위행사를 뒷받침하는 지위의 구분이 구체화되어 있지 않기 때문에 내부적인 갈등을 해소하기 어려운 특징을 지닌다.

따라서 '네트워크' 체제가 성립되기 위해서는 구성원 간의 의견 충돌 시 이를 통제할 권위를 지닌 존재가 필요해진다. 각자 자신이 옳다고 믿는 동료들 간의 갈등은 수평적인 인간관계만으로 해소되기 어렵기 때문이다. 성공적인 통제의 부재는 자칫 일부 구성원의 공동체 탈퇴와 그에 따른 공동체의 약화 내지 붕괴로 귀결될 수 있으므로, 권위를 부여받은 존재에 의한 리더십의 발휘가 '네트워크' 체제의 유지에 긴요한 조건이 된다. 다시 한 번, '계층제'적 기제는 '네트워크'의 성립·유지 및 구성원 삶의 안정화에 대한 요구를 충족시키는데 필요한 수단을 제공해 준다. 즉, 계층제적 행정기제의 동원을 통해 정부 또는 사회구성원 간의 파트너십이 안정적으로 운영될 수 있게 되고, 역할 불분명과 과다한 의견충돌을 어느 정도 해소하여 '네트워크'의 지속가능성을 높이게 된다. 뉴거버넌스론에서 정부의 역할은 사회·정치적 상호작용을 가능하게 하고, 문제해결을 위한 다양한 노력을 조장하는 것이다. 이는 정부(특히 중앙정부 부처)가 다른 행위 주체들과 동등한 수준에 머무는 것이 아니라 리더십을 발휘하는 위치에서 네트워크의 성립과 운영을 위해 나름의 통제기제를 작동시키고 있음을 의미한다. 요컨대 '네트워크' 체제는 그 성립과 운영을 위해서 '계층제'를 필요로 한다.

영국의 행정개혁 사례에서 발견된 거버넌스 체제의 혼합 현상은 우리나라의 행정개혁에도 나타난다. 신공공관리 행정개혁 정향을 반영한 성과급 제도나 개방형직위제도는 공무원 간 또는 공무원과 민간전문가 간의 '경쟁'을 기본으로 하지만 동시에 성과평가라는 감독 기제를 통해서 '계층제' 개념을 담고 있다. 또한 뉴거버넌스 행정개혁의 파트너십 요소를 지닌 민간위탁제도는 '네트워크' 체제의 의미를 부각시키지만 여기서도 정부의 감시·감독이라는 '계층제' 기제가 제도의 주요 부분을 구성한다. 한편, 평등주의적 '네트워크'에 크게 치우치고 '계층제' 면에서 상대적으로 취약했던 다면평가 제도가 많은 운영상의 문제점을 드러내며 명목적인 제도로 후퇴한 것은, '계층제' 요소를 포함하는 거버넌스 체제의 혼합이 제도의 성공에 긴요하다는 점을 방증한다(주재현, 2009 참조). 특히 계층주의 문화를 주된 행정문화로 하는 우리나라가 '경쟁'이나 '네트워크' 기제에 토대를 둔 행정개혁 방안들을 추진함에 있어서는, '계층제' 기제를 여타 거버넌스 체제와 혼합하는 접근법의 유용성에 대해 심도 있게 검토해야 할 것이다(주재현, 2011; 백완기, 2008; 조성한, 2005).

4 결론

거버넌스 체제(governance system)의 원형은 '계층제', '시장', '네트워크'의 셋으로 분류된다. '계층제'는 행정기제, '시장'은 경쟁기제, '네트워크'는 협력기제를 주축으로 해서 국가와 사회에 관한 주요 결정을 내리고 이를 실행에 옮기며, 관련 조직을 운영한다. 1980년대 이후의 행정개혁은 종래의 주류 거버넌스 체제인 '계층제'를 '시장' 또는 '네트워크' 방식으로 변화시키고자 하는 노력으로 이해된다.

이 연구는 영국 보수당(1979-1997년) 및 노동당(1997-2010) 정부의 신공공관리 행정개혁과 뉴거버넌스 행정개혁 정향을 대표하는 의무경쟁입찰제도와 연계형 정부 사례를 분석하여, '시장' 기제 또는 '네트워크' 기제 중심으로의 변화 모색에도 불구하고 '계층제' 기제가 실제 행정제도의 운영에서 여전히 중요한 요소로 작용하고 있음을 보였다.

'계층제'의 대안으로 '시장'을 내세웠던 보수당 정부는 신공공관리론을 발전시켜 경쟁 원리를 중심적인 정부조직 운영기제로 채택했다. 한편, 신공공관리론의 부작용을 교정하고자 파트너십을 제시한 노동당 정부는 뉴거버넌스론을 토대로 '네트워크'를 중심적인 거버넌스 체제로 제시했다. 그러나 신공공관리 행정개혁 사례인 의무경쟁입찰제도에는 중앙정부의 규칙 설정 및 감시·감독과 평가활동을 통해서 '계층제'가 핵심적인 구성요소로 작용하고 있었다. 또한 뉴거버넌스 행정개혁 사례인 연계형 정부에도 행정수반의 영향력이나 중앙 및 지방정부 기관들의 감독 기능 등을 통해서 '계층제'가 결정적인 역할을 수행했다.

이 연구는 우리나라 행정개혁의 벤치마크 대상인 영국 정책사례에 대한 분석을 통해서, '시장' 및 '네트워크' 거버넌스 체제가 독립적이고 순수한 형태로 성립·유지되는 것은 사실상 어려우며 이들 대안적인 거버넌스 체제는 '계층제'와의 혼합을 통해서만 실질적으로 작동할 수 있음을 밝혔다. 이는 성공적인 행정개혁이 '계층제'와 대안적인 거버넌스 체제들을 어떻게 효과적으로 조합할 것인지에 달려있음을 시사해준다.

또한 이 연구는 문화 형태 중 계층주의 문화가 지닌 강점을 보여준다. 개인주의 문화 또는 평등주의 문화가 순수한 형태로 적용된 제도는 과다한 경쟁·갈등·무질서 등을 초래함으로써 현실에서 적절하게 작동하기 어려운 데 비해 계층주의 문화 요소가 가미된 제도는 안정적으로 운용될 가능성이 크다는 점이 계층주의 문화의 강점으로 볼 수 있다. 그러나 계층주의 문화 비중이 적정 수준을 넘어서게 되면 제도나 조직의 경직성이 증가하는 등 계층주의 문화의 약점이 나타나게 된다. 따라서 문화 요소들의 비중을 적절하게 조절해서 제도를 형성하는 과제 즉, 거버넌스 체제의 혼합을 모색하는 과제는 정치·행정 리더들이 신중하게 대응해야 할 중요한 의무라고 하겠다.

참고문헌

김근세 · 이경호 · 김철. (2005). 한국 고용지원서비스의 거버넌스에 관한 연구: 서울지역 고용안정센터 직원의 직무지향을 중심으로. 「한국행정학보」. 39(2): 181-206.

김종순. (2000). 영국 지방정부 서비스공급방식의 개혁노력: 의무경쟁입찰제도에서 Best Value정책으로. 「한국정책학회보」. 9(2): 189-210.

박천오 · 주재현 · 진종순. (2012). 우리나라 융합행정의 발전 가능성과 방향에 관한 탐색적 연구. 「한국정책과학학회보」. 16(2): 85-112.

백완기. (2008). 한국의 행정문화와 외래이론에 의존한 정부혁신의 적합성. 「정부학연구」 14(1): 5-35.

서필언. (2005). 「영국 행정개혁론」. 대영문화사.

양형일. (1997). 영국 지방정부 의무경쟁입찰제(CCT)의 성과와 함의. 「한국지방자치학회보」. 9(4): 107-124.

유재원 · 소순창. (2005). 정부인가 거버넌스인가? 계층제인가 네트워크인가? 「한국행정학보」. 39(1): 41-63.

유재원 · 이승모. (2008). 계층제, 시장, 네트워크: 서울시 구청조직의 거버넌스 실태에 대한 실증적 분석. 「한국행정학보」. 42(3): 191-213.

장지호 · 홍정화. (2010). 국내 거버넌스 연구의 동향: 국가, 시장, 시민사회의 구분을 중심으로. 「한국사회와 행정연구」. 21(3): 103-133.

조성한. (2005). 수사적 행정개혁과 문화적 갈등. 「한국사회와 행정연구」. 15(4): 23-47.

주재현. (2009). 행정개혁과 관료제 통제기제에 관한 연구: 노무현 정부의 인사행정개혁을 중심으로. 「행정논총」. 47(4): 49-78.

주재현. (2011). 한국 행정문화의 지속과 변화에 관한 연구: Grid-Group 문화이론의 적용. 「정부학연구」. 11(1): 1-33.

주재현. (2012). 조정기제의 혼합과 계층제 기제의 의의에 관한 연구: 영국 행정개혁 사례를 중심으로. 「한국사회와 행정연구」. 23(3): 237-261.

주재현. (2021). 「영국 거버넌스 체제 변동 연구」. 서울: 윤성사.

행정안전부 외. (2011). 공공서비스 경쟁력 강화를 위한 '융합행정' 촉진전략: 부처간 벽을 넘어 '창의적 협업정부'로. 행정안전부 내부자료.

Bevir, M. (2007). What is Governance? In Bevir, M. (ed.), *Public Governance, Vol. 1: Theories of Governance*. London: Sage.

Business Link. (2003). *Business Link: Give Your Business the Edge*. London: Business Link.

CBE(U.K. Chamber Business Enterprises). (2000). *Small Business Service Franchise Proposal*.

Davis, J. (2002). The Governance of Urban Regeneration: A Critique of the 'Governing without Government' Thesis. *Public Administration*. 80(2): 301-322.

DfES(U.K. Department for Education and Skills). (2003). *Every Child Matters: What Do You Think*. Nottingham, UK: DfES publications.

DfES. (2004). *Every Child Matters: Change for Children*. Nottingham, UK: DfES publications.

Douglas, M. & Wildavsky, A. (1982). *Risk and Culture: An Essay on the Selection of Technological and Environmental Dangers*. London: University of California Press.

DTI (U.K. Department of Trade and Industry). (2001). *Cross Cutting Review of Government Services for Small Business*. London: HMSO.

Gray, A. & Jenkins, B. (1991). Local Government. in Jones, B. et al. (eds.), *Politics UK, 2nd ed*. Hemel Hempstead, UK: Harvester Wheatsheaf.

Hill, C. J. & Lynn Jr., L. E. (2005). Is Hierarchical Governance in Decline? Evidence from Empirical Research. *Journal of Public Administration Research and Theory*. 15(2): 173–195.

Hood, C. (1994). *Explaining Economic Policy Reversals*. Buckingham, U.K.: The Open University Press.

Jordan, A., Wurzel, R. & Zito, A. (2005). The Rise of 'New' Policy Instruments in Comparative Perspective: Has Governance Eclipsed Government? *Political Studies*. 53(3): 477–496.

Keast, R., Mandell, M. & Brown, K. (2006). Mixing State, Market and Network Governance Modes: The Role of Government in "Crowded" Policy Domains. *International Journal of Organization Theory and Behavior*. 9(1): 27–50.

Ling, T. (2002). Delivering Joined-up Government in the UK: Dimensions, Issues and Problems. *Public Administration*. 80(4): 615–642.

Mulgan, G. (2005). Joined-Up Government: Past, Present, and Future. In Bogdanor, V. (ed.). *Joined-Up Government*. Oxford, UK: Oxford University Press.

NAO (U.K. National Audit Office). (2001). *Joining Up to Improve Public Services: Report by the Comptroller and Audit General*. London: TSO.

Patterson, A. & Pinch, P. (2000). Public Sector Restructuring and Regional Development: the Impact of Compulsory Competitive Tendering in the UK. *Regional Studies*. 34(3): 265–275.

Pinchot, G. & Pinchot, E. (1994). *The End of Bureaucracy and the Rise of Intelligent Organization*. San Francisco, CA: Berrett-Koehler.

Rhodes, R. A. W. (1996). The New Governance: Governing without Government. *Political Studies*. 44(4): 652–667.

Richards, D. & Smith, M. (2002). *Governance and Public Policy in the United Kingdom*. Oxford: Oxford University Press.

SBS (U.K. Small Business Service). (2001). *Think Small First*. London: HMSO.

SBS. (2003). *The Small Business Service: Annual Report and Accounts 2002–03*. London: TSO.

Schwarz, M. & Thompson, M. (1990). *Divided We Stand*. Hempel Hempstead: Harvester Wheatsheaf.

SEU & CMPS(U.K. Social Exclusion Unit and Centre for Management and Policy Studies). (2002). *The Social Exclusion Unit's Policy Action Team Approach to Policy Development: The Views of Participants*. London: TSO.

Smith, M. (1999). *The Core Executive in Britain*. New York: St. Martin's Press, Inc.

Thompson, G., Frances, J., Levacic, R. & Mitchell, J. (eds.), (1991). *Markets, Hierarchies and Networks: The Coordination of Social Life*. London: Sage.

Thompson, M., Ellis, R. & Wildavsky, A. (1990). *Cultural Theory*. Boulder, San Francisco: Westview Press.

제7장
복지국가의 유형*

1 서론

　인간간의 상호부조 또는 상부상조는 인간사회가 그 생존을 유지하기 위해서 반드시 필요한 기능의 하나로 인식되고 있으며(Gilbert & Specht, 1974), 상호부조 기능은 정부·민간사회복지단체·종교단체·자선단체·친목단체·기업·가족과 친족 등의 여러 행위 주체에 의해 수행된다. 이러한 여러 행위 주체의 노력으로 인해 사회구성원의 기본욕구가 충족되며, 사회복지(social welfare)는 이러한 다양한 행위 주체의 집합적 노력의 결과로서 나타나게 된다.

　그런데, 사회복지는 국가별로 다양한 편차를 보인다. 사회복지 수단의 수, 사회복지가 포괄하는 사회구성원의 범위, 그리고 사회복지 수단의 내용상의 충실성에 있어 각 국가는 서로 다른 모습을 보이고 있다. 특히 잔여적(residual) 사회복지 개념보다 제

---

* 주재현(2004)을 수정한 원고임.

도적(institutional) 사회복지 개념이 광범한 사회적 수용을 얻고 난 후부터 중심적 행위 주체의 역할을 맡게 된 정부의 활동 방식과 범위에 있어 국가 간에 주목할만한 편차가 나타나고 있다(김태성·성경륭, 2000). 왜 이러한 차이가 나타나는가? 사회복지제도와 정책의 발전을 설명하는 선행연구에서 이러한 편차가 나타나게 된 원인의 일단을 발견할 수 있다. 산업화 이론(Wilensky & Lebeaux, 1965; Wilensky, 1975 등)은 산업화의 진전에 따라 새로운 사회문제와 새로운 욕구(needs)가 나타나게 되었고, 이에 대응하는 과정에서 사회복지제도가 발전하게 되었다고 주장한다. 즉, 산업화의 정도나 특징이 사회복지제도와 정책의 발전을 설명할 수 있다는 것이다. 이러한 주장은 사회복지 발전의 사회경제적 배경을 지적하고 있다는 점에서 나름의 기여를 했으나, 유사한 산업화 수준에 있는 사회에서 서로 다른 사회복지제도가 존재하는 현실을 적절히 설명하지 못하는 한계를 지닌다. 한편, 사회경제적 변화보다 정치과정에 더 큰 비중을 두고 사회복지의 발전을 설명하는 입장(Castles & Mckinlay, 1979; Esping-Andersen & Korpi, 1984; Pampel & Williamson, 1988 등)은 의회민주주의라는 정치제도 하에서 사회복지 욕구를 지닌 여러 집단이 정부를 압박하여 사회복지의 수준을 높여왔다고 주장한다. 따라서, 국가별로 얼마나 사회복지 욕구를 표출하는 집단의 세력이 강한지에 따라 사회복지제도와 정책의 편차가 나타날 수 있다는 결론이 나온다. 정치과정론의 입장은 위의 산업화 이론에서 설명하기 힘든, 유사한 산업화 수준에 있는 국가 간의 편차를 설득력 있게 설명하고 있는 것으로 보인다. 그러나 정치과정론의 설명은 왜 국가별로 사회복지 욕구를 표출하는 집단의 세력에 차이가 있는지를 알려주지는 못하고 있다.

사회복지 욕구 표출 집단의 세력에 영향을 미치는 요인으로 고려해볼 수 있는 것은 우선, 그 국가의 정치·사회제도이다. 이익단체나 정당의 구성을 규율하는 규칙, 이익단체의 정치과정 참여에 관한 규칙, 의원선출에 관한 규칙(의원선거 규칙), 의회 내 의사결정에 관한 규칙(즉, 투표규칙) 등의 차이가 사회복지 욕구의 사회복지제도화에 영향을 미칠 수 있음은 물론이다. 그러나 우리는 정치·사회제도에 선행하여 사회복지 욕구 표출의 정도와 표출된 욕구가 사회에서 수용될 수 있는 정도를 또 하나의 요인으로 고려해볼 수 있다. 사회구성원들로부터의 욕구 표출이 회수와 강도 면에서 얼마나 활발한지, 표출된 욕구에 대해 여타 사회구성원과 정부가 이를 얼마나 정당한 것으로 받아들이는지가 사회복지 욕구 표출집단의 의지가 관철되는 데 있어 관건이 된다.

정치·사회제도가 욕구 표출집단에 불리한 방향으로 되어 있지 않다고 해도 표출되는 욕구 자체가 강력하지 못하거나 표출된 욕구에 대한 사회적 지지가 적절하지 않다면 그러한 욕구는 정치과정을 성공적으로 통과하기 힘들 것이라는 점에서 두 번째 요인의 중요성이 부각된다.

사회구성원들로부터의 사회복지 욕구 표출 정도와 표출된 욕구의 사회적 수용 정도를 결정하는 핵심적 변수의 하나는 그 사회구성원들의 가치관과 그들 간의 사회적 관계이다. 사회복지의 필요성을 높게 평가하지 않는 구성원들로 이루어진 사회에서는 그 필요성을 높게 인식하는 구성원들로 이루어진 사회보다 사회복지 욕구의 표출과 표출된 욕구에 대한 수용이 상대적으로 약할 것이다. 또한 구성원 간의 사회적 관계의 특성에 따라 욕구의 표출과 그 수용 정도가 영향을 받을 것이다. 따라서, 우리는 사회구성원이 공유하고 있는 가치관과 구성원 간의 사회적 관계가 어떠한지를 알 수 있으면, 그 사회의 사회복지제도와 정책의 내용이 어떠할지를 어느 정도 예측할 수 있게 된다.

이러한 맥락에서, 사회구성원이 공유하고 있는 가치관과 신념(cultural bias) 및 구성원 간의 사회적 관계를 혼합하여 문화에 관한 체계적인 유형론을 정립한 더글라스와 윌다브스키, 톰슨 등의 집단-격자 문화이론(이하 문화이론)은 사회복지의 국가 간 편차를 이해하려는 학문적 노력에 유용하게 적용될 수 있을 것으로 기대된다. 이 장은 문화이론을 적용하여 사회복지의 국가 간 편차를 거시적으로 설명하는 데 목적을 둔다. 2.에서 문화 형태별로 사회복지의 발전 가능성과 형태를 추론한 후, 3.에서 에스핑-앤더슨(Esping-Andersen)의 복지국가 유형론을 활용하여 사회복지의 국가 간 편차에 대한 문화이론적 설명을 모색한다. 마지막으로 4.에서 본 연구의 주된 주장을 정리한 후, 연구의 이론적 의의를 토론한다.

2 사회복지제도의 편차에 대한 문화이론적 설명

1) 기본욕구, 사회적 위험, 그리고 사회복지

인간은 그 존립을 유지하기 위해 필수 불가피하게 충족시켜야 할 욕구(needs)를 지니고 있다. 이러한 욕구 중 개인별로 지니고 있는 주관적 욕망(desire)과는 달리 모든 인간에게 공통적이며 인간성을 유지하는 데 필수적이라고 사회적이라고 인정된 욕구를 기본욕구(basic needs)라고 부른다.

그런데, 인간은 삶을 영위하는 과정에서 안전(security)을 위협하는 여러 형태의 위험(risks)에 직면해 있다. 예를 들어, 각종 재해(교통사고, 산업재해, 자연재해 등)는 인간의 생명을 직접적으로 위협한다. 또한 부양자의 사망, 크고 작은 질병, 실업, 여성의 경우 임신과 분만, 그리고 나이를 먹게 되는 것 등도 직·간접적으로 인간의 안전을 위협하며, 이 밖에도 우리의 안전을 위협하는 요인은 다양하다. 그런데, 이러한 위험 요인은 대부분 그 위험을 겪게 되는 개인 본인이나 가족의 소득을 상실하게 하거나 감소시켜서 그들의 생존을 위협한다는 공통점을 지닌다. 즉, 이러한 위험들은 인간의 기본욕구 충족을 어렵게 하는 요인이라고 할 수 있다.

이러한 위험에 대비하고, 위험에 들게 된 경우 이를 헤쳐 나오는 데 있어 가장 일반적인 방안은 각 개인 스스로 대처하는 것이다. 이 방안은 위험에 들기 이전에 미리 조심하거나 위험에 대비하여 준비하며, 그런 상태에 처했을 경우 스스로의 책임 하에 이를 극복하고 자신의 기본욕구를 충족시키기 위해서 노력하는 것이다.

그런데, 어느 한 개인이 위험에 대비하고 기본욕구 충족을 위해 노력하는 것을 개인의 책임에만 맡겨 놓기 어려운 경우가 발생할 수 있다. 즉, 특정 위험이 사회구성원 대부분에게 보편적으로 발생할 가능성이 크고, 위험의 발생과 그 결과에 대한 책임을 개인에게만 맡겨 놓을 수 없는 경우, 사회가 공동체적 차원에서 그러한 위험에 집단적으로 대처할 수 있다는 것이다. 예로서, 우리나라에서 1997년에 외환위기가 발생하고 그 결과의 하나로 다수의 사회구성원이 실업 상태에 빠지게 된 경우를 들 수 있다. 이처럼 실업자들이 실업에 이르게 되고 그로 인해 기본욕구 충족에 어려움을 겪게 된 것을 그들 자신만의 책임으로 돌릴 수 없는 경우, 사회는 그와 같은 종류의 위험을 사회적 위험(social risks)으로 받아들이고 이에 대한 대비와 대처를 사회적 차원에서 전개할 수 있다.[1] 사회복지란 사회적 위험이 존재하는 상황에서 인간의 기본욕구 충족을

---

[1] 사회적 위험으로 인해 개인의 기본욕구를 충족시키지 못하는 사회구성원의 수가 상당히 많을 때, 그들이 그러한 사회적 위험으로부터 탈피하려는 집단적 욕구를 사회적 욕구(social needs)라고 말할 수 있으며, 이는 사회문제(social problems)가 존재하는 상황으로 볼 수 있다.

위한 사회적 노력의 일환으로 나오게 된다.

그러나 인간의 기본욕구에는 어떤 것들이 있는지, 어떤 위험이 사회적 위험이고 어느 정도의 상태가 사회적 욕구가 존재하는 상황인지, 그리고 사회문제를 해결하기 위해 어떤 행위 주체가 어떤 사회복지 활동을 전개해야 하는지에 관한 판단은 사회에 따라 다르다. 같은 위험(예: 실업)에 대해서 이를 개인적으로 대처해 나가야 할 위험으로 인식하는지 아니면, 사회적으로 책임을 공유할 위험으로 인식하는지는 사회에 따라 다르게 나타난다. 또한 해당 위험이 사회적 위험으로 인정된다고 하더라도 이에 대해 어떤 행위 주체(예: 정부, 기업, 자선단체, 공제회, 친족 등)가 어느 정도의 개입을 해야 할지에 대한 공감대의 형성도 사회에 따라 다르다. 아래에서는 이러한 차이가 나타나는 연유를 위에서 정리한 문화이론의 분석 틀을 적용하여 살펴본다.

2) 문화 형태별 사회복지의 발전 가능성과 형태

네 가지 원형적 문화 형태(삶의 양식)를 반영한 사회복지 형태는 어떻게 나타날 것인가? 개인주의 문화 형태를 강조하는 사회부터 살펴보도록 한다. 개인주의적인 사회는 사회 내 역할 규정과 집단에의 소속감이 모두 약한 사회이다. 이와 같은 사회에서는 구성원이 각자의 기본욕구 충족을 노동시장에서의 경쟁과 취업을 통해 스스로의 힘으로 해결하는 것이 일반적이고, 그렇게 하는 것에 대해서 별다른 의문이 제기되지 않는다. 또한 개인주의 사회에서는 사회구성원이 직면해 있는 위험에 대비하기 위해 집단 또는 사회 전체를 대상으로 한 행동 지침과 규제가 개발되기 힘들며, 일단 위험 상황에 빠진 구성원에 대해서도 사회적으로 구제방안을 마련하기가 쉽지 않다. 따라서, 각 개인은 스스로 위험에 대비해야 하고 위험 상황에 든 경우에도 스스로 이를 헤쳐 나가기 위해 노력한다. 위험에 대한 사회적 책임 의식이 약하고 위험에 대한 책임은 기본적으로 개인에게 부과되어 있기 때문이다. 한편, 이러한 개인적 노력을 뒷받침하기 위해 복지상품을 제공하는 시장이 활성화된다. 개인적 책임 의식이 광범위하게 퍼져 있으므로 기본욕구를 충족하지 못하는 사람의 수가 늘어나도 이를 사회적 욕구의 발현이라고 인식하기 힘들고, 그와 같은 상황을 사회문제로 받아들이기가 쉽지 않다. 이러한 사회에서는 시장을 벗어나서 구성원 간의 의도적인 상호부조 행위가 활발하게 나타나기 힘들며, 개인적인 차원에서 자신의 복지를 추구하는 것은 당연한 것으로 받아들여지지만 제도적 사회복지가 발전하기는 어렵다.

　운명주의 문화 형태가 보편적인 가치관을 구성하는 사회는 사회적인 역할 규제의 정도는 높지만, 집단 소속감의 정도는 낮은 사회이다. 이러한 사회에서 개인은 자신에게 부과된 역할을 충실히 수행하고 그에 따른 보상을 받게 되지만, 그 이상의 것을 기대할 수는 없다. 반대로 역할을 적절하게 수행하지 못하게 되면 사회로부터의 보상은 중단된다. 각 개인은 스스로 자신의 기본욕구를 충족시켜야 한다는 점에서 개인주의 사회와 같지만, 개인주의 사회에서 만큼의 자유로운 행동은 보장되지 않는다. 오직 부과된 역할을 수행하고 이를 통해 대부분 최소한의 기본욕구를 충족시킬 수 있을 뿐이다. 따라서, 개인주의 사회에서만큼 시장이 활성화되기는 힘들다. 운명주의 사회는 위험에 대한 사회적 책임 의식이 개발되어 있지 않다는 점에 있어 개인주의 사회와 공통점을 지닌다. 그러나 개인 차원에서 위험에 대비할 수 있는 행동을 모색함에 있어서는 개인주의 사회만큼의 재량이 보장되어 있지 않다. 오직 주어진 틀 내에서의 제한된 행동 대안만을 추구할 수 있을 뿐이며, 소속 의식을 갖지 못하고 무력감에 젖어 있는 구성원 간에는 상호부조 노력도 개발되기 힘들다. 사회의 집행부인 정부는 구성원을 마치 기계의 부품과 같은 존재로 여기고 그들을 필요로 하지만 구성원의 행복과 안녕에 대한 책임 의식을 지니고 있지 않다. 따라서 운명주의 사회에서는 개인 욕구를 충족시키지 못하는 구성원들로 인해 사회적 욕구가 제기될 수 있다는 사고방식이 자라나기 힘들며, 사회문제란 오직 사회의 원활한 작동에 장애가 야기되는 경우만을 의미한다. 이러한 사회에서는 개인적 차원에서 복지를 추구하는 것도 제약되어 있으며, 제도적 사회복지의 발전 역시 사회의 작동에 장애가 발생하는 극히 제한된 경우에 있어서만 정부에 의해 고려될 수 있게 된다.

　세 번째로 계층주의 문화 형태가 강조되는 사회는 사회적인 역할 규제의 정도와 집단 소속감이 모두 높은 사회이다. 계층주의 사회의 개인은 자신에게 부과된 역할을 충실하게 수행하고 그에 따른 보상을 얻는다는 점에서 운명주의 사회의 구성원과 같지만, 사회로부터 개인적인 역할 수행에 따른 보상 이상의 것을 기대할 수 있다는 점에서 운명주의 사회의 구성원과 다르다. 즉, 계층주의 사회의 구성원은 사회에의 소속 의식이 높으며, 그에 따른 반대급부로서 사회로부터의 추가적인 보상을 기대할 수 있다. 이러한 사회의 개인도 기본적으로 자신의 기본욕구를 충족시키기 위해서 자신에게 부여된 역할을 수행하고 있지만, 동시에 그들은 자신의 역할 수행이 단지 자신만의 행복을 위한 것이 아니라 자신이 속한 사회의 집단적 안녕에 기여할 수 있다고 믿고 있다. 이러한 집단에의 소속 의식은 구성원 간의 상호부조 활동을 가능하게 하며, 사회와 정부는 구성원의 행복과 안녕에 대한 책임을 지고자 한다. 따라서, 계층주의 사회에서는 위험에 대한 사회적 책임의 개념이 발전할 수 있다. 사회구성원이 직면해 있는 위험에 대비하기 위해 집단 또는 사회 전체를 대상으로 한 행동 지침과 규제가 개발될 수 있으며, 일단 위험 상황에 빠진 구성원에 대해서도 사회적으로 구제방안을 마련하려고 노력하게 된다. 특히 기본욕구를 충족시키지 못하는 개인의 수가 많아지는 것은 사회 전체의 차원에서 사회적 욕구가 제기되고 있는 사회문제의 상황이라고 인정되며, 이 사회문제를 해결하기 위해 사회복지제도가 정부의 주도 하에 발전하게 된다.

마지막으로 평등주의 문화 형태가 보편적인 가치관을 구성하는 사회는 사회적인 역할 규제의 정도는 낮지만, 집단 소속감은 높은 사회이다. 이러한 평등주의 사회는 개인에게 특정한 역할을 강제하지 않으며, 구성원이 받는 보상은 그들이 수행하는 역할로부터 나온다기보다는 사회의 구성원이라는 그 자체로부터 연유한다고 볼 수 있다. 개인의 기본욕구 충족은 개인에게만 맡겨져 있지 않고 사회 전체의 과제로 인식된다. 삶의 과정에서 개인이 봉착하게 되는 위험 중 많은 부분은 개인적 위험이 아니라 사회적 위험으로 받아들여지며, 이에 대한 대비와 책임의 소재는 우선적으로 사회에 놓여 있는 것으로 여겨진다. 사회의 이러한 책임 의식은 정부에 의해 충분히 반영되어 집단적 의사결정으로 나타나게 된다. 따라서, 사회구성원들이 직면해 있는 위험에 대비하기 위한 집단적 노력을 수행하는 것과 위험 상황에 빠진 구성원에 대한 사회적·정책적 구제방안을 마련하려는 노력은 당연한 것으로 인식된다. 평등주의 사회에서는 사회구성원 간의 상호부조 노력은 사회의 기본적인 구성요소이며, 사회적 위험을 해소하기 위한 사회복지제도의 발전은 자연스러운 것이 된다. 계층주의 사회에서 발전하는 사회복지제도가 가부장적 책임 의식에서 나온 것인 반면, 평등주의 사회에서 추구하는 사회복지제도는 모든 사회구성원이 공동체를 구성하는 동등한 동료라는 의식의 발로라는 점이 특징적이라 하겠다.

〈표 7-1〉은 기본욕구의 충족 책임, 사회적 위험에 관한 의식, 그리고 사회복지에 대한 삶의 양식별 차이를 정리하고 있다.

〈표 7-1〉 기본욕구, 사회적 책임, 사회복지에 대한 문화 형태별 차이

삶의 양식	기본욕구 충족 책임	사회적 위험 의식	사회복지
개인주의	개임책임	약함	잔여적 형태
운명주의	개인책임	약함	잔여적 형태
계층주의	개인책임(주) + 사회책임(종)	강함(가부장적 책임의식)	제도적 형태
평등주의	개인책임(종) + 사회책임(주)	강함(공동체적 동료의식)	제도적 형태

자료: 주재현(2019: 12)을 일부 수정함.

3 복지국가의 유형과 문화적 차이

위에서 서술한 문화 형태별 사회복지의 발전 가능성과 형태는 네 가지 원형적 문화 형태를 이념형적으로 반영한 사회복지의 형태를 도출해본 것이다. 그러나 실제 현실은 그와 같은 이념형적 형태보다 복잡한 양상을 보인다. 여기서는 현실적으로 존재하는 복지국가의 유형론[2]을 이용하여 현실 세계의 복합적인 문화 형태가 사회복지제도에 어떻게 반영될 수 있는지를 살펴본다.[3]

복지국가의 유형론에는 앞에서 인용된 바 있는 잔여적(residual) 복지제도와 제도적(institutional) 복지제도의 두 형태로 분류한 윌렌스키와 르보(Wilensky & Lebeaux, 1965), 적극적 국가(positive state), 사회보장국가(social security state), 사회복지국가(social welfare state)의 셋으로 분류한 퍼니스와 틸튼(Furniss & Tilton, 1977), 자유주의

---

[2] 복지국가의 유형론은 사회복지의 제공에 관한 정부의 역할뿐만 아니라 여타 행위 주체들의 역할도 논의하고 있으므로 사회복지제도에 관한 포괄적인 검토를 가능하게 한다.

[3] 문화 형태를 토대로 복지국가의 유형을 재정립하려는 노력에 대해서는 주재현·신현중·박치성(2016)을 참조하기 바람. 여기서는 학계에서 보편적으로 수용되고 있는 에스핑-앤더슨(Esping-Andersen)의 유형론을 활용해서 분석했다.

적 복지국가(liberal welfare state), 조합주의적(corporatist) 복지국가, 사회민주주의적(social democratic) 복지국가의 셋으로 구분한 에스핑-앤더슨(Esping-Andersen, 1990) 등이 대표적이다. 이하에서는 위의 유형론 중에서도 '탈상품화'(decommodification)의 정도[4]와 정부의 복지정책에 의한 사회계층 체제의 형태를 기준으로 복지국가의 유형을 체계적이고 포괄적으로 분류한 에스핑-앤더슨의 논의에 기반하여 분석을 전개한다.

자유주의적 복지국가는 저소득층을 급여의 주된 대상으로 하는 복지국가 형태이다. 따라서 이러한 형태의 복지국가에서는 자산조사(means test)를 통해 국가복지의 수혜 대상을 분별해 내는데, 이때의 자격 기준은 까다롭고 엄격하여 수혜대상자들은 자칫 수치감(stigma)을 느끼게 될 수 있다. 국가복지의 수혜대상자가 되지 않는 개인은 스스로의 노력으로 자신이 직면하고 있는 위험들에 대비하게 되며, 이를 위해서 복지상품에 관한 시장이 활성화되어 있다. 이에 따라 각 개인은 자기 능력대로 시장을 통해 차별적인 수준의 복지를 구매한다. 개인은 시장 외에 가족과 친족 등 비공식 부문을 통해서 자신의 복지수준을 보완하게 된다. 또한 자유주의적 복지국가에서는 비영리 또는 자원조직이 활성화될 수 있으며, 이러한 비공식·자원 부문은 특히 저소득층의 삶의 수준을 높이는데 긴요한 역할을 수행한다. 정부는 저소득층에 대한 직접적 복지 제공에 더해서 기업(시장)과 자원조직에 대한 지원을 통해 사회복지의 총량을 증대시키는 데 관여한다. 결과적으로 자유주의적 복지국가에서는 사회복지의 제도화가 정부보다는 민간 영역을 중심으로 이루어지게 된다. 그러나 정부의 역할이 제한됨으로써 탈상품화의 효과가 최소화되고 사회권의 영역은 제한되며 다차원적인 사회계층 체제가 발생한다. 이러한 유형에 적합한 국가에는 미국, 캐나다, 호주, 뉴질랜드 등이 해당된다(Esping-Andersen, 1990: 26-27).

자유주의적 복지국가에는 개인주의 사회의 특성이 크게 반영되어 있다. 개인 스스로 자신의 복지문제를 해결해야 하며, 이를 뒷받침하기 위해 시장이 활성화되어 있다는 점이 특히 그러하다. 그러나 자유주의적 복지국가에서 정부와 자원조직이 의미 있

---

[4] 탈상품화의 정도란 시장기제에 대한 독립성의 정도를 말한다. 즉, 탈상품화의 정도는 국민이 스스로 필요하다고 판단할 때 소득중단과 빈곤에 대한 공포 없이 일정 기간 노동시장으로부터 얼마나 자유롭게 빠져나올 수 있는가의 정도를 의미한다. 에스핑-앤더슨(Esping-Andersen, 1990: 23)은 복지국가의 발전 정도는 탈상품화의 정도에 의해 결정된다고 주장했다.

는 역할을 수행하고 있다는 점은 이러한 유형의 국가에 운명주의·계층주의·평등주의 문화를 지닌 행위 주체들이 병존하고 있음을 보여준다. 개인주의 사회에서 치열하게 발생하고 있는 경쟁에서 낙오한 일부 구성원은 더 이상 개인주의 삶의 양식을 지니고 있다고 보기 힘들다. 그들은 이제 운명주의 삶의 양식을 받아들일 수밖에 없는 상황에 처해 있다. 한편, 계층주의 삶의 양식을 지니고 있는 사회와 정부의 상층부는 이러한 '낙오자들'을 그대로 방치할 경우, 이들의 존재가 자칫 사회의 원활한 작동에 장애를 야기할 사회문제가 될 수 있음을 인식하고 이들을 관리·통제하기 위한 수단으로서 제한된 형태의 국가복지를 제공하게 된다. 이러한 제한적인 사회복지제도의 발달은 '낙오자들'을 사회의 구성원으로 받아들여 그들의 안위를 가부장적으로 돌보기 위한 것이라는 측면도 있겠으나 그보다는 오히려 사회의 질서를 유지하기 위한 규제 수단의 필요성이라는 측면에서 이해될 수 있다. 한편, 사회의 일부 구성원은 평등주의 삶의 양식을 지니고 있으며, 이들은 사회의 주류 구성원과는 달리 그러한 '낙오자들'을 자신의 동료로 받아들이고 그들을 돕기 위한 노력의 일환으로 자원조직을 형성·운영하게 된다고 볼 수 있다. 요컨대, 자유주의적 복지국가는 개인주의 삶의 양식을 지닌 구성원이 주류를 형성하고, 운명주의 삶의 양식, 계층주의 삶의 양식, 그리고 평등주의 삶의 양식을 지닌 이들이 주변을 형성하고 있는 사회에서 나타나는 사회복지의 형태이다.

조합주의적 복지국가는 근대 조합주의 국가의 유산이 새로운 '후기 산업적'인 계급구조로 발전된 형태로서 자유주의적 복지국가에 비해서 시장의 효율성과 노동력의 상품화를 크게 강조하지 않는 특징을 보이며 사회권의 문제를 심각하게 논의하지 않는다. 종교적으로 가톨릭의 영향을 크게 받은 조합주의적 복지국가들은 국가적인 차원에서 가부장적 권위체계의 전통을 여전히 유지하고 있고, 사회의 구성원들은 국가와 사회 지도층의 권위를 수용하는 경향을 보인다. 따라서, 사회의 일반 구성원은 자신에게 주어진 사회적 역할을 성실히 수행하고자 하며, 지도층은 그들의 행복과 안녕을 보장해 줄 책임 의식을 지니고 있다. 이러한 분위기 하에서 사회적 차원의 공제회 전통이 남아 있고, 이를 국가 차원에서 발전시킨 사회보험이 핵심적인 사회복지제도를 구성한다. 국가가 사회복지 제공의 주된 역할을 담당하고 있고, 민간보험이나 기업복지 등 시장을 근간으로 한 복지의 제공은 자유주의적 복지국가에 비해 매우 제한되어 있다. 한편, 가족과 친족, 기타 상호부조 집단으로부터의 복지제공은 여전히 일정한 역할을 수행하고 있다.[5] 그러나 조합주의적 복지국가는 사회 내 권위의 계층제를 반영하여 사회복지의 제공도 사회적 지위의 차이를 유지하며, 권한(rights)은 계급과 사회적 지위에 부속된 것으로 이해된다. 국가에 의한 사회적 지위 차이의 유지에 대한 강조로 인해 사회복지의 재분배 효과는 약하고, 사회복지제도의 탈상품화 효과는 제한적이다. 이러한 유형에 속하는 국가들은 독일, 오스트리아, 프랑스, 이탈리아 등이 대표적이다(Esping-Andersen, 1990: 27).

조합주의적 복지국가는 계층주의 사회의 특징을 크게 반영하고 있다. 사회는 하나의 유기체로 여겨지고, 사회의 구성원은 각자의 역할을 충실히 수행하여 사회의 생존과 발전에 기여해야 한다. 따라서 각 구성원은 유기체의 구성부분으로서 상호의존 관계에 있으며 이는 그들의 사회에 대한 소속감을 강화하고, 그들 간의 상호부조 활동과 그로 인한 사회복지의 발전을 가능하게 한다. 그러나 각자에게 부여된 책임의 정도는 차이가 있으며, 일반 구성원보다 중요한 역할을 수행하는 사회와 국가의 지도층은 사회의 유지·발전과 구성원의 안녕을 보장해야 할 책임 의식을 지니고 있다. 이러한 계층주의 사회의 유지와 구성원에 대한 책임 의식은 국가에 의한 사회보험 중심의 사회복지제도 발전으로 나타나게 된다. 그러나 조합주의적 복지국가에 계층주의 삶의 양식만 존재하는 것은 아니다. 여기서도 사회와 국가에 의한 책임의 범위를 넘어서는 영역에 있어 시장을 통해 개인별로 자신이 처해 있는 위험에 추가적으로 대비하고자 하는 가치관을 지닌 구성원이 상당수 존재하고 있다. 또한 사회적으로 뒤처진 이들을 돕고자 하는 평등주의 삶의 양식을 지니고 있는 자원 부문이 존재한다. 그러나 사회적으로 뒤처진 이들을 사회적인 '낙오자'라고 낙인찍는 분위기는 자유주의적 복지국가에 비해 몹시 약하다. 즉, 조합주의적 복지국가에서는 운명주의 삶의 양식은 찾아보기 쉽지 않다. 요컨대, 조합주의적 복지국가는 계층주의 삶의 양식을 지닌 구성원이 주류를 형성하고, 개인주의 삶의 양식과 평등주의 삶의 양식을 지닌 이들이 주변을 형성하고 있는 사회에서 나타나는 사회복지의 형태이다.

---

5) 가족이 그 구성원을 돌볼 수 있는 능력이 쇠잔했을 때 국가가 개입한다는 보충성(subsidiarity) 원칙이 조합주의적 복지국가의 저변에 자리 잡고 있고, 그 영향으로 인해 조합주의적 복지국가에서는 주간보호 등을 포함한 가족지원 서비스가 충분히 개발되지 않은 경향을 보인다(Esping-Andersen, 1990: 27).

사회민주주의적 복지국가는 자유주의적 복지국가 및 조합주의적 복지국가와는 달리 국가와 시장, 노동계급과 중간계급 간의 이원론적 구분을 수용하지 않고 최소한의 생활수준 보장을 넘어서서 가능한 한 최대한의 평등 수준을 추구한다. 사회민주주의적 복지국가는 시장에 의한 복지제공을 최소화하며 정부가 사회복지 제공의 주된 역할을 담당한다. 사회의 모든 구성원은 정부로부터 급여를 받고 국가에 의존하지만, 동시에 사회복지의 생산을 위한 비용을 지불할 의무를 지닌다. 사회복지에 있어 보편주의 원칙이 널리 받아들여지고, 사회복지 급여를 사회권으로 인식하고 있다. 따라서 사회의 모든 계층이 하나의 보편적이고 포괄적인 복지체체에 통합되어 있어 위의 두 복지국가 형태에 비해 탈상품화 효과가 크다. 사회민주주의적 복지국가는 가족의 복지 능력을 없애고자 하는 것은 아니나, 가족의 복지 능력이 약화될 때까지 기다렸다가 개입하는 것이 아니라 가족의 책임을 앞당겨 사회화한다. 따라서 사회민주주의적 복지국가는 아동, 노인, 무능력자 등을 돌보는 사회적 서비스의 책임을 정부가 직접 지고자 하며, 이를 통해서 여성이 집안일이 아니라 사회적인 노동을 선택할 수 있도록 한다. 이처럼 사회민주주의적 복지국가는 개인의 노동을 중시한다. 정부는 완전고용 정책의 추구를 통해 개인의 '일할 권리'를 중시하고 있음을 보이고, 사회민주주의적 복지국가는 개인의 독립능력을 확대하고자 한다. 단지 이러한 개인의 독립능력 추구가 시장에 의한 복지제공으로 연결되는 것이 아니라 개인이 공동체 차원에서 사회적 위험과 사회문제를 해결하고 사회복지 생산에 기여할 수 있는 토대를 제공하고자 하는 것이다. 이러한 복지국가 형태에 가까운 국가들은 스웨덴을 비롯한 노르딕 국가들이다(Esping-Andersen, 1990: 27-28).

사회민주주의적 복지국가의 발전에는 사회민주주의를 지향하는 세력이 중추적인 역할을 수행했다. 사회민주주의 세력의 가치관과 삶의 양식을 반영하고 있는 사회민주주의적 복지국가는 평등주의 사회의 특징을 중심으로 한다. 사회구성원은 상하관계가 분명한 유기체의 한 부분으로서가 아니라 공동체의 일원으로서 공동체의 유지·발전 및 그 구성원들의 안녕과 행복을 공동으로 책임지고 있다고 여겨진다. 개인이 직면하고 있는 위험들은 상당 부분 사회적 위험으로 인식되며, 개인의 기본적 욕구가 위협받고 이것이 사회적 욕구의 발생으로 나타나기 전에 정부는 사회 전체의 차원에서 이 문제를 예방하고 해결하기 위해 노력한다. 이 과정에서 개인의 기여는 필수적이지만,

이러한 기여의 정도에 따라 수급의 정도가 차이를 보이는 것을 지양한다. 사회복지 급여가 사회권으로 인식되고 있기 때문이다. 타인을 자신과 동등한 권리를 지니는 동료로 여기는 구성원 간에는 상호부조의 정신이 깊게 자리 잡고 있고, 이를 현실에 구현하고 있는 정부는 평등주의 성향의 정책들을 산출한다. 평등주의 문화가 널리 퍼져 있는 사회민주주의적 복지국가에는 운명주의 문화나 개인주의 문화의 영역은 극소화된다. 개인 간의 경쟁이 부정되는 것은 아니지만 경쟁의 결과가 구조화된 사회계급의 형성으로 귀결되지 않도록 하고 있다. 한편, 계층주의 삶의 양식도 사회와 조직의 형태를 유지하기 위한 영역에 한정된다. 이렇게 볼 때, 사회민주주의적 복지국가는 평등주의 삶의 양식을 지닌 구성원이 대다수를 형성한 가운데, 계층주의 삶의 양식과 개인주의 삶의 양식은 매우 제한된 사회에서 나타나는 사회복지의 형태이다.

〈표 7-2〉는 복지국가 형태별 삶의 양식의 분포에 관한 이상의 내용을 정리하고 있다.

〈표 7-2〉 복지국가 형태별 삶의 양식 분포

복지국가 형태	중심적 삶의 양식	주변적 삶의 양식
자유주의적 복지국가	개인주의	운명주의: 국가복지 의존자 계층주의: 국가/사회의 상층부 평등주의: 자원조직 참여자
조합주의적 복지국가	계층주의	개인주의: 시장 이용자 평등주의: 자원조직 참여자
사회민주주의적 복지국가	평등주의	개인주의: 시장 경쟁 참여자 계층주의: 공사조직 참여자

자료: 주재현(2004: 292)을 일부 수정함.

4 결론

위에서 정리한 복지국가의 유형론과 각 형태별 문화 구성 정도에 대한 논의는 앞서 서술한 삶의 양식별 사회복지 형태보다는 현실성을 지닌다. 그러나 복지국가의 유형론도 현실 세계의 다양한 사회복지 형태들을 단순화시켜 놓은 모형으로서의 한계를 지닌다. 따라서 이 장의 분석내용은 현실을 단순화시켜 이에 대한 우리의 이해를 높이려는 지적 수단이라는 관점에서 이해되어야 한다. 이렇게 볼 때, 문화이론의 분석 틀은 현실 세계에 존재하는 다양한 사회복지 형태의 문화적 토대를 규명하여 왜 현재와 같은 사회복지 체제들(social welfare regimes)이 존재하는지에 대한 우리의 이해를 높이는 데 도움을 준다고 하겠다.

지금까지의 분석에서 나타난 바와 같이, 개인주의 삶의 양식과 운명주의 삶의 양식은 사회복지의 발전을 어렵게 하거나 몹시 제한적인 사회복지만을 허용하는 데 반해, 계층주의 삶의 양식과 평등주의 삶의 양식은 사회복지의 발전, 특히 정부에 의해 주도되는 사회복지제도와 정책의 발전에 긍정적인 기여를 한다. 개인주의 삶의 양식과 운명주의 삶의 양식 간에 존재하는 주요한 차이는 전자가 개인 스스로에 의한 기본욕구 충족이 가능하고 그것이 바람직하다고 믿는 반면, 후자는 이에 대한 믿음이 약하다는 점이다. 계층주의 삶의 양식에서 나오는 사회복지와 평등주의 삶의 양식에서 나오는 사회복지 간의 차이는 전자가 사회의 유지를 위해 가부장적 관점에서 차별을 인정한 사회복지제도를 발전시키는 반면, 후자는 공동체적인 관점에서 좀 더 인본주의적이고 형평성이 높은 사회복지제도를 발전시키는 경향이 있다는 점이다. 요컨대, 계층주의나 평등주의를 주된 삶의 양식으로 하고 여타 삶의 양식이 가미된 사회가 그렇지 않은 사회에 비해 제도적 사회복지를 좀 더 잘 발전시킬 수 있을 것으로 기대할 수 있다.[6]

이론적인 측면에서 볼 때, 문화이론을 활용한 이 장의 분석은 서론에서 거론했던 사회복지제도와 정책의 발전에 관한 기존 연구 경향 중 오늘날 중심적인 위치를 차지하고 있는 경향 즉, 정치과정에 초점을 두고 사회복지의 발전을 설명하는 입장에 대한 보완 또는 대안으로 발전할 수 있을 것으로 기대된다. 이익집단이 되었건, 사회민주주의가 되었건 정치과정에 초점을 두는 이론은 정치과정에 참여하는 행위자— 노동자, 자본가, 노인, 권력 엘리트 등 —의 이익 추구 동기(interest-seeking motivation)로부터 사회복지의 발전을 설명한다. 문화이론 역시 행위자의 이익 추구 동기와 사회 내 권

---

[6] 이상 복지국가의 유형론에 대한 문화이론적 해석은 현재 존재하는 복지체제(welfare regimes)에 대한 횡단적 논의에 한정하여 수행되었다. 그러나 문화이론은 정태적인 분석에만 한정되는 이론적 도구는 아니다. 문화이론은 특정 사회·지역 또는 국가에서 사회복지제도가 상당한 기간을 두고 발전되는 과정을 통시적·동태적으로 분석하는 데도 기여할 수 있다. 이는 주목할만한 사회복지제도의 발전을 특정 사회 내에서의 주도적인 문화(즉, 삶의 양식)의 변화와 관련지어서 분석함으로써 수행될 수 있다.

력관계의 역동성이 사회복지의 발전을 설명하는 주요 요인이라는 점을 부정하지 않는다. 특히 '집단-격자' 분석 틀은 권력의 한 형태인 사회적 통제의 형태를 분석할 수 있게 해주는 장점을 지닌다. 그러나 문화이론은 행위자의 선호(preferences)— 특히 이기적인 동기 —를 넘어서서 그러한 동기가 형성되는 문화적 배경을 규명한다는 점에서 더 발전적인 면모를 보인다. 즉, 문화이론에서 제시하는 삶의 방식들은 '왜 특정한 사회의 구성원들이 특정한 선호를 지니고 있는지, 왜 그들이 자신들이 보는 대로 현실을 인식하는지'에 대한 거시적인 설명 방향을 제시해 주고 있다. 이러한 점에서 문화이론은 주류 사회과학의 토대가 되는 '합리적 인간'의 개념을 '문화적으로 합리적인 인간'이라는 좀 더 현실적이고 설득력 있는 개념으로 한정해주고 있다고 하겠다. 그런데, 여기서 주목할 점은 문화이론은 그러한 삶의 양식이 무한한 것이 아니라 기본적으로 네 가지에 한정됨을 지적하고 있다는 것이다. 이는 인간사회의 작동에 대한 우리의 학문적 논의가 어느 정도의 간결성(parsimony)을 확보한 논리적 틀 내에서 수행될 수 있음을 담보해 주고 있다.

참고문헌

김태성·성경륭. (2000). 『복지국가론』. 서울: 나남.
주재현. (2004). 사회복지와 문화: 복지국가 유형론에 대한 문화이론적 해석. 「한국정책학회보」. 13(3): 279-296.
주재현. (2019). 집단-격자 문화이론과 정책형성: 국민기초생활보장제도 사례분석. 「한국정책학회보」. 28(4): 1-31.
주재현·신현중·박치성. (2016). 복지국가의 유형과 문화: 집단-격자 문화이론을 적용한 복지국가 유형론 정립. 「한국정책학회보」. 25(4): 123-155.

Castles, F. & Mckinlay, R. (1979). Public Welfare Provision, Scandinavia, and the Sheer Futility of the Sociological Approach to Politics. *British Journal of Political Science*. 9(2): 157-171.
Esping-Andersen, G. (1990). *The Three Worlds of Welfare Capitalism*. Princeton, New Jersey: Princeton University Press.
Esping-Andersen, G. & Korpi, W. (1984). Social Policy as Class Politics in Post-War Capitalism: Scandinavia, Austria, and Germany. In Goldthorpe, J. (ed.) *Order and Conflict in Contemporary Capitalism*. New York: Oxford University Press.
Furniss, N. & Tilton, T. (1977). *The Case for the Welfare State: From Social Security to Social Equality*. Bloomington, Indiana: Indiana University Press.
Gilbert, N. & Specht, H. (1974). *Dimensions of Social Welfare Policy*. Englewood Cliffs, New Jersey: Prentice-Hall.
Pampel, F. & Williamson, J. (1988). Welfare Spending in Advanced Industrial Democracies, 1950-1980. *American Journal of Sociology*. 93(6): 1424-56.
Wilensky, H. L. (1975). *The Welfare State and Equality: Structural and Ideological Roots of Public Expenditures*. London: University of California Press.
Wilensky, H. L. & Lebeaux, C. N. (1965). *Industrial Society and Social Welfare: The Impact of Industrialization*. New York: The Free Press.

제8장
정책형성: 국민기초생활보장제도 사례분석*

1 서론

우리나라 사회복지정책 분야에서 국민기초생활보장제도는 매우 중요한 사례로 평가된다(유길연·최재훈, 2015 등). 정책채택 당시의 국민기초생활보장제도는 기존의 시혜적이고 구빈법적인 성격을 지녔던 생활보호제도를 대체한 현대적 의미의 공공부조제도로서 한국 사회복지정책의 방향 전환 가능성은 물론 시민단체의 정책형성과정 참여 확대 가능성 등을 보여준 대표적이고 예시적인 사례(Hague et al., 2016)로 볼 수 있다. 이러한 맥락에서, 제도 시행 직후부터 최근에 이르기까지 어떻게 이와 같은 성격의 정책채택이 가능할 수 있었는지를 밝히기 위해 국민기초생활보장제도의 정책형성과정에 대한 분석이 시도되었다(안병영, 2000; 박윤영, 2002; 유길연·최재훈, 2015; Moon, 2008; Jung, 2009 등).

---

* 주재현(2019)을 수정한 원고임.

대체로 초기의 연구들(안병영, 2000; 박윤영, 2002; Moon, 2008)은 국민기초생활보장제도의 형성과정에 관한 기술을 통해 사실파악과 내용전달 측면에서 기여했으나, 심층적인 이론적 분석에서 한계를 보였다. 한편, 상대적으로 최근의 연구인 Jung(2009)과 유길연·최재훈(2015)은 각각 정책변동 설명요인접근과 역사적 제도론의 관점에서 제도와 행위의 상호작용을 토대로 정책형성과정을 분석함으로써 국민기초생활보장제도의 채택에 대한 이론적 논의의 수준을 높이는 성과를 보였다. 그러나 이 연구들은 정책변동 설명요인을 평면적으로 적용하거나 정책형성과정 참여자가 국가구조 상의 위치를 반영하여 행위 하는 것으로 단순화함으로써 행위의 원천에 대한 이해가 제한되었다. 특히 정책형성과정 참여자의 정책선호의 근원— 문화 또는 삶의 양식 —과 그 의의에 대한 분석 및 검토가 취약했던 것으로 판단된다. 이에 이 장은 선행연구의 성과와 한계를 기반으로 국민기초생활보장제도의 채택에 영향을 미쳤던 요인 중 특히 정책 행위자의 정책선호의 근원인 '삶의 양식'에 주목함으로써 국민기초생활보장제도에 대한 이해를 높이는 데 목적을 두었으며, 이를 위해 집단-격자 문화이론을 적용한 새로운 해석을 모색했다.

더글라스(M. Douglas)에 의해 문화인류학 분야에서 창안된 집단-격자 문화이론은 월다브스키(A. Wildavsky)와 그의 동료들의 노력으로 사회과학의 여러 분과로 적용 범위가 확대되었다(Douglas & Wildavsky, 1982; Schwarz & Thompson, 1990 등). '나는 누구인가?(Who am I?)'와 '나는 무엇을 할 것인가?(What shall I do?)'라는 질문에 대한 답을 구하는 과정에서 인간이 자아(self)를 찾아 나가는 것으로 파악하는 집단-격자 문화이론[1]은 정책형성과정 참여자의 정책선호에 대한 이해의 제고를 통해서 정책사례 분석에 기여할 수 있다(주재현 외, 2017).

문화이론은 그간 주로 정책연구의 주류 분석모형과 혼용되는 방식으로 활용되었다. 즉, 신제도론 적용의 연구에서는 사회에 따라 서로 다른 제도가 선호되는 원인의 규명이나 합리적 행위의 내용상 차이의 이해에 적용되었고(Lockhart, 1999; 2001), 옹호연합모형 적용의 연구에서는 신념체계·연합·정책변동원인을 명료화하는 데 적용되었으며(Kim, 2003; Jenkins-Smith et al., 2014), 정책네트워크모형의 경우에는 협력의 형

---

[1] 반복서술을 줄이기 위해 이하에서는 경우에 따라 '문화이론'으로 간략히 기술했다.

성과 붕괴의 근원을 분석하는 데 활용되었다(Weare et al., 2014). 정책영역별로는 특히 환경·안전·에너지·외교·보건 등 주로 위험(risks)과 관련된 분야에서 활발하게 논의되었다(Swedlow, 2014; 6 & Swedlow, 2016). 그러나 사회적 위험의 하나인 빈곤과 관련된 사회복지정책 영역에서는 상대적으로 그 활용이 제한된 편이었다. 우리나라의 사회복지정책 사례를 대상으로 하는 본 연구는 이러한 연구발전상의 간극을 메우려는 시도의 하나이며, 이론적 측면에서는 기존의 접근방식을 계승하되, 상대적으로 문화이론과의 혼용이 부족했던 Hood의 정책변동 설명요인접근(Hood, 1994)과 문화이론의 접합 시도로 이해될 수 있다.

문화이론을 적용하는 경험적 연구는 서베이 자료를 활용하는 계량적 분석이나 인터뷰 또는 문헌자료를 활용하는 질적 분석의 방법으로 수행되는데, 본 연구는 문헌자료를 분석하는 후자의 방법을 사용했다. 다음의 2.에서는 이론적 논의로서 정책변동 설명요인접근, 문화이론을 적용한 기존 사회복지정책 연구, 문화 형태별 사회복지 선호 등에 대해서 살펴보았다.[2] 이어서 3.에서는 국민기초생활보장제도의 채택과정을 설명한 후, 서로 다른 정책선호와 아이디어의 경합과정에 대해 문화이론을 적용하여 분석했다. 먼저 정책채택 과정을 시기별로 구분해서 설명했고, 문화이론의 분석 틀을 적용해서 주요 참여자(정책 행위자)의 정책선호를 파악한 후 삶의 양식(문화) 간의 혼합과 충돌과정을 분석했다. 마지막으로 4.에서 분석 결과의 함의를 토론했다.

❷ 이론적 논의

아래에서는 먼저 정책변동 설명요인접근에 관해 약술한 후, 사회복지정책 영역에서 문화이론을 적용한 사례연구를 살펴봄으로써 문화이론 활용의 가능성을 확인한다. 다음으로 선호형성에 대한 문화이론의 논리를 제시한다. 이를 토대로 사회복지에 대한

---

2) 문화이론을 중심으로 이론적 논의를 전개했으며, 정책변동 설명요인접근에 대해서는 간략하게 서술했다. 본 연구는 정책변동 설명요인접근과 문화이론을 종합해서 하나의 모형을 개발한 후 이를 적용하는 연역적 접근을 채택하기보다 정책사례를 분석하는 과정에서 두 연구모형을 단계적으로 혼용하는 실용적 접근방식을 취했다(실제 사례분석에 대해서는 3.을 참조).

정책선호가 어떻게 달리 나타날 수 있는지를 추론하고, 정책사례 분석을 위한 지침을 구축한다.

1) 정책변동 설명요인접근

후드(Hood, 1994)는 정책변동을 설명하고자 했던 선행연구에 대한 검토를 토대로 정책변동의 설명요인들을 정리했는데, 그 요인들은 정책 아이디어의 힘, 이해 관련자의 이익의 힘, 외적 환경의 변화, 그리고 기존 정책의 관성 또는 유산의 네 가지로 구성된다. 여기서 '이익'과 '아이디어'가 정책과정에 참여하는 구체적인 행위자의 행동 동기에 관한 것이라면 '외적 환경'은 그 행위자들이 처해 있는 상황과 제도적 제약 일반을 말하며, '정책관성 또는 유산'은 구조나 행위와 같은 정책 외적 요인이 아닌, 정책 내부로부터 나오는 역동성을 말한다([그림 8-1] 참조).[3]

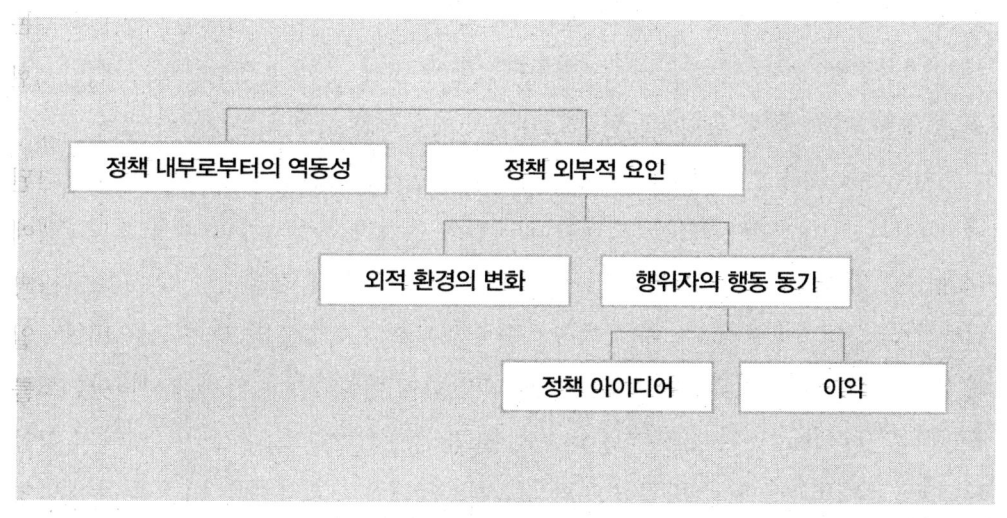

자료: 주재현(2016: 86).

[그림 8-1] 정책변동의 설명요인

---

[3] 정책변동 설명요인접근에 대한 좀 더 자세한 소개는 주재현(2016: 80-86), 김호윤·주재현(2015: 58)을 참고하기 바람. 정책변동 설명요인접근을 적용한 연구로는 Hood(1994), Joo(1999a: 1999b), Jung(2009), 주재현(1999), 임은의·박은주(2013), 김호윤·주재현(2015) 등이 있다.

2) 기존 비교사례연구 검토: 문화요인의 설명력

사회복지정책 영역에서 문화이론을 적용한 국내외의 연구는 아직 제한된 수준에 머물고 있다. 먼저 사회현상 분석에 문화이론을 적극적으로 활용할 것을 주창한 월다브스키는 복지정책 분야에서도 문화이론 적용을 시도한 바 있다. 월다브스키(Wildavsky, 1982)는 유럽 국가들에 비해 미국의 복지국가가 저발전되어 있는 원인을 문화의 차이에서 찾았다. 즉, 유럽의 국가들은 대체로 미국보다 계층주의가 강하고 개인주의가 약하기 때문에 정부에 의한 사회복지 프로그램의 도입이 용이했으며, 유럽의 평등주의자[4]는 평등을 추구하기 위한 수단으로서 계층주의를 받아들인 반면, 미국에서는 개인주의 문화가 강하고 평등주의자가 계층주의자를 불신했기 때문에 복지국가 발전이 지체되었다는 것이다. 그러나 월다브스키의 연구는 거시적인 논의에 머물고 있으며, 정책사례에 대한 구체적인 분석으로 나아가지는 못했다. 이러한 특징은 문화이론을 적용한 국내 연구에서도 발견된다. 즉, 복지국가의 유형분석(주재현, 2004; 주재현·신현중·박치성, 2016), 서구 복지국가의 발전과정 분석(박병현, 2005), 장애인고용정책의 논리와 가치갈등 분석(이곤수, 2006), 소득불평등에 대한 문화의 영향분석(주재현·신현중·박치성, 2017) 등의 경우에도 연구의 내용이 거시적인 논의에 한정되어 있다.

문화이론을 적용한 복지정책 사례의 비교분석은 록하트(Lockhart, 2001)에서 발견된다. 록하트는 1980년대와 1990년대를 거치면서 이전의 확장되었던 복지 프로그램에 대한 감축 압박이 가해지는 환경 변화 하에서 주요 국가들의 대응 방식에 차이가 나타난 원인을 설명하고자 했다. 이에 록하트는 비교분석의 대상을 독일·소련·미국·일본 네 국가의 연금정책으로 한정한 후, 네 국가 간에 연금정책의 차이가 나타났는지를 확인하고 그러한 차이를 야기한 주요 원인을 정책 엘리트의 삶의 양식(문화)에서 찾았다. 정책 엘리트들은 단지 자연인 개인으로서가 아니라 사회의 주된 삶의 양식을 반영하고 있는 핵심적인 정책 행위자로서 활동하는 것으로 이해되었다.

록하트는 네 국가 중 독일·소련·일본의 정책 엘리트는 계층주의를 주된 삶의 양

---

[4] 평등주의적 삶의 양식을 주된 삶의 양식으로 하는 정책 행위자를 '평등주의자'로 명명하며, '개인주의자', '계층주의자' 등도 같은 방식으로 활용한다.

식으로 하고 있었던 반면, 미국 정책 엘리트의 주된 삶의 양식은 개인주의였음을 확인한 후, 이러한 차이로 인해 이들의 정책선호 및 채택된 정책의 내용이 다르게 나타났다고 주장했다.[5] 그러나 록하트는 그의 사례연구에서 일본이 문화이론의 논리적 추론과 부합하지 않는 결과[6]를 나타냈다는 점을 보고하고, 삶의 양식이 현실세계의 정책사례를 완벽하게 설명·예측하긴 어려우며 문화 외의 다른 설명변수가 동원되어야 함을 인정했다. 일본의 경우, 계층주의 정책 엘리트는 사회구성원의 욕구 충족을 모색함에 있어 역사적으로 복지정책보다 산업정책을 중요시했다는 점, 그리고 일본은 가족 내의 세대 간 지원 기능이 상대적으로 강한 사회제도적 특징을 지니고 있다는 점 등이 작용하여 이러한 차이가 나타났다는 것이다.

이처럼 록하트는 비교사례분석을 통해 설명요인으로서의 문화의 가능성과 한계를 보여주었다. 또한 록하트는 문화요인의 설명력이 '사회적 격변기'(혁명적 변화의 시기)와 '일상적 안정기'의 중간 정도인 '제도변화 압박기'(pressured decision points)에 상대적으로 높다고 주장했다. '사회적 격변기'에는 상황의 힘이 문화를 압도하고, '일상적 안정기'에는 기존 제도의 지속으로 충분한 반면, '제도변화 압박기'에는 정책 행위자들의 정책 아이디어 간 경합이 활발해지고 이는 그들의 삶의 양식을 반영하는 정책선호의 영향력이 높아지는 것을 의미하기 때문이다.

이렇게 볼 때 김영삼 정부 말기부터 김대중 정부 초기에 걸쳐 진행되었던 국민기초생활보장제도의 도입기는 일종의 제도변화 압박기적인 성격을 지니고 있었던 시기로

---

[5] 계층주의자는 사회적 불평등 감소나 개인의 자유에 관한 관심은 낮으나, 사회적 연대감이 높고 복지 선호도가 일정 수준 이상이며 중앙집권적인 사회질서와 계층 간의 조화(harmony)를 강조한다. 이러한 문화적 편향(가치관)을 지니게 되면, 정책 환경 변화를 직시하면서 복지 프로그램의 감축을 적극적으로 받아들이거나 추진하기가 어려워지고, 전반적인 복지재정 확충을 정부 주도로 모색하는 입장을 취하게 된다. 복지 프로그램 축소가 안정·조화·유대감에 부정적 효과를 야기할 수 있기 때문이다. 한편, 개인주의자는 사회적 연대감이나 복지 선호도 및 중앙집권적인 권위와 조화에 관한 관심이 낮은 반면 개인의 자유와 책임을 중요한 가치로 내세운다. 따라서 개인주의자는 정책 환경 변화에 따른 복지재정 문제를 직시하고 복지 프로그램 감축을 추진하기가 상대적으로 쉽다. 또한 복지 프로그램 축소가 그동안 위축되었던 개인의 책임 의식과 자율성을 높이는 데 기여할 수 있을 것으로 믿는다. 록하트(Lockhart)는 비교정책사례분석을 통해 삶의 양식(문화)의 유형에 따라 도출될 수 있는 정책 엘리트 정책선호의 차이가 실제 정책내용에 반영될 수 있음을 보여주었다.

[6] 계층주의자인 일본의 정책 엘리트는 연금 지급 수준을 낮추는 정책을 채택하였고 재원 확충을 시도하지 않았는데 이는 독일·소련의 계층주의자와는 다른 행보였다.

서[7] 문화요인의 설명력을 타진하기에 비교적 적절한 시기라고 판단되었다. 이에 본 연구는 문화요인을 반영하고 있는 정책선호와 정책 아이디어에 초점을 두되, 정책변동 설명요인 접근에서 고려되는 여타 요인들(정책 행위자의 이익, 역사적 상황 요인, 제도적 특성, 기존 정책의 유산 등; Hood, 1994; Hay, 2004)의 영향에 대해서도 주목했다.

아래에서는 문화요인의 이론적 근거가 되는 문화이론의 선호형성 논리에 대해 살펴보고, 문화(삶의 양식)별 사회복지제도 및 선호의 차이를 추론한다.

3) 삶의 양식과 선호 형성

문화이론은 '사회'에 대해서는 물론 사회구성원 '개인'의 삶의 양식과 선호형성의 관계에 대해서도 독창적인 이론적 논의를 제시했다(이하 신현중 외, 2019: 159, 161-162 참조). 경제학 및 합리적 선택론은 행위자의 선호(preferences)를 해당 행위자의 자기 이익(self-interests)과 같은 것으로 본다(Wildavsky, 1987: 3-4; Dodds, 2013: 189-190). 그러나 문화이론에서는 선호를 특정 사안에 대한 개별 행위자의 호·불호에 대한 관념(ideas)으로 파악한다. 여기서 관념은 해당 사안이 행위자 자신과 사회에 가져올 긍정적 효과에 대한 믿음(belief)을 말한다. 긍정적 효과에 대한 믿음은 해당 사안이 자신의 이익에 긍정적인 기여를 할 것이라는 믿음뿐 아니라 바람직한 사회의 모습에 대한 자신의 신념 실현에 긍정적으로 기여할 것이라는 믿음까지 포함한다(Lockhart, 2001: 11-12).

수단적 합리성 개념에 토대를 두고 있는 주류 사회과학에서 행위자의 선호는 '주어진' 것으로 간주된다. 개별 행위자는 각종 사안에 대한 나름의 선호를 이미 가지고 있으며, 합리적 행위자는 자신이 가지고 있는 선호를 체계적으로 정리할 수 있고, 이를 토대로 적절한 문제해결 수단을 논리적으로 선택할 수 있는 것으로 전제된다(Dodd, 2013: 189-193). 그러나 여기서는 합리적인 행위자의 선호가 어떻게 형성되었는지에 관한 관심은 결여되어 있다. 반면 문화이론은 행위자의 선호가 어떻게 형성되는지에

---

[7] 김영삼 정부 말기부터 김대중 정부 초기의 기간은 외환위기가 가져온 다양한 정치·사회적 변화가 발생하던 시기로서 '일상적 안정기'와는 거리가 멀지만, 그러한 변화가 정부와 IMF의 관리 하에 진행됨으로써 혁명과도 같은 '사회적 격변기'와는 구별된다고 하겠다.

대한 독자적인 이론적 논의를 전개했다.

문화이론에 따르면, 개별 행위자는 타인들과 사회적 관계를 갖기 전에는 자신의 선호가 무엇인지 정확하게 파악하기 힘들다. 행위자의 선호는 다른 사람들과의 상호작용 속에서 일종의 학습과정을 거치면서 형성되며, 다른 사람들과 상호작용하지 않는 사람은 동물적인 욕구 외에 자신이 원하는 것이 무엇인지를 알기 어렵다는 것이다(Thompson et al., 1990: 56-57; Wildavsky, 1987: 4-5).

문화이론은 사회적 관계와 삶의 양식이 개별 행위자가 자신의 정체성이 무엇인지, 어떤 행위를 해야 하는지, 어떻게 살아가야 하는지 등에 관한 판단과 결정을 내리는 데 있어 매우 큰 영향을 미치는 것으로 파악한다. 그리고 이러한 판단과 결정의 토대에는 그 행위자가 무엇을 선호하는지가 가로놓여 있다. 결국 사회적 관계와 삶의 양식은 행위자들의 선호 형성에 영향을 미치고, 이는 그들의 정체성과 행동 경로의 결정에 영향을 미친다고 할 수 있다. 다만, 사회적 관계와 삶의 양식에 의해 형성되는 선호의 패턴은 삶의 양식과 마찬가지로 네 개의 이념형으로 정리될 수 있다(Thompson et al., 1990: 57 참조).[8]

문화이론은 사회적 관계/삶의 양식과 선호 형성 간의 인과관계를 두 가지 방식으로 설명한다. 첫째는 더글라스(Douglas), 윌다브스키(Wildavsky), 톰슨(Thopmson) 등의 전통적 이론가들의 기능론적 설명방식으로서, 전통적 이론가들은 한 행위자가 특정 선호를 갖게 된 원인을 그러한 선호가 그의 사회적 관계 및 삶의 양식의 유지·강화에 기여하기— 기능적이기(functional) —때문이라는 점에서 찾고 있다(Thompson et al., 1990: 57-59, 66; Chalmers, 1997: 167).[9] 둘째는 카한(Kahan), 브라만(Braman) 등 상대적으로 최근 연구자들의 사회심리학적 설명방식으로서, 이들은 한 집단에 속한 행위자가 특정 선호를 갖게 되는 이유를 그가 집단 내 타인들의 인지와 조화를 이루고 그 자신과 여타 구성원들의 긍정적 감정을 야기하는 정보와 활동을 선호하는 방향으로 편향을 갖게 되는 데에서 찾고 있다(Kahan, 2006: 153-155; Kahan et al., 2007). 기

---

[8] 문화이론가들은 네 개의 선호 패턴 중에서 하나를 선택하는 것은 마치 네 개의 세트 메뉴 중 하나를 선택하는 것과 같아서 선택과 더불어 여러 세부적인 선호가 함께 채택되는 것으로 이해하고 있다.

[9] 특정 선호가 가져온 결과(특정 사회적 관계와 삶의 양식의 유지·강화)가 선호 형성의 원인이라는 논리이다.

능론적 설명이건 사회심리학적 설명이건, 문화이론가들에 의하면 개별 행위자는 자신이 갖게 된 사회적 관계 및 삶의 양식과 더불어 이와 상응하는 선호 패턴을 갖게 되는데, 자신의 것과 다른 사회적 관계/삶의 양식을 경험하면서 자신의 사회적 관계/삶의 양식을 방어하거나 다른 것을 반대하는 과정을 통해 자신의 선호를 더욱 구체화하고 강화하게 된다는 것이다(Wildavsky, 1987; Kahan, 2006).

4) 삶의 양식별 사회복지제도 및 선호의 차이

집단성의 정도가 높은 행위자는 연대적 성향이 강하기 때문에 사회복지제도 인식과 사회복지에 대한 선호도— 국가/사회적 복지활동에 대한 지지 —가 높을 것으로 볼 수 있고, 반대로 집단성의 정도가 낮은 행위자는 개인적 성향이 강하므로 사회복지제도와 사회복지에 대한 선호도가 상대적으로 낮을 것으로 볼 수 있다. 한편, 격자성은 집단성만큼 사회복지제도 및 행위자의 복지 선호도에 명확한 인과관계를 보이기 어려울 것으로 판단된다. 격자성의 주요 특성인 계층·차등·자율성 등과 사회복지의 직접적인 논리적 연관성이 집단성의 특성인 '개인적-연대적' 특성만큼 높지 않기 때문이다. 격자성이 높은 행위자도 사회복지에 대한 선호가 높을 수 있으나, 그들은 계층이나 차등에 대한 수용도가 높기 때문에 사회복지 활동에 의한 사회적 계층과 불평등의 획기적 개선에 대한 선호가 높을 것으로 추론하기 어렵다. 격자성이 낮은 행위자는 계층이나 차등에 대한 수용도가 낮으므로 사회적 계층과 불평등이 낮은 사회 상태를 선호할 것으로 보이지만, 자율성에 대한 선호가 높으므로 국가/사회적인 복지활동이 야기할 수 있는 개인의 자율성 침해의 가능성에 대해 우려할 여지가 존재한다(신현중·주재현·박치성, 2019: 163 참조).

위의 논의를 토대로 이하에서는 삶의 양식(계층주의, 개인주의, 평등주의, 운명주의)에 따라 사회복지제도 및 개인의 사회복지 선호도 상의 차이가 어떻게 나타날 것인지를 추론했다(주재현, 2004; 주재현 외, 2016; 주재현, 2019).[10] 사회구성원 대다수가 사회복지

---

10) 앞서 살펴본 바와 같이 록하트(Lockhart, 2001)는 삶의 양식과 사회복지제도의 관련성에 대해 일부 논의를 전개했으나 그의 논의는 삶의 양식별 복지선호에 대한 체계적인 이론적 전개로까지 나아가지는 않았다. 본 연구는 이에 대한 보완의 의미를 지니며, 이하의 논의는 이념형적 삶의 양식을 전제로 한 추론으로서

에 무관심하거나 몹시 제한적인 사회복지 형태만을 수용하는 사회의 삶의 양식은 개인주의와 운명주의로 이해할 수 있다. 반면, 사회구성원 대다수가 사회복지의 발전, 특히 국가에 의해 주도되는 사회복지제도와 정책의 발전을 적극적으로 수용하는 사회의 삶의 양식은 평등주의와 계층주의로 볼 수 있다. 개인주의 삶의 양식과 운명주의 삶의 양식 간의 핵심적인 차이는 사회구성원 개인이 삶의 과정에서 직면하는 위험과 이에 대한 대응 태도에서 발견된다. 전자는 개인 스스로의 역량에 대한 믿음의 정도가 높은 반면 후자는 그렇지 못하다. 한편, 계층주의 삶의 양식에서 발전하는 사회복지제도가 가부장적 책임 의식에서 나온 것인 반면, 평등주의 삶의 양식에서 추구하는 사회복지제도는 모든 사회구성원이 공동체를 구성하는 동등한 동료라는 의식의 발로라는 점이 특징적이라 하겠다. 전자에서는 사회의 유지를 위해 가부장적 관점에서 차별을 인정한 사회복지제도가 발전되는 반면, 후자에서는 공동체적인 관점에서 좀 더 형평성이 높은 사회복지제도가 발전될 수 있다(〈표 8-1〉 참조).[11]

〈표 8-1〉 삶의 양식별 기본욕구 충족 책임과 사회복지제도 상의 차이

삶의 양식(문화)	기본욕구 충족 책임	사회적 위험 의식	사회복지제도
개인주의	개임책임	약함	제한됨
운명주의	개인책임	약함	제한됨
계층주의	개인책임(주) + 사회책임(종)	강함(가부장적 책임 의식)	확장됨
평등주의	개인책임(종) + 사회책임(주)	강함(공동체적 동료 의식)	확장됨

자료: 주재현(2004: 288)의 일부 수정.

사회구성원 개인의 사회복지 선호도(이하 복지 선호도)와 관련해서, 개인주의자(개인주의적 삶의 양식을 지닌 행위자)는 다른 사회구성원에 대한 유대감이 깊지 않아 복지 선호도가 높지 않으리라고 추론할 수 있는데, 이들은 또한 개인의 자율성을 중시하므로

주재현(2004)에 토대를 두고 있다. 실제 현실에 존재하는 사회와 개인은 혼합된 삶의 양식의 영향으로 인해 복합적인 사회제도와 개인적인 선호를 갖게 될 것으로 볼 수 있다.
11) 문화 형태별 자세한 추론 내용은 앞의 7장을 참조하기 바람.

국가/사회적인 복지활동의 활성화에 대해 부정적인 입장일 것이다. 이들에게 있어 공정한 경쟁 기회의 부여는 중요하지만, 공정한 경쟁의 결과로서 나타나는 계층과 불평등은 당연한 것으로 여겨진다. 운명주의자는 사회적 유대감이 깊지 않아 복지 선호도가 높지 않을 것이고, 사회적 계층과 불평등의 획기적 개선에 대한 선호 역시 높지 않으리라고 추론할 수 있다. 이들은 또한 개인의 자율성 침해에 관한 관심을 지니기 어렵다. 한편, 계층주의자는 사회적 유대감이 깊고 복지 선호도가 일정 수준 이상일 것이지만, 이 유대감과 복지 선호도는 국가/사회적인 복지활동이 현재의 사회적 계층(및 불평등)을 크게 훼손하지 않는 수준에 한정될 것으로 볼 수 있다. 이들도 운명주의와 마찬가지로 개인의 자율성 침해에 관한 관심은 낮다. 마지막으로 평등주의자는 사회적 유대감과 복지 선호도가 높을 것이고, 나아가 국가/사회적인 복지활동을 통해 사회계층과 불평등의 획기적 개선을 모색할 것으로 기대할 수 있다. 이들에 있어 국가/사회적인 복지활동이 야기할 수 있는 개인의 자율성 침해에 대한 우려는 집단의 일체감과 공동체 의식에 의해 어느 정도 상쇄되는 것으로 추론할 수 있다(표 8-2).

정리하면, 낮은 격자성을 높은 집단성으로 제어할 것으로 보이는 평등주의자의 복지 선호도가 가장 높을 것이고, 높은 집단성과 높은 격자성이 양립할 것으로 보이는 계층주의자의 복지 선호도가 두 번째로 높을 것으로 볼 수 있다. 집단성이 낮은 개인주의자와 운명주의자의 복지 선호도는 앞의 두 유형의 행위자에 비해 낮을 것으로 판단된다.

〈표 8-2〉 삶의 양식별 사회복지 선호도

삶의 양식 (문화)	사회적 유대감	사회계층·불평등 개선 기대·관심	개인 자율성 침해 우려	복지 선호도
개인주의	저	저	고	저
운명주의	저	저	저	저
계층주의	고	저	저	중
평등주의	고	고	중	고

자료: 주재현(2019: 13).

❸ 국민기초생활보장제도 정책형성과정 분석

1) 정책채택 설명

국민기초생활보장제도의 채택과정은 세 개의 시기로 구분될 수 있다. 첫 번째 시기는 1990년대 중반 참여연대의 쟁점 제기 시점부터 1998년 말 국민기초생활보장법안의 국회 보건복지위원회 통과 좌절이 있었던 기간이고, 두 번째 시기는 1999년 초 참여연대 주도의 국민기초생활보장법 제정추진 연대회의 구성 이후 1999년 6월 21일 김대중 대통령의 법 제정 발언을 거쳐 1999년 8월 법안의 국회 본회의 통과까지의 기간이다. 마지막으로 세 번째 시기는 1999년 9월부터 국민기초생활보장법의 시행령이 제정된 2000년 8월까지의 기간이다. 아래에서는 이 세 시기 동안의 핵심적 사건(법안 통과 실패, 법안 통과, 시행령 제정)에 영향을 미친 요인에 대해 살펴본다.

(1) 제1기(1994~1998. 12.): 법안 국회 보건복지위원회 통과 좌절

1998년 12월 국민기초생활보장법안은 국회 보건복지위원회의 법안심사소위원회를 통과했으나 결국 상임위원회(보건복지위원회)에 상정되지 못했다. 여기서는 법안심사소위원회를 통과할 수 있었던 요인과 궁극적으로 실패에 이르게 되었던 요인을 살펴본다.

국민기초생활보장제도의 필요성을 정책적 쟁점의 수준으로 끌어올리는 데 있어 큰 영향을 미친 요인은 참여연대의 정책선호[12]의 힘과 기존 정책(생활보호제도)의 한계 그 자체였다. 생활보호제도는 인구통계학적 기준을 적용해서 생활보호대상자를 극빈 노인과 아동 위주로 한정함으로써 그 수를 최소화하고자 했던 전 근대적인 성격의 제도로서,[13] 정책 자체가 지니고 있었던 한계로 인해 참여연대를 포함한 제도개선 주장 세력의 노력에 정당성을 제공했다. 이러한 배경 하에서 참여연대는 1994년 출범 이후

---

12) 정책선호는 특정 정책에 대한 호·불호를 말한다. 여기서는 국민기초생활보장제도가 가져올 바람직한 사회의 모습에 대해 참여연대가 가지고 있었던 긍정적 관념을 의미한다.
13) 생활보호제도의 특성과 한계에 대한 좀 더 자세한 서술은 아래의 '복지 선호도와 문화 분석' 부분에서 제공됨.

자신의 진보적 정체성을 내세우는 운동을 전개했는데 '국민복지기본선' 운동도 그중의 하나였다. 이 운동은 모든 국민에게 최저생계비 이상의 삶을 보장한다는 목표 하에 기존의 생활보호법 체계를 대체하는 새로운 법제의 필요성을 주장했고, 이것이 차후 국민기초생활보장법의 토대가 되었다.

그러나 참여연대의 정책선호가 실제 정책의제 단계로 접근하기 위해서는 정책 환경의 급변이라는 다른 요인의 역할이 긴요했다. 즉, 1997년의 외환위기와 더불어 한국사회가 IMF 관리 체제 하에 놓임에 따라 실업과 빈곤이 사회문제화 되는 현상이 나타났으며,14) 이러한 환경 변화는 참여연대의 활동공간을 넓히는 효과를 가져왔다. 당시 정권교체에 의해 여당이 된 국민회의가 실업과 빈곤문제를 다루는 연구팀을 구축했고, 여기에 참여연대의 국민복지기본선 운동 세력이 참여하게 되었다. 그리고 이 연구팀을 통해서 국민기초생활보장법의 개요가 형성되었다. 이를 토대로 해서 1998년의 전반기 동안 참여연대(사회복지위원회)는 기초생활보장법 제정을 사회적 쟁점화하기 위해 여러 공청회를 개최했으며, 이 과정에서 여타 시민운동단체들과의 네트워크 기반이 구축되었다. 1998년의 후반기 동안에는 국민기초생활보장법 제정을 위해 국회 내외에서의 노력이 추진되었고, 우여곡절 끝에 12월 말경에 법안이 국회 보건복지위원회의 법안심사소위원회를 통과했다(안병영, 2000: 4-7; 유길연·최재훈, 2015: 225-229; Moon, 2008; Jung, 2009).

그러나 이러한 움직임은 아직 1960년대부터 1990년대까지 공고화되었던 발전국가 체제(developmental state regime)의 유산(김태성·성경륭, 2014; Kwon, 2002)을 넘어서기에는 역부족이었으며, 결국 대체 법안은 국회 보건복지위원회에 상정되지 못해 정책의제의 관문을 통과하지 못했다. 이러한 결과는 발전국가 체제 하에서 주도적 역할을 담당하던 재정경제부(예산청)를 비롯한 기존 주류 정부 부처들의 반대에 의해 야기되었다. 참여연대 등 시민운동단체의 국민기초생활보장제도 도입 주장에 대해서 여당 및 야당의 일부 정치인과 청와대 내 복지국가 지지 세력이 지원 노력을 기울인 반면, 기존의 생산주의 복지체제(productivist welfare regime; Holliday, 2000)의 틀을 유지하

---

14) 1997년의 외환위기와 IMF 관리체제가 우리 사회에 심대한 영향을 미쳤다는 점에 대해서는 학계에 광범한 공감이 형성되어 있다(정원오, 1999; 박윤영, 2002 등).

고자 했던 재정경제부(예산청), 노동부 등은 대체법의 채택을 적극적으로 반대했고, 정책의 주무 부처가 될 보건복지부 역시 정책채택에 부정적인 반응을 보였다. 특히 정부 부처 내 영향력에 있어 다른 부처들에 크게 앞서는 재정경제부(예산청)는 빈곤과 실업 등의 문제에 대한 책임은 기본적으로 개인에게 있고, 정부의 역할은 제한된 영역에 머물러야 한다고 보았으며, 이러한 관점에서 기존의 생활보호제도를 유지하는 것이 바람직하다는 입장을 견지했다. 또한 기존 체제에 안주하고 있었고, 새 제도가 요구하는 정책집행 역량 상의 한계를 자인하고 있던 보건복지부도 정책채택을 지지하지 않았다 (안병영, 2000: 7; 유길연·최재훈, 2015: 228-229; Moon, 2008).

정책변동 설명요인을 정리하면, 기존 정책(생활보호제도)의 한계와 정책 환경의 급변(외환위기)이라는 조건 하에 참여연대를 주축으로 하는 제도개선 세력 정책선호(즉, 정책 아이디어)의 힘으로 국민기초생활보장제도 쟁점은 정책의제 단계에 근접할 수 있었다. 그러나 기존 발전국가 체제(및 생산주의 복지 체제)의 제도적 유산 하에 정책선호[15] 면에서 제도개선 세력과 반대 위치에 있던 정부 내 핵심 부처의 영향력으로 인해 국민기초생활보장제도는 정책의제의 주요 관문을 통과하지 못했다.

(2) 제2기(1999. 1.~1999. 8.): 법안 국회 통과

1998년의 실패를 딛고 국민기초생활보장제도 지지 세력은 마침내 1999년 8월 해당 법안을 국회 본회의에서 통과시켰다. 이 시기에 있어 정책채택의 주요 추동력은 참여연대를 비롯한 지지 세력의 정책선호였다. 출발은 1999년 초 참여연대가 주도한 '국민기초생활보장법 제정추진 연대회의'(이하 연대회의)의 구성이었다.[16] 참여연대는 자신의 정책선호를 실현하기 위해서는 좀 더 체계화된 연대체제의 필요성을 느꼈고, 이에 연대회의를 추진·구축하는 데 성공했다. 연대회의는 1999년 3월 '국민기초생활보장법 제정의 쟁점과 전망'이라는 제목으로 공청회를 개최했으며, 이후에도 성명서 발표, 서명 작업 추진, 청와대 및 여·야당 내 지지 세력과의 접촉과 협력을 적극적으로 추

---

15) 국민기초생활보장제도가 가져올 부정적 효과에 대해 예산청 등이 지니고 있었던 부정적 관념을 의미한다. 바꿔 말하면, 정부의 역할 면에서 기존 제도(생활보호제도)가 가지고 있는 효과에 대한 예산청의 긍정적 관념을 말한다.

16) 참여연대, 민주노총 등의 노동단체, 종교단체, 지역 시민단체 등으로 구성됨.

진했다(안병영, 2000: 8-11; Jung, 2009).

　연대회의와 관련 행위자들이 대중 수준과 정책 엘리트 수준에서 수행했던 노력이 궁극적으로 새 정책 도입에 기여했음은 물론이나, 이들의 노력이 성공할 수 있었던 결정적인 계기는 대통령의 직접적인 관여였다. 1999년 6월 21일 김대중 대통령은 울산의 한 공식 석상에서 국민기초생활보장법을 제정하겠다고 발언했고, 뒤이어 8.15 경축사에서 국민기초생활보장법을 포함한 포괄적 복지체계를 구축하겠다고 공언했다(유길연·최재훈, 2015: 231; Jung, 2009). 우리나라의 정책과정에서 대통령이 지닌 절대적인 영향력에 비추어볼 때(김성수, 2006; 박천오, 1993), 대통령의 발언은 정책 반대 세력(특히, 행정부 내 부처인 기획예산처[17], 노동부 등)이 거부하기 어려운 상수로 작용했다고 하겠다.

　대통령의 6월 발언을 전환점으로 해서 국민기초생활보장제도는 빠른 속도로 입법과정을 거치게 되었다. 연대회의는 정책채택을 위한 대중 수준의 압박을 지속함과 더불어 법안의 내용을 구성하기 위해 노력했고, 청와대 참모와 관련 국회의원들이 이에 협조했다. 보건복지부도 기존의 미온적인 자세를 벗어나서 정책채택을 위해 적극적인 활동을 전개했다. 1999년 7월, 한나라당 김홍신 의원을 통해 국민기초생활보장법안이 국회에 제출되었고, 이 법안은 1999년 8월 법안심사소위원회와 법제사법위원회, 그리고 국회 본회의를 통과하여 1999년 9월에 공포되었다(안병영, 2000: 11-14; 박윤영, 2002; Moon, 2008; Jung, 2009).

　울산에서 국민기초생활보장법을 제정하겠다고 발언했던 1999년 6월을 전후해서 김대중 대통령은 국무회의에서 여러 차례에 걸쳐 사회 양극화 현상을 지적했고 사회안전망 확보의 필요성을 언급했다(박윤영, 2002: 273-275). 이러한 반복적 발언을 통해서 대통령이 적절한 공공부조정책의 도입 필요성을 인지하고 있었음을 부정할 수는 없으나, 1999년 6월이라는 특정 시점에 대통령이 국민기초생활보장제도의 도입을 언급했던 좀 더 직접적인 동기는 당시에 김대중 정권이 처해 있었던 정치적 위기에서 벗어나기 위함에 있었다. 김대중 정권은 1999년 5월 이래 경기도지사 수뢰사건과 옷 로비사건, 조폐공사 파업유도사건 등 일련의 정치 스캔들에 휘말려 들었고, 6·3 국회의원

---

17) 기획예산처는 1999년 5월 재정경제부 소속이던 예산청과 기획예산위원회를 통합하여 창설되었다.

재선거 패배와 내각제 개헌 유보에 따른 정치적 위기에 직면했으며, 이는 정권에 대한 지지율 급락으로 나타났다. 김 대통령은 중산층과 저소득층의 박탈감을 어루만지고 정치적 위기에서 벗어나기 위한 적극적 조치의 하나로서 국민기초생활보장제도를 내세우게 되었다(유길연·최재훈, 2015: 231-232; 박윤영, 2002: 282-283).

요컨대, 제2기에 있어 기존 발전국가 체제의 유산을 넘어서서 제도변화(institutional change)의 가능성(국민기초생활보장제도의 입법)을 보여줄 수 있었던 정책변동 설명요인으로는 먼저 상대적으로 느슨해졌던 기존 제도적 틀의 영향 아래에서(또는 IMF 관리체제라는 새로운 제도적 틀 하에서) 적극적으로 활동했던 참여연대/연대회의의 정책선호(정책 아이디어)의 힘을 들 수 있으나,[18] 사실상 입법을 가능하게 했던 핵심적인 요인은 정치적 위기 상황을 벗어나고자 했던 김대중 정권의 정치적 이해관계(이익)라고 하겠다.

(3) 제3기(1999. 9.~2000. 8.): 시행령과 시행규칙의 제정

국회 통과 후 국민기초생활보장제도는 2000년 8월의 시행령 제정과 더불어 본격적인 시행에 들어갔다. 그러나 아직 거시적인 제도변화(institutional change)가 일어나지 않은 상태에서 개별법(정책)의 시행령 제정과정은 관료정치의 패턴을 드러냈다. 법률이 통과된 후 정치인들은 국민기초생활보장제도에 많은 관심을 보이지 않았고, 정치적 관심이 약화된 행정적 의사결정 과정은 행정부 내의 부처 간 영향력 차이에 의해 좌우되는 양상을 보였다. 결국 시행령 제정과정은 관련 행위자(정부 부처, 시민단체) 간의 정책 아이디어 경합으로 특징지어졌으며, 기획예산처의 정책선호 관철로 귀결되었다.

법 통과 후 연대회의는 법의 구체화를 위해 세부적인 사안들을 점검했고, 국민기초생활보장제도의 실행 주체인 보건복지부는 국민기초생활보장추진준비단을 결성했으며, 이를 지원하기 위해 추진지원반을 운영했다. 이 과정을 거쳐 추진준비단이 마련한 시행방안에는 참여연대의 입장이 비교적 잘 반영되었으며, 보건복지부는 2000년 2월 시행령과 시행규칙을 입법예고했다(안병영, 2000: 15; Moon, 2008).

그러나 입법예고된 시행령과 시행규칙에 대해 기획예산처를 중심으로 한 경제부처

---

18) 특히 국민기초생활보장제도 쟁점이 지속·강화되도록 하는 데 크게 기여했다.

들이 이견을 제시했다. 기획예산처는 제도 운용에 들어가는 비용을 줄이기 위해 수급권자의 선정기준을 엄격하게 적용하고자 했고, 노동부는 기관의 영향력 확보를 위해 자활사업을 여타 사업과 분리해서 자신이 시행 주체가 되고자 했다. 기획예산처는 이미 1999년에 진행된 2000년도의 보건복지부 예산에서 국민기초생활보장제도 시행을 위한 예산을 보건복지부가 책정한 예산보다 축소해서 발표함으로써 정책의 실질적 집행에 상당한 제약을 가했다.[19] 또한, 2000년 5월, 정부는 시행령과 시행규칙이 확정되지 않았음에도 불구하고 일정상 다음 연도 국민기초생활 수급대상자의 신청을 받아야 했고 대상자 선정기준에 대한 실무지침을 만들어야 했는데, 이 과정에서 기획예산처의 입장이 대거 반영되어 수급대상자 선정기준이 매우 엄격하게 규정되었다. 이러한 상황 전개에 대해서 연대회의와 보건복지부는 반발했으나, 결과적으로 기획예산처의 정책선호가 시행령의 핵심적인 내용을 구성하는 것을 막지 못했다(유길연·최재훈, 2015: 232-233; 안병영, 2000: 15-17).[20]

정책변동 설명요인을 정리하면, 기존 체제 또는 제도의 유산이 지속되고 있는 상태에서 새로운 제도변화의 가능성은 제한될 수밖에 없었고, 시행령과 시행규칙의 제정 과정은 기획예산처가 주도하는 가운데 보건복지부와 연대회의 및 참여연대는 기획예산처의 정책 아이디어에 반발 내지 저항하는 구도로 진행되었으나 기획예산처의 정책선호가 시행령과 시행규칙에 반영되는 것으로 귀결되었다. 하지만, 이러한 결과는 보건복지부/연대회의가 기획예산처의 입장을 수용했다기보다는 양측 간에 이견이 존재하는 채로 갈등이 봉합된 것으로 볼 수 있다.

이상 정책채택 과정의 설명을 통해서, 여러 요인이 정책채택에 영향을 미쳤음을 알 수 있었다. 즉, 김대중 정권의 정치적 이익(정치적 위기 극복), 정책 환경의 급변(국가적 외환위기에 따른 IMF 관리체제의 등장), 기존 발전국가/생산주의 복지체제와 정책(생활보호법)의 유산, 그리고 관련 행위 주체들(행정부 주요 부처, 시민단체 등)의 정책선호(아이디어) 등이 국민기초생활보장제도 채택에 영향을 미쳤던 요인이었다. 그러나 이러한 여

---

19) 기획예산처는 기존 생활보호대상자의 수를 축소하는 방안을 적용함으로써 국민기초생활보장제도의 운영에 들 예산을 실질적으로 줄이는 접근법을 사용했다.
20) 다만, 행정체제의 파편화를 막는다는 논리를 제시함으로써 노동부의 주장을 제어할 수 있었다.

러 요인 중에서 정책형성의 전 과정에 걸쳐 지속적으로 중요한 영향을 미친 요인은 관련 행위 주체들의 정책선호(아이디어)의 힘이었다. 비록 정권 담당자의 정치적 이익이나 정치·사회구조의 변화라는 여타 요인과의 상호작용 없이는 정책의 채택을 충분히 설명할 수 없으나, 행위 주체들의 정책선호(아이디어)의 힘이 정책채택의 필요조건을 구성했다고 볼 수 있다. 즉, 행위 주체들의 정책선호 실현 노력 없이는 정책형성과정의 진행 자체가 불가능했고, 그들의 정책선호의 영향력 차이에 대한 파악 없이는 정책의 내용이 왜 그러한 형태를 보일 수밖에 없었는지를 이해할 수 없다는 점에서 이 설명요인의 중요성이 부각된다.

또한 국민기초생활보장제도 사례는 '제도변화를 위한 압박'을 받는 상황에서 각 행위자가 정책선호 실현을 통해 상황의 도전에 대응해서 자신이 선호하는 변화를 주도하기 위해 어떻게 노력했는지를 보여주고 있다. 아래에서는 문화이론의 개념 틀을 적용해서 주요 행위자들의 정책선호(아이디어)의 근원— 삶의 양식(문화) —을 분석하고, 이를 통해 국민기초생활보장제도의 정책형성과정이 삶의 양식 간의 혼합 및 충돌과 봉합과정이었음을 보이고자 한다.

2) 복지 선호도와 문화[21] 분석

여기에서 검토할 주요 행위자는 앞 절에서 살펴본 정책형성과정에서 두드러진 활동을 수행했던 참여연대와 연대회의, 기획예산처, 노동부, 보건복지부, 그리고 김대중 대통령이다. 이 행위자들은 김대중 대통령을 제외하고는 자연인 개인이 아닌 조직으로서의 행위자다. 조직을 행위자로 보는 경우는 해당 조직이 '단일의 행위자'(unitary actor)로 활동하는 것으로 파악했다.[22] 이러한 접근은 조직 간의 갈등이나 협력을 분석

---

21) 분석 대상인 행위자가 조직인 경우 '삶의 양식'보다 '문화' 개념을 주로 사용했다.

22) 복수의 인원으로 구성된 조직에서 주목을 요하는 사항은 조직과 그 구성원의 선호가 같지 않을 수 있다는 것이다. 특히 '합리적 인간' 개념을 전제로 한다면 집단 내에서는 집합행동의 문제(collective action problem)가 발생할 수 있으며(Olson, 1965), 또한 하위 집단 간에 경쟁과 갈등 상황이 야기될 수 있다. 그러나 이 논문은 기본적으로 한 조직이 외부 조직과의 경합과정에서 '단일의 행위자'가 될 수 있음을 가정하고 분석을 전개했다.

대상으로 하는 연구에서 적용 가능하며(Allison, 1971; Schmitter, 1974 등), 본 연구와 같이 기획예산처와 보건복지부, 보건복지부와 노동부, 또는 참여연대와 기획예산처가 자기 조직/기관의 입장을 관철하기 위해 경쟁하는 경우가 여기에 해당한다고 하겠다. 이때, 공식적인 자리에서 발언하는 각 조직의 구성원은 개인의 입장이 아니라 조직의 입장을 대변하는 것으로 볼 수 있다.

아래에서는 이 행위자들의 복지 선호도와 문화 형태에 대해 분석한다.[23] 복지 선호도와 문화 형태 분석을 위한 자료는 국민기초생활보장제도 도입의 찬반과 관련해서 이들이 작성했던 주요 문건이나 발언내용이다.[24]

(1) 참여연대와 연대회의의 복지 선호도와 문화

참여연대와 연대회의는 적극적으로 국가책임 하의 사회복지 확충을 주장했다. 참여연대는 1998년 7월에 제시했던 청원서에서 "소득이 최저생계비에 못 미치는 가구에 대해서 생계, 주거, 의료, 자녀교육 등 4대 기초생활에 대한 국가의 책임을 명확히 한다"고 했고, 이러한 입장 채택의 배경으로서 "(국민들의) 절대적 생존문제조차 해결하지 못하는 상황에서 정부가 공표하는 각종 정책들은 그야말로 공염불에 불과할 것"이라는 점을 제시했다. 또한 연대회의는 1999년 6월에 한국사회복지학회가 주최한 포럼에서 좀 더 구체적으로 "기존의 국가의 재량에 의한 자선적 생활보호급여에서 법적인 보장을 받는 권리성 급여로 전환하는" 제도개선을 주장했다.

참여연대와 연대회의가 주장하는 국가책임은 보편주의 개념에 토대를 둔 것이었다.[25] 참여연대는 "특정 인구학적 범주에 국한된 예외적, 비현실적인 보호(가 아닌)…

---

[23] 각 행위자의 복지 선호는 문화이론가들의 설명대로 기능론적 또는 사회심리적인 기제의 작동에 의해 상당한 기간에 걸쳐 형성된 것으로 추정할 수 있다. 이들의 선호가 어떤 과정을 거쳐 형성되었는지를 살펴보는 것도 흥미로운 연구 대상이 될 수 있겠으나, 본 연구에서는 차후의 과제로 남기도록 한다.

[24] 분석을 위한 주된 자료는 선행연구에서 중복적으로 인용된 문건들(참여연대의 청원서, 기획예산처의 보도자료, 연대회의가 개최한 공청회 자료 등)이며, 필요시 일부 선행연구에서 언급된 내용(2차 자료)을 분석에 활용했다.

[25] 국민기초생활보장제도는 공공부조제도로서 기본적으로 극빈층을 수급 대상으로 하는 선별주의 개념을 기반으로 하고 있지만, 사회구성원 누구라도 조건이 충족된다면 수급 대상이 될 수 있다는 보편주의 개념도 포함되어 있는 제도이다. 국민기초생활보장제도의 이러한 보편주의 요소는 생활보호제도가 인구통계학적인 기준을 적용함으로써 보편주의적인 제도가 될 수 없는 태생적 한계를 지니고 있었다는 점과 대비될 때 더욱 분명해진다.

국민 누구나 국가로부터 지원받을 수 있(는)" 정책의 도입을 주장했고, 연대회의도 "모든 국민은 일단 빈곤하기만 하면 누구나 기초적인 생계를 국가로부터 보장받을 수 있는 법적 권리에 기초"하는 정책의 필요성을 강조했다. 국민기초생활보장법의 국회 통과 후 시행령을 제정하는 과정에서 참여연대와 연대회의는 수급 대상자 선정을 위한 재산기준과 소득기준을 기존 생활보호제도보다 합리화하고, 부양의무자 선정 시 소득기준 만을 적용하는 등의 내용을 주장했다. 이는 이들 단체가 국민기초생활보장제도 하에서 수급 대상자의 수가 기존의 생활보호대상자보다 더 많아지는 것이 당연한 것으로 생각했음을 의미한다(이성애, 2003: 79-81).

참여연대와 연대회의가 주된 관심을 가졌던 대상은 저소득층이었고, 이들의 물질적 곤궁 상태의 개선을 통해 계층 간의 절대적 격차를 줄이는 데 일차적인 목적을 두었다. 참여연대는 "18세 이상 65세 미만자들의 장기실업으로 인한 '절대적 빈곤'"(참여연대 1998년 청원서 상의 강조임)을 개선하는 데 정책의 기본적인 목적을 두었으며, 마찬가지로 연대회의도 "실업률과 빈곤율의 증가에 따른 생활상의 고통이 주로 저소득계층에 집중된다는 사실"을 지적한 후, "현재와 같은 혹독한 경제위기 시에 사회적 자원을 이들에게 최우선적으로 배분하여 생존할 수 있는 권리를 제도적으로 보장하는 것은 사회정의에 부합할 뿐만 아니라, 우리 시대의 인권의 문제"임을 선언했다.

확장된 국가책임 하의 복지정책이 가져올 수 있는 개인의 책임성과 자율성 훼손 가능성(당시에는 '복지병'으로 명명됨)에 대해 연대회의는 반론을 제기했다. 반론의 주된 논거는 "국민기초생활보장법에서 보장하고 있는 급여의 수준은 결코 근로의욕을 감퇴할 정도로 넉넉한 정도가 아니라, 그야말로 최저생계만을 보장하는 최소한도의 수준이기 때문에, 이 정도의 급여수준 때문에 근로할 능력과 의사가 있는 사람이 근로를 포기한다는 것은 지나친 기우"이며, '복지병'은 "현재와 같이 일할 의사와 능력이 있어도 일자리가 없는 저성장 고실업의 현실에서는 전혀 설득력이 없(다)"는 것이었다. 그러나 이러한 반론과 더불어 연대회의는 동시에 "근로능력이 있다고 판단되는 수급자들에게는 적극적 노동시장 프로그램에 참가하는 조건으로 생계급여를 제공할 경우 복지병에 대한 우려는 불식되리라 사료(된다)"는 보완책을 제시했다. 이는 연대회의가 '복지병' 주장을 받아들이지 않음에도 불구하고, 개인의 책임성과 자율성의 필요성과 의미를 어느 정도 수용하고 있음을 방증하는 태도라고 하겠다.

이상 살펴본 사항들은 참여연대와 연대회의가 비교적 높은 수준의 복지 선호도를 지니고 있었고, 사회계층 간의 격차를 줄이는 데 높은 관심이 있었으며, 보편주의로 대변되는 사회적 유대감과 공동체주의의 가치를 중요시하고 있었음을 보여준다.[26] 동시에 참여연대와 연대회의는 국민기초생활보장제도 등 개인적 빈곤에 대한 국가책임 확대가 근로의욕을 심각한 수준으로 감퇴시킬 것으로 보지는 않았지만, 개인의 책임성과 자율성을 유지하기 위해 적절한 조치가 필요하다는 점을 인정하고 있었다. 참여연대와 연대회의의 이러한 특성들은 평등주의 문화와 조응한다. 빈곤을 사회적 위험으로 인식하고, 공동체적 유대감을 토대로 해서 국가의 주도 하에 절대적 빈곤에 보편주의적으로 대응하되, 개인적 책임의 의미를 무시하지 않는 삶의 양식은 평등주의에 부합한다.

그러나 참여연대와 연대회의가 보여주는 문화가 이념형적으로 순수한 평등주의라고 보기는 힘들다. 왜냐하면, 이들 조직은 사회적 계층과 불평등의 존재 그 자체를 혁파할 것을 주장하고 있지는 않으며, 이들의 정책목표는 절대적 빈곤의 문제를 국가 주도 하에 해소하는 데 한정되었기 때문이다. 또한 그들도 기본적으로 법규와 제도의 권위를 인정하는 입장을 채택하고 있음은 물론이다. 이러한 특성들은 계층주의 문화를 구성하는 요소로 볼 수 있다. 정리하면, 국민기초생활보장제도의 주창과정에서 참여연대와 연대회의가 보여주었던 문화는 평등주의를 주된 구성요소로 해서 계층주의 요소를 가미하고 있었던 것으로 파악된다.

(2) 기획예산처와 노동부의 복지 선호도와 문화

기획예산처와 노동부는 국민기초생활보장제도의 도입을 반대하는 입장이었으며, 대통령의 정책의지에 의해 법의 통과를 막을 수 없게 된 이후에는 시행령의 제정과정에서 자신들의 정책선호를 반영시킴으로써 정책의 내용을 사실상 형해화하고자 했다.

기획예산처와 노동부는 국가책임 하의 사회복지 확충에 반대한다는 점을 분명히 했고, 이는 자연스럽게 개인의 책임과 선별주의를 강조하는 방향성을 보였으며, 이러한

---

[26] 보편주의적인 제도는 수급 대상자를 선별하지 않음으로써 공동체의 균열과 사회적 유대감의 훼손을 방지할 수 있을 것으로 기대된다(Gilbert & Terrell, 2013).

점은 특히 기획예산처의 경우에 두드러졌다. 기획예산처[27]는 1999년 4월에 배포한 보도자료에서 "최근 미국 등 주요 선진국들은 과도한 사회복지 혜택을 합리적으로 개선하여 국민의 자활의지를 제고하는 한편, 국가의 경쟁력을 강화하기 위한 노력을 하고 있(다)"고 전제한 뒤, "미국 정부는 재정적자 감축을 위해 … 연방정부 복지 프로그램을 상당 부분 지방정부로 이양하고 복지지출을 대폭 감축 중에 있(으며) … 성인가족은 일하고 있다는 전제 하에 수혜기간도 5년 이하로 제한하(고)" 있음을 제시했다. 또한 "복지국가의 대명사로 불리웠던 영국도 1979년 대처 정부 출범을 계기로 복지제도 개혁을 시작(했고), 근로의욕 감퇴를 유발하는 과잉복지를 극복하기 위해 복지는 시민권으로 주어지는 것이 아니라는 인식 하에 자조와 개인책임 원칙을 강조하고, … 공공과 민간이 역할을 분담하는 복지다원주의를 도입"했다고 주장했다. 이러한 해외 사례의 정책적 시사점으로서 기획예산처는 "일할 능력이 있는 자까지 공적부조를 지급하는 것은 근로의욕을 저하시키게 되므로 근로능력이 있는 자는 직업훈련과 일자리 제공에 역점을 두어야 하며 … 복지주체 다원화를 제도화할 필요"가 있다고 강조했다.

국민기초생활보장법의 시행령을 제정하는 과정에서 기획예산처는 수급 대상자 선정을 위한 재산기준을 매우 엄격하게 설정할 것과 부양의무자 선정 시에도 재산기준까지 적용할 것을 주장하여 이를 관철시켰으며, 이에 따라 기초생활수급대상자의 수가 기존 생활보호대상자의 수와 크게 다르지 않게 되는 효과가 나타났다(이성애, 2003: 79-81). 이는 국가책임의 범위와 대상자의 수를 줄이고 개인책임의 범위를 확장하고자 했던 기획예산처의 입장을 구체적으로 표현하는 정책수단 구현이라고 하겠다.

개인의 책임성과 선별주의적 접근을 강조함에 있어 노동부도 기획예산처와 동일한 입장을 보였다. 1999년 3월 연대회의가 주관했던 공청회에서 노동부는 근로능력과 개인의 책임을 반복적으로 강조했다. 즉, "저소득계층을 보호함에 있어 근로능력이 없는 순수 복지대상자와 근로능력이 있는 실업대책 대상자를 분명히 구분(해야 하고) … 근로능력 유무라는 중요한 판단기준 자체를 폐지하는 것은 설득력을 갖기 어려움"을 주장했다. 따라서 "근로능력이 있는 자들은 구직 등록을 받은 후 구직노력과 연계하여

---

[27] 당시 보도자료는 예산청이 작성·배포했지만 예산청이 한 달 뒤인 5월에 창설된 기획예산처에 편입되었고 기획예산처는 예산청의 입장을 그대로 반영했다. 이후의 정책형성과정에서 기획예산처가 보였던 영향력을 고려해서 여기서는 기획예산처로 표시했다.

생계비를 지급하는 등 노동시장 관리를 강화시켜야 (하며) … 한정된 재원은 자활의지가 강한 저소득 장기실업자들에게 우선적으로 배분되어야" 한다고 했다. 또한 참여연대와 연대회의 등이 주장하는 국민기초생활보장제도에 대해서는 "근로를 전혀 하지 않더라도 궁극적으로 최저생계비 전액을 지원받는 보충급여의 원칙은 근로의 유인을 제거함으로써 소위 말하는 근로의욕 저하를 초래할 가능성이 크다"는 점을 강조했다.

이상 살펴본 대로 기획예산처와 노동부의 사회복지 선호도는 상대적으로 낮은 수준에 머물러 있었으며, 국가가 주도하는 복지제도의 확충이 개인의 책임감과 자율성을 침해할 가능성에 대해 크게 우려하고 있었다. 반면, 제한된 복지정책이 야기할 수 있는 사회적 불평등의 확대, 선별주의적인 복지정책이 가져올 수 있는 사회적 유대감의 훼손 가능성 등에 대해서는 관심을 보이지 않았다. 기획예산처와 노동부의 이러한 입장은 개인주의 문화를 보여준다. 기본 욕구의 충족 책임을 개인에게 부여하고 사회적 위험 의식과 국가가 주도하는 사회복지제도가 극히 제한된 수준에 머물러야 한다는 인식은 개인주의 문화에 부합한다.

그러나 위의 참여연대/연대회의와 마찬가지로 기획예산처/노동부가 보여주는 문화도 이념형적으로 순수한 개인주의라고 말하기는 힘들다. 왜냐하면, 기획예산처와 노동부는 정부 부처로서 기본적으로 국가의 권위를 전제로 하고 있으며, 국가가 공공부조 제도를 통해 국가의 보호가 필요한 일부 국민에게 일정 수준의 지원을 제공해야 한다는 책임과 이러한 책임이 제도화되어야 한다는 점을 인정하고 있었기 때문이다. 두 중앙 행정부처의 이러한 특성들은 계층주의 문화의 요소라고 하겠다. 요컨대, 기획예산처와 노동부는 계층주의 문화 요소를 지니고 있되, 정부 내에서 개인주의 삶의 양식을 대변하는 조직으로 파악할 수 있다.

(3) 보건복지부의 복지 선호도와 문화

위에서 살펴본 참여연대(연대회의), 기획예산처, 노동부 등과 달리 보건복지부는 복지 선호도와 문화 측면에서 일관된 모습을 보여주지 않았다. 정책채택 과정의 전기(제1~2기)에 보건복지부는 생활보호제도를 국민기초생활보장제도로 대체하는 데 대해 소극적인 입장이었으나, 후기(제2~3기)에는 제도 도입에 적극적으로 앞장서는 태도를 보였고, 이는 보건복지부가 지니고 있던 문화 구성요소 상 강조점의 변화를 반영했다.

국민기초생활보장법안에 대한 1998년 12월의 국회 보건복지위원회 심사에서 보건복지부는 '생활능력이 없는 국민에 대한 국가의 보호'를 명확히 했으나, 이러한 국가의 보호는 궁극적으로 개인의 자립과 자활을 지원하는 데 한정되어야 한다고 보았고, 근로능력이 있는 이들에 대해서도 생계비를 지급하는 문제에 대해서는 반대 의사를 표명했다. 다만, 보건복지부가 제시하는 반대의 논리는 기획예산처나 노동부와는 달랐다. 기획예산처와 노동부는 근로능력이 있는 이들에 대한 생계비 지급이 그들의 개인적 책임의식과 자조(自助)노력을 훼손할 것이라는 이념적인 판단에서 국민기초생활보장제도를 반대한 반면, 보건복지부는 추가적인 예산이나 인력(사회복지전문요원)의 확충 등과 같은 행정적 조건이 갖추어지지 않은 상태에서는 국민기초생활보장제도의 실효성이 의문시된다는 입장이었다(보건복지부 사회복지심의관실, 1998).

정책과정 제1기의 보건복지부가 기존 생활보호제도의 수정·보완을 선호하는 입장이었음을 고려해볼 때, 보건복지부는 극빈층에 대한 국가의 책임을 제도적인 형태로 구현해야 함을 받아들이고 있었으나, 이러한 공공부조 제도는 개인의 책임을 보완하는 수단에 그친다는 점을 명시했고 사회계층이나 불평등의 획기적 개선에 대한 강조로까지 나아가지는 않았다. 또한 보편주의 개념에 토대를 둔 공공부조 제도 자체를 반대하는 것은 아니었지만, 그러한 제도가 운영되기 위해서는 정부의 행정역량 확충이 필요하다는 점을 강조했다. 이러한 특성들은 대체로 계층주의 문화와 조응하는 것으로 볼 수 있다. 즉, 정책채택 과정 제1기의 보건복지부는 계층주의 요소가 부각되었던 상태였다고 하겠다.

정책채택 과정의 제2기에 들어서 보건복지부는 국민기초생활보장제도의 채택 필요성에 대해서는 긍정적인 평가를 보이기 시작했지만, 제도 도입에 소극적인 입장은 여전히 유지되었다. 1999년 4월에 있었던 관계부처 실무자회의에서 보건복지부는 다음과 같이 입장을 정리했다. "장기적으로 국민기초생활보장법 제정을 통하여 최저생계비 이하의 저소득층에 대한 수급권을 인정해야 한다는 방향에는 원칙적으로 동의하지만, 현실적으로 저소득층 실태조사, 예산확보, 사회복지전달체계 구축 등 여건 조성이 선행되어야 하며, 근로능력 유무에 관계 없이 최저생계비에 미달하는 저소득층에 대하여 수급권을 인정하는 것은 선진국 사례에 비춰볼 때 신중히 추진되어야 한다.… 여건 조성 전까지 생활보호법을 개정하여 단계적으로 추진하고, 국회에 계류 중인 국민기초생활보장법은 유보하도록 한다"(이성애, 2003: 54-55에서 재인용). 이러한 입장은 여전히 계층주의 문화를 반영하고 있지만, 장기적으로는 보편주의 개념에 토대를 둔 국민기초생활보장제도를 수용해야 함을 명시적으로 언급하고 있어, 평등주의 요소가 보건복지부에서 강조되기 시작했음을 보여준다.

  보건복지부의 강조점 전환은 1999년의 중반에 이르러 더욱 명확해졌다. 이는 1999년의 중반기 동안 저소득층 생계보호에 대한 김대중 대통령의 관심이 증가했고, 특히 6월에 국민기초생활보장법의 제정이 공식화되는 것과 맥을 같이 한다고 하겠다. 보건복지부는 6월 15일에 있었던 대통령 업무보고에서 저소득층 생활안정대책으로서 동년 하반기 중에 추경예산을 편성해서 각종 지원사업을 실시하되, 장기적으로는 최저생계비 이하의 모든 가구에 대하여 국가가 기초생활을 보장해야 한다고 밝혔다. 구체적으로 생활능력이 없는 가구에 대해서는 보충급여 방식의 생활보장 및 자활지원을 하고, 이를 위해 생활보호법을 1999년 말까지 개정하여 2001년부터 시행할 것을 보고했다. 아직도 기존의 생활보호법 개정을 언급하고 있지만, 내용상으로는 국민기초생활보장법에 상당히 근접했다(박윤영, 2002: 288). 대통령의 법 제정 천명 직후부터 국회에서의 법안 통과와 시행령이 마련되던 제3기 동안, 보건복지부는 '국민기초생활보장제도의 즉각적인 도입'으로 방향을 전환했다. 또한 법안의 내용을 준비해 오고 있던 연대회의와 협력적인 관계를 형성했으며, 이러한 관계는 시행령 제정 기간에도 지속되었다. 따라서 이 시기 보건복지부의 입장은 기존의 계층주의 문화의 비중이 줄어든 반면, 평등주의 문화의 비중이 늘어난 상태를 보인 것으로 파악할 수 있다.

(4) 김대중 대통령의 복지 선호도와 삶의 양식

  정치인 김대중은 정치역정의 주요 국면에서 자신의 정치적 생존을 도모했다는 점에서 다른 정치인과 마찬가지로 정치적 이익을 주요 행동 동기로 했다고 하겠다. 그러나 그는 주요 정치적·정책적 결정에서 대체로 자신의 정치이념과 명분을 내세웠고 그 입장의 맥락에서 자신의 생존을 모색한 정치인이었다. 이렇게 볼 때, 김대중은 정치적 신념이 강한 정치인이었다고 평가할 수 있으며, 그의 신념은 '정치가 공익, 특히 사회적 약자를 위한 도구가 되어야 한다'는 데 집중되어 있었던 것으로 보인다. 이러한 신념 하에 그는 다수의 저술에서 빈부격차의 완화, 성장과 분배의 균형, 소득재분배의 필요성, 공정한 시장경쟁 등 사회복지와 시장경제에 관한 관심을 지속적으로 표출했다(이성로, 2006; 임윤서, 2011).

대통령 취임 후에도 이러한 관심은 지속되었는데, 특히 기초생활보장 쟁점과 관련해서 김 대통령이 발언한 주요 내용을 살펴보면, 김 대통령은 대체로 평등주의와 개인주의가 혼합된 삶의 양식을 보였던 것으로 나타나며, 계층주의 삶의 양식의 요소도 발견된다.

김대중 대통령이 국민기초생활보장제도 도입에 결정적인 영향을 미쳤던 1999년 6월에 이르기 직전인 동년 4월에 있었던 보건복지부의 국정개혁보고회에서 김 대통령은 "IMF 이후 180만 실업자 발생 등으로 생계 곤란자가 크게 증가(했으며) … 정부가 잊지 않고 '생계는 유지되도록 지켜주고' 있다는 믿음을 주는 것이 '사회안정'의 기초이며, 주권자인 국민을 존중하(는) 도리"(필자의 강조임)라고 언급했다. 동년 5월에 있었던 프랑스 〈르몽드〉지와의 인터뷰에서는 "금년 1년의 목표는 … 실업대책으로서 일자리 창출 위주로 하고, … 진정한 '시장경제'는 중산층을 튼튼히 하는 것입니다. 저소득층에 대해서 생계를 보장하지 않으면 사회적·정치적 불안을 가져와서 '시장경제' 자체도 발전할 수 없게 됩니다"(필자의 강조임)라고 했다. 이어서 국민기초생활보장법의 제정을 천명했던 6월 21일의 울산 발언에서는 " … 모든 방법을 동원해서 중산층과 서민에게 혜택이 돌아가도록 할 것이다. 머지않아 국민기초생활보장법을 만들어 국민이 생활에 안심하고 살아갈 수 있도록 국가가 대책을 세울 것이다"라고 했다. 또한 동년 7월 20일의 국무회의에서 김 대통령은 "국가환란 이후 중산층과 서민들이 어려워졌다 … 중산층과 서민의 생활을 보살펴 현재의 양극화 현상을 불식시켜야 한다 … 그렇지 않고 잘못되면 '사회불안'이 야기될 수 있다"(필자의 강조임)라고 언급했다(박윤영, 2002: 274-275에서 재인용).

이상 김 대통령의 발언 내용은 개인주의 삶의 양식을 토대로 하는 자본주의 시장경제 체제를 전제로 하고 있지만, 보편주의적인 국민기초생활보장제도를 통한 국가의 책임을 강조하고, 계층 간의 과다한 불평등을 완화하여 사회적 유대감을 강화하고자 했다는 점에서 평등주의 삶의 양식의 특성을 보여준다. 그러나 동시에 국가책임의 수준이 그리 높아 보이지 않는다는 점(생계의 유지), 사회의 질서와 안정을 반복적으로 강조하고 있다는 점 등에서는 계층주의 삶의 양식이 반영되어 있음을 알 수 있다.

4 결론

이 장은 우리나라 복지정책의 전개과정에서 전환기적 의의를 지니고 있는 국민기초생활보장제도에 대한 학계의 이해를 제고하기 위해 집단-격자 문화이론을 적용하여 정책형성과정을 분석했다. 이를 위해 먼저 문화(삶의 양식)에 따른 정책선호의 차이에 대해 추론한 후, 정책채택에 영향을 미쳤던 요인들— 김대중 정권의 정치적 이익, 정책환경의 급변, 기존 발전국가/생산주의 복지체제와 정책의 유산, 관련 행위 주체들의 정책선호(아이디어) 등 —을 규명했고, 특히 관련 행위 주체들(행정부 주요 부처, 시민단체)의 정책선호가 정책형성의 전 과정에서 지속적으로 중요한 영향을 미쳤던 요인이었음을 보였다. 이어서 각 행위 주체의 정책선호와 그 근원인 '문화(삶의 양식)'를 분석하고, 국민기초생활보장제도의 채택과정이 문화 간의 혼합과 충돌 및 잠정적인 봉합과정이었음을 논술했다(〈표 8-3〉 참조).

〈표 8-3〉 분석 결과의 요약

정책형성과정	정책변동 설명요인	주요 행위자 및 문화(삶의 양식)
1기 (1994~1998.12.) 법안의 국회 통과 좌절	- 정책 찬반세력의 정책선호(아이디어) - 기존 정책의 유산(한계) - 정책 환경의 급변	- 기획예산처/노동부: 개인주의와 계층주의의 혼합 - 참여연대: 평등주의와 계층주의의 혼합
2기 (1999.1.~1999.8.) 법안의 국회 통과	- 김대중 정권의 정치적 이해관계(이익) - 정책 추진세력의 정책선호(아이디어) - 새로운 제도적 틀의 형성(기존 제도적 틀의 약화)	- 김대중 대통령: 평등주의, 개인주의, 계층주의의 혼합 - 참여연대/연대회의: 평등주의와 계층주의의 혼합 - 보건복지부: 계층주의와 평등주의의 혼합
3기 (1999.9.~2000.8.) 시행령과 시행규칙 제정	- 정책 반대세력의 정책선호(아이디어) - 기존 체제·제도의 유산(제약)	- 기획예산처: 개인주의와 계층주의의 혼합 - 참여연대/연대회의: 평등주의와 계층주의의 혼합 - 보건복지부: 계층주의와 평등주의의 혼합

국민기초생활보장제도 정책형성과정의 제1기 동안 가장 활동적이었던 기관은 참여연대였지만, 가장 큰 영향력을 발휘했던 기관은 기획예산처와 노동부였다. 따라서 제1기를 주도했던 문화는 기획예산처와 노동부가 보였던 개인주의와 계층주의의 혼합형태로 볼 수 있다. 그러나 동시에 제1기는 참여연대가 대변했던 평등주의와 계층주의

의 혼합형태가 점차 그 영향력을 확장해 나갔던 시기라고 하겠다.

정책형성과정의 제2기를 주도했던 문화는 평등주의와 계층주의의 혼합형태였다. 1기부터 활동했던 참여연대와 2기에 형성된 연대회의는 물론 보건복지부 또한 평등주의 요소를 확장했고, 정책채택에 결정적인 영향을 행사했던 김대중 대통령 역시 평등주의와 계층주의를 혼합한 삶의 양식을 보였다. 그러나 김 대통령은 동시에 자본주의 시장경제 체제의 작동에 관한 관심을 통해서 개인주의 삶의 양식도 표출했었고, 이는 결국 정책채택 과정의 제3기에서 참여연대·연대회의·보건복지부에 대해서 다시 기획예산처가 주도권을 '탈환'하는 데 있어 배경 요인이 되었던 것으로 보인다. 즉, 국민기초생활보장제도의 시행령과 시행규칙을 마련하는 과정에서 기획예산처가 법의 실질적 효과에 제한을 가하려는 조치를 관철함에 있어 김대중 대통령의 반대는 발견되지 않는다. 김 대통령은 상징적인 정책의 도입을 통해 사회·경제적 불평등을 해소하는 데 국가가 관심을 가지고 있다는 점을 보이고자 했지만, 이 정책이 당시 한국 정부와 기업에 과다한 부담이 되는 것을 원하지는 않았던 것으로 판단된다. 결국 제3기를 주도했던 문화는 다시 기획예산처가 대변했던 개인주의와 계층주의의 혼합형태였으며, 정책이 함축하고 있었던 평등주의 요소의 비중은 크게 줄어들게 되었다.

이상 논의한 국민기초생활보장제도의 정책채택 과정은 계층주의·개인주의·평등주의 문화 간의 혼합과 충돌, 그리고 갈등의 봉합과정으로 특징지어진다. 현실 정치와 정책에서는 순수한 형태의 문화보다 혼합된 형태의 문화가 광범위하게 실재하고 있으며, 혼합된 문화는 늘 계층주의 문화를 주요 구성요소로 했다. 이는 계층주의 문화가 지향하는 '질서'와 '안정성'이 현실 정치 및 정책에서 필요로 되고 있음을 함축한다. 문화이론가들의 추론과 같이, 우리나라의 정책과정에서도 계층주의와 개인주의 문화의 결합(기획예산처, 노동부가 대변함)이 가장 강력한 영향력을 행사했고, 이는 자본주의 체제를 포함한 기성체제의 유지에 있어 계층주의와 개인주의의 결합이 효과적이라는 점을 보여준다. 평등주의 문화는 계층주의 문화와 결합된 형태(참여연대, 연대회의, 보건복지부가 대변함)로 주류 혼합형태(개인주의×계층주의)에 도전했고, 양 세력 간의 충돌은 결국 정책과정 상의 영향력 차이로 인해 주류세력의 정책선호가 관철되는 것으로 귀결되었다. 그러나 양 세력 간의 충돌과 갈등은 일방의 '패배'나 '항복'의 형태로 해소되었다기보다는 잠정적으로 봉합된 것으로 보아야 한다.

이론적 함의 측면에서 이 장의 분석 결과는 집단-격자 문화이론이 다른 분석모형과 마찬가지로 정책사례를 설명하는 완벽한 분석 틀이 되기는 어렵지만, 정책사례의 주요 측면을 포착할 수 있는 장점을 지녔으며, 정책변동 설명요인접근과 혼용될 수 있음을 보여준다. 특히 문화이론은 정책 행위자의 정책선호(아이디어)가 정책채택의 주요 요인인 경우, 그들의 정책선호의 근원이 무엇이며 특정 정책선호가 어떻게 형성되었는지를 분석할 수 있는 개념적 틀을 제공함으로써 정책 행위자와 정책과정에 대한 이해를 높이는 데 기여할 수 있다. 나아가 문화이론은 일상적인 정책유지(policy maintenance)의 상황이 아니라 상당한 정책변화의 압박을 받고 있는 상황('pressured decision points')에서 활동하는 정책 행위자들의 정책선호와 활동 및 그들 간의 경합과 그 경합의 결과물(즉, 정책산출)[28]을 이해하거나 예상하는 데 있어 강점을 지니고 있다. 이러한 시사점을 고려해 볼 때, 향후 문화이론은 독립적이거나 다른 연구모형과의 혼합형태로 정책사례 분석에 좀 더 적극적으로 활용될 필요가 있다고 하겠다.

---

[28] 호그우드와 피터스(Hogwood & Peters, 1983)의 개념을 적용한다면, 정책계승(policy succession) 상태로 볼 수 있다.

참고문헌

국민기초생활보장법 제정추진 연대회의. (1999). 「국민기초생활보장법 제정의 쟁점과 전망」. 저소득실직자 생계문제 대책마련을 위한 시민공청회 자료집.
기획예산처. (1999). 「주요 국가의 사회복지 개편동향」. 사회복지예산국 보도자료.
김성수. (2006). 한국 정치-행정관계 특성의 비교분석: 정책과정에서 장관과 고위관료의 관계를 중심으로. 「한국사회와 행정연구」. 16(4): 1-22.
김호윤·주재현. (2015). 국민건강보험통합 정책변동에 관한 연구: 정책흐름 수정모형의 적용. 「한국정책과학학회보」. 19(4): 53-83.
김태성·성경륭. (2014). 「복지국가론」. 개정 2판. 경기도: 나남.
박병현. (2005). 복지국가 발달의 문화적 분석. 「한국사회복지학」. 57(3): 277-304.
박윤영. (2002). 국민기초생활보장법 제정과정에 관한 연구. 「한국사회복지학」. 49(5): 264-295.
박천오. (1993). 한국에서의 정치적 피임명자와 고위직업관료의 정책성향과 상호관계. 「한국행정학보」. 27(4): 1121-1138.
보건복지부 사회복지심의관실. (1998). 「국민기초생활보장법안 검토」.
신현중·주재현·박치성. (2019). 소득재분배 선호도 결정요인의 다수준 분석: 문화변수의 설명력 검증을 중심으로. 「한국정책학회보」. 28(3): 157-187.
안병영. (2000). 국민기초생활보장법의 제정과정에 관한 연구. 「행정논총」. 38(1): 1-50.
유길연·최재훈. (2015). 국가구조의 분열과 정책형성의 과정: 국민기초생활보장법의 형성과정(1998-2000년)을 중심으로. 「경제와 사회」. 107: 204-243.
이곤수. (2006). 장애인고용정책의 문화이론적 분석. 「장애와 고용」. 16(2): 49-70.
이성로. (2006). 한국 복지레짐의 등장과 대통령의 정치적 신념: 김대중정부의 사례. 「한국행정학회 학술발표논문집」. 2006. 10., 281-297.
이성애. (2003). 「국민기초생활보장제도 형성 연구」. 한림대학교 대학원 석사학위논문.
임윤서. (2011). 정치리더의 메타포: 김대중 전 대통령의 자서전에 나타난 정치리더의 정체성. 「국제정치연구」. 14(1): 125-159.
임은의·박은주. (2013). 마이크로크레딧의 정책변동과정 분석. 「한국콘텐츠학회논문지」. 13(3): 234-246.
정원오. (1999). 홈리스의 출현과 빈곤의 재발견. 「월간 복지동향」. 15: 22-24.
주재현. (1999). 환경보전법 제정 원인에 관한 연구. 「한국행정학보」. 33(1): 295-310.
주재현. (2004). 사회복지와 문화: 복지국가 유형론에 대한 문화이론적 분석. 「한국정책학회보」. 13(3): 279-308.
주재현. (2016). 「정책과정론: 이론과 사례분석」. 전정판. 서울: 대영문화사.
주재현. (2019). 집단-격자 문화이론과 정책형성: 국민기초생활보장제도 사례분석. 「한국정책학회보」. 28(4): 1-31.
주재현·신현중·박치성. (2016). 복지국가의 유형과 문화: 집단-격자 문화이론을 적용한 복지국가 유형론 정립. 「한국정책학회보」. 25(4): 123-155.

주재현·신현중·박치성. (2017). 문화적 특성이 소득불평등에 미치는 영향: 집단과 격자를 중심으로. 「정책분석평가학회보」. 27(3): 163-193.

참여연대. (1998). 「국민기초생활보장법 제정 입법 청원서」. 1998년 7월 23일.

6, P. and Swedlow, B. (2016). Introduction to the Symposium: An Institutional Theory of Cultural Biases, Public Administration and Public Theory. *Public Administration*. 94(4): 867-880.

Allison, G. (1971). *Essence of Decision: Explaining the Cuban Missile Crisis*. Boston: Little Brown.

Chalmers, D. (1997). Judicial Preferences and the Community Legal Order. *The Modern Law Review*. 60(2): 164-199.

Dodds, A. (2013). *Comparative Public Policy*. New York: Palgrave Macmillan.

Douglas, M. & Wildavsky, A. (1982). *Risk and Culture: An Essay on the Selection of Technological and Environmental Dangers*. London: University of California Press.

Gilbert, N. & Terrell, P. (2013). *Dimensions of Social Welfare Policy, 8th ed*. Mass.: Allyn and Bacon.

Hague, R., Harrop, M. & McCormick, J. (2016). *Comparative Government and Politics: An Introduction, 10th ed*. New York: Palgrave Macmillan.

Hay, C. (2004). Ideas, Interests and Institutions in the Comparative Political Economy of Great Transformation. *Review of International Political Economy*. 11(1): 204-226.

Hogwood, B. W. & Peters, B. G. (1983). *Policy Dynamics*. London: Wheatsheaf Books.

Holliday, I. (2000). Productivist Welfare Capitalism: Social Policy in East Asia. *Political Studies*. 48(2): 706-723.

Hood, C. (1994). *Explaining Economic Policy Reversals*. Buckingham, U.K.: The Open University Press.

Jenkins-Smith, H. C, Silva, C. L., Gupta, K. & Ripberger, J. T. (2014). Belief System Continuity and Change in Policy Advocacy Coalitions: Using Cultural Theory to Specify Belief Systems, Coalitions, and Sources of Change. *Policy Studies Journal*. 42(4): 484-508.

Joo, J. (1999a). Explaining Social Policy Adoption in South Korea: the Cases of the Medical Insurance Law and the Minimum Wage Law. *Journal of Social Policy*. 28(3): 387-412.

Joo, J. (1999b). Explaining State Intervention in Pollution Issues in South Korea: the Case of the Evacuation of the Pollution Victims in Ulsan and Onsan. *Environment and Planning C: Government and Policy*. 17(4): 483-498.

Jung, I-Y. (2009). Explaining the Development and Adoption of Social Policy in Korea: The Case of the National Basic Livelihood Security Act. 「보건사회연구」. 29(1): 52-81.

Kahan, D. M. (2006). Cultural Cognition and Public Policy" Faculty Scholarship Series, Paper 103.

Kahan, D., Braman, D., Gastil, J., Slovic, P. & Mertz, C. K. (2007). Culture and Identity Protective Cognition: Explaining the White-male Effect in Risk Perception. *Journal of Empirical Legal Studies*. 4(3): 465-505.

Kim, S. (2003). Irresolvable Cultural Conflicts and Conservation/Development Arguments: Analysis of Korea's Saemangeum Project. *Policy Sciences*. 36: 125-149.

Kwon, H. J. (2002). Welfare Reform and Future Challenges in the Republic of Korea: Beyond the Developmental Welfare State?. *International Social Security Review*. 55(4): 23-38.

Lockhart, C. (1999). Cultural Contributions to Explaining Institutional Form, Political Change, and Rational Decisions. *Comparative Political Studies*. 32(7): 862-893.

Lockhart, C. (2001). *Protecting the Elderly: How Culture Shapes Social Policy*. University Park, PA.: Penn State University Press.

Moon, J. Y. (2008). A Study of the Enactment of National Basic Livelihood Security Act in Korea: with Special References to the Role of NGOs. 「보건사회연구」. 28(1): 87-103.

Olson, M. (1965). *The Logic of Collective Action: Public Goods and the Theory of Groups*. Cambridge, Mass.: Harvard University Press.

Schmitter, P. (1974). Still the Century of Corporatism?. *Review of Politics*. 36: 85-131.

Schwarz, M. & Thompson, M. (1990). *Divided We Stand*. Hempel Hempstead: Harvester Wheatsheaf.

Swedlow, B. (2014). Advancing Policy Theory with Cultural Theory: An Introduction to the Special Issue. *Policy Studies Journal*. 42(4): 465-483.

Thompson, M., Ellis, R. & Wildavsky, A. (1990). *Cultural Theory*. Boulder, San Francisco: Westview Press.

Weare, C., Lichterman, P. & Esparza, N. (2014). Collaboration and Culture: Organizational Culture and Dynamics of Collaborative Policy Networks. *Policy Studies Journal*, 42(4): 590-619.

Wildavsky, A. (1982). The Three Cultures: Explaining Anomalies in the American Welfare State. *The Public Interest*. 69: 45-58.

Wildavsky, A. (1987). "Choosing Preferences by Constructing Institutions: A Cultural Theory of Preference Formation". American Political Science Review. 81: 3-21.

에필로그
근현대 한국 사회와 문화의 변동: 탐색적 논의

　한국 사회는 19세기 말의 개항기부터 현재에 이르기까지 한민족의 전 역사에 비춰 볼 때 상대적으로 길지 않은 기간 동안 상당한 수준의 변화를 겪었다. 중요한 사건과 현상만 간추려도 1876년의 '개항', 외세의 각축과 일본 제국주의의 국권 침탈, 36년간의 일제 강점기, 해방 이후의 남북 분열과 한국전쟁, 이승만 정권과 4.19 혁명, 이어지는 박정희·전두환 정권의 독재, 수출지향 산업화의 추진, 민주화 운동과 노동운동 및 자유민주주의 체제로의 전환, 반자본주의 세력의 성장, 외환위기와 빈부격차의 심화, 김대중·노무현 정부의 등장과 제한된 복지국가로의 진전, 촛불집회와 박근혜 대통령의 탄핵 등을 들 수 있다. 여기서는 이러한 역사의 진행과 함께 한국 사회와 문화가 어떻게 변화되었고, 그러한 변화가 우리의 정부와 행정, 그리고 정책의 채택에 어떤 의미를 지니는지에 대해 거시적이고 탐색적인 수준에서 논의하고자 한다.

　조선시대의 주류 삶의 양식은 계층주의의 한 형태로 볼 수 있다. 통치이념인 유교주의(성리학)에 따라 왕을 정점으로 해서 양반과 상민, 천민으로 이어지는 사회계층 체제는 계층주의 문화를 보여준다. 각 계층의 구성원들은 자신에게 주어진 역할을 당연한 것으로 받아들였고, 주어진 틀 내에서 각자의 소임을 수행하며 삶을 영위했다. 현실 세계에 존재했던 모든 왕이나 귀족이 실제로 그랬던 것은 아니지만, 그들은 유교 이념에 따라 자신에게 하위 계층에 속한 사람들을 자애롭게 보살필 책임이 있음을 적어도 규범적인 선에서 인지하고 있었다. 평민 이하의 사람들도 상위 계층의 사람에게 존경을 표해야 함을 역시 규범적인 선에서 인지하고 있었으며, 적어도 표면적으로는 그런 태도를 보였다. 삼정이 문란해진 조선 말기에 이르러 지주와 향리의 과도한 수탈에 피폐해진 일반 백성 사이에서 운명주의 삶의 양식이 나타났을 것으로 보이고, 이러한 가운데 체제를 변혁하고자 하는 세력은 일부 평등주의 삶의 양식 또는 개인주의 삶의 양식을 지지하기도 했으나, 계층주의가 주된 삶의 양식의 자리를 내놓게 되는 상황으로 나아가지는 않았다.

조선의 사회계층은 임진왜란과 병자호란을 겪은 후에도 그 기본 틀을 유지했지만, 1876년의 '개항' 이후 외세의 영향을 강하게 받게 되고, 내부적으로 민중의 의식이 고양됨과 더불어 급격히 약해지고 변화를 겪었다. 특히 1894년의 갑오개혁으로 신분제가 폐지됨으로써 전통적인 사회계층의 구분은 없어졌다. 그러나 지주제를 토대로 하는 실질적인 사회계층이 없어진 것은 아니었고, 사람들의 의식이 하루아침에 변하는 것도 아니어서, 계층주의 삶의 양식은 여전히 주류(mainstream)를 유지할 수 있었.

다만, 일제 강점기 하에서 일제에 협력하지 않은 일부 지주는 지배층의 위치를 유지하지 못하고 몰락하게 되었고, 전통적인 양반 출신이 아닌 이들 중에서 여러 경로를 통해 사회적 상층으로 이동하는 이도 나타났다. 따라서 후자를 중심으로, 개인주의 삶의 양식을 토대로 하되 자신이 얻은 사회적 지위를 유지하고자 하는 계층주의 문화를 지니게 된 사람도 나타났다. 한편, 서구로부터 주로 일본을 거쳐 새로 전파된 맑스주의 사상을 신봉하게 된 세력이 대두되었고, 이들은 평등주의 문화의 한 형태를 보여주었.

일제 강점기를 거치면서 변동을 보였던 한국 사회의 계층은 1945년의 해방 이후에 북한과 남한에서 실시된 농지개혁 및 1950년부터 3년간 지속된 한국전쟁으로 인해 결정적인 해체와 재편을 겪었다. 남한의 경우, 이승만 정부에서 1949년 6월의 농지개혁법을 토대로 1950년에 실시되기 시작해서 한국전쟁 이후에 마무리된 농지개혁으로 인해 전통적인 지주계층의 힘이 상당 부분 약화되었다. 또한 3년간의 전쟁으로 피폐해진 땅과 소실된 재물로 인해 계층간 빈부의 격차가 크게 약화되었다. 따라서 전후의 한국 사회에서 전통적인 사회계층이 국민 개개인의 삶에 미치던 영향은 사실상 무력화된 것으로 볼 수 있다.

한국전쟁 후에도 정부를 구성하고 있던 이승만 등의 집권 세력, 그들의 정부 운영을 뒷받침하던 공무원, 그리고 농지개혁과 전쟁에도 살아남은 소수의 기존 지주 세력 등은 여전히 계층주의 삶의 양식을 지니고 있었던 것으로 볼 수 있다. 그러나 그 외 대다수의 한국인은 전후 무력화된 기존 사회계층의 제한을 벗어남으로써 계층주의와는 다른 형태의 삶의 양식을 갖게 되었다. 즉, 전후의 복구 과정에서 각자도생(各自圖生)을 모색하던 중 기회를 잡아 몸을 일으키게 된 사람들— 자신의 토지를 새롭게 경작하게 된 농민, 크고 작은 여러 형태의 업체를 운영하게 된 상공인 등 —과 그러한 기회를 잡기 위해 노력하던 사람들은 개인주의 삶의 양식을 지녔던 것으로 파악된다. 그러나 토지 등을 얻게 되었다고 해도 당시의 엄청난 경제적 어려움 하에서 심한 좌절을 겪었거나 나아가 적절한 기회 자체를 잡지 못했던 사람은 운명주의 삶의 양식을 지녔을 것으로 보인다. 한편, 이승만 정권의 독재가 지속되던 시기에 일부 시민과 학생은 민주주의 체제의 성립을 꿈꾸면서 독재정권에 저항했는데, 이들은 평등주의 삶의 양식의 한 형태를 지녔던 것으로 판단된다. 다만, 이들은 전후 국내는 물론 서구 자유민주주의 체제 전반에서 널리 강조되던 반공 이념의 영향으로 맑스주의나 사회(민주)주의 이념과의 관련성은 크게 제한되었다.

1960년의 4.19 혁명에 의해 이승만 정권이 붕괴된 후 장면을 수반으로 하는 새로운 민주 정부가 구성되었으나, 1961년 5월 16일 박정희 장군과 그 추종세력에 의한 군사정변으로 장면 정부가 무너지고 1963년까지 3년간의 군정이 시행되었다. 1963년 10월에 치러진 대통령 선거에서 당선된 후, 1979년 10월 김재규에 의해 피살될 때까지 박정희는 대한민국의 대통령직을 유지했다. 박정희는 1971년의 대선에서 신승한 후 1972년부터 유신체제를 성립시키고 '대통령긴급조치'라는 억압적인 수단을 동원해서 권력을 유지했다.

박정희와 그 측근들은 수출지향산업화를 토대로 한 경제성장을 통해서 일자리를 창출하고 국가적인 부를 축적함으로써 국민의 생활 수준을 높이는 데 기여했다. 그들은 이를 자신의 소명으로 포장했지만 실상 이러한 활동은 권위주의 정권의 취약한 정당성을 보완하기 위한 수단의 성격이 더 강했다. 미국의 강한 영향을 받던 한국 정부는 기본적으로 민간기업 중심으로 작동하는 경제체제의 성장을 바랐지만, 경제성장에 들어가는 시간을 단축하기 위해 국가 주도의 산업화를 추진했다. 정권이 주도하는 급속한 산업화 과정에서 정부 정책의 취지와 의도를 잘 간파하고 이에 부응했던 일부 기업은 '재벌'의 반열에 오를 수 있었다. 이 과정에서 권력자들이 필요로 했던 정치자금이 오갔음은 물론이고, 박정희의 집권 기간에 이른바 '정경유착'이 자리를 잡았다. 그러나 한국 수출상품의 가격 경쟁력을 유지하기 위해 노동자의 저임금 상태가 오랫동안 유지되었고, 노동권의 보장이 제한되었다. 이에 따라 1970년대 들어 노동운동이 나타났고, 특히 수출 부문(신발, 의류, 가발 등의 경공업 부문)의 저임금 여성 노동자를 중심으로 한 노동운동이 사회의 주목을 받았다. 일부 반체제 정치인이나 활동가는 노동운동과의 결합을 모색하기도 했다.

박정희와 그 측근 다수는 전직 군인이었고, 이들은 권위주의적인 군대문화를 정계와 관계, 나아가 사회 전체에 전파했다. 북한과의 체제경쟁이 이러한 군대문화의 전파를 정당화했다. 1960년대부터 사회에 전파되기 시작한 군대문화는 상명하복, 일사불란, 엄격한 계급과 계층의 유지 등을 주된 요소로 했고, 이는 유교 이념과도 일부 공통점을 지닌 계층주의 문화의 한 형태였다. 한편, 자본주의적 산업화 과정에서 각자도생 끝에 나름의 크고 작은 성공을 거둔 상공인들은 '자신의 노력과 역량'으로 성공했다고 믿었고, 개인주의 삶의 양식을 체득하게 되었다. 비단 이러한 상공인뿐 아니라 그들의 기업이나 업체에서 근무했던 근로자, 그러한 상공인이나 직장인을 역할모델로 삼아 학업에 몰두했던 학생, 심지어 저임금 상태에 있던 노동자 등 당시의 대다수 한국 사회구성원은 자수성가(自手成家)의 가능성을 믿고 열심히 이를 준비했던 이들로서 개인주의를 주된 삶의 양식으로 했던 것으로 볼 수 있다. 다만, 그들이 속했던 직장, 학교, 업장은 군대문화가 반영된 계층주의가 주된 문화 형태였다. 따라서 당시 대다수 사회구성원은 계층주의적인 조직문화에 동화되어 있되, 개인적으로는 자신의 성공을 모색하는 개인주의 삶의 양식으로 살아가고 있었다고 하겠다. 권위주의 정권의 타도를 모색했거나 저임금 노동자에 공감하며 노동운동·빈민운동에 동참했던 이들에서 일부 평등주의 문화 형태를 발견할 수 있으나, 당시 한국 사회에서 운명주의 삶의 양식은 매우 제한되어 있었던 것으로 판단된다. 이는 당시의 한국 사회가 상당한 정도로 계층이동의 가능성을 지니고 있었기 때문에 가능할 수 있었다.

박정희 정부에서 정치권력을 장악하고 있던 전직 군인과 경제적 능력을 보유하고 있던 재벌은 계층주의 문화와 개인주의 문화를 대변하던 세력이었는데, 이들은 자신의 기득권을 유지하려는 동기에 의해서 결탁했고, 이것이 당시 한국의 주류 기성질서(establishment)를 형성했다. 재벌은 정권 측이 제공하는 기회를 잡아 부의 확대재생산을 모색하고 자신의 지위를 영속하고자 했고, 정권 측은 재벌을 통해서 지지세력의 유지·강화에 들어가는 비용을 조달하고자 했다. 그러나 이렇게 형성된 기성질서도 평등주의 삶의 양식을 대변하는 민주화 운동 세력의 저항으로 인해 일부 균열을 보였고, 이는 '신군부'의 등장을 초래했다.

1979년 10월 박정희 대통령의 피살로 정치적 민주화의 가능성이 나타났으나, 실제 정치권력을 장악한 이들은 1979년 12월의 12.12 군사반란으로 부상한 전두환과 노태우 등의 신군부였다. 이들은 1980년 초의 민주화 열기를 물리적 강제력으로 제압한 후 정치적 실세가 되었고, 전두환은 1980년의 대통령 선거와 7년 단임 대통령제를 골자로 하는 새 헌법의 통과 후 1981년에 다시 실시된 대통령 선거에서 당선되어 1987년에 임기를 마쳤다. 전두환 정권은 박정희 정권과 마찬가지로 권위주의 체제였다. 박정희 정권에서 성립되었던 정권 담당자와 재벌로 구성된 기성질서는 유지되었다. 정권 담당자들은 자신의 취약한 정치적 정당성을 '경제의 성공적 관리'를 통해서 보완하고자 했다. 그러나 비교적 성공적인 경제관리에도 불구하고 반체제 세력과 노동운동 세력은 지속적으로 정권에 도전했고, 정권 담당자들은 경찰력의 직접 사용 방안과 군부 동원의 가능성을 암시하는 간접적인 수단을 통해서 정권을 유지했으나, 전두환의 집권기는 반정권 세력의 저항으로 인해 상당한 정치적·사회적 불안정을 보였다.

전두환 정권은 문화 특성 측면에서 박정희 정권과 상당한 유사성을 지녔다. 군대문화는 여전히 사회에 널리 퍼져 있었고, 이는 계층주의가 한국 사회의 주된 문화 형태가 되는 배경이었다. 따라서 정부, 기업, 학교 등 주요 조직이 계층주의적으로 운영되는 것이 일반적이었으나, 조직구성원 개인은 연공서열 방식의 한계 내에서도 각자의 성공을 위해 노력하는 개인주의 삶의 양식을 유지하고 있었다. 전두환 정권 시기, 한국 사회의 문화 특성에서 이전 시기에 비해 한 가지 특기할만한 사항은 평등주의 문화가 의미 있는 수준으로 성장했다는 것이다. 반체제운동과 노동운동 세력이 크게 성장했고 이들이 맑스주의 또는 자생적 사회주의에 영향을 받아 평등주의 문화 형태를 주목할만한 수준으로 끌어올렸다. 1970년대 중반부터 시작된 중화학공업화가 1980년대 들어 궤도에 오름에 따라 대규모 공단을 근거로 하는 남성 노동자 주축의 노동운동이 활성화되었고, 운동권 대학생을 중심으로 하는 좌파 이념 경도 현상이 이러한 변화를 가능하게 했던 배경이었다. 그러나 북한 체제와의 대치라는 근본적 제약으로 인해 맑스주의나 여타 사회주의 이념에 토대를 둔 평등주의 문화가 한국 사회에서 주류로 성장할 가능성은 매우 제한되어 있었다.

1987년 6월의 6.29 선언으로 촉발된 개헌은 대통령 직접 선거와 대통령의 5년 단임제 등을 주요 내용으로 했고, 개헌 이후의 첫 선거에서 노태우가 대통령에 당선되었다. 군인 출신이라는 한계를 지녔고, '여소야대'라는 제한된 조건 하의 정권이었지만, 노태우 정부는 적법한 정치과정을 거쳐서 형성된 나름의 정당성을 지니고 있었다. 집권 전반기(1988. 2.~1989. 12.) 동안 상대적으로 취약한 정치적 지지와 매우 높은 수준의 노동운동에 의해 수세에 몰렸던 노태우 정권과 여당(민정당)은 1990년 1월, 김영삼의 통일민주당 및 김종필의 신민주공화당과 '3당합당'을 시행함으로써 단숨에 거대 여당이 되었다. 3당합당은 '과도한' 노동운동의 지속에 부정적이었던 다수 중간계층의 지지를 받았고, 이에 힘입어 공세적인 국정운영으로 전환했다. 이러한 경향은 3당합당 후 거대 여당의 새로운 대통령 후보를 거쳐 대통령에 당선된 김영삼의 집권기(1993~1997년)까지 지속되었다.

그러나 김영삼 정부의 말기에 발생한 두 가지 사건(노동법 개정, 외환위기)은 한국 사회와 문화에 큰 영향을 미쳤다. 당시 신자유주의 이념이 전 세계적으로 주류 사조를 형성함에 따라 한국의 경제와 사회도 이러한 영향에서 벗어나 있기 힘들었고, 김영삼 정부는 이러한 추세를 반영하여 노동자 보호를 완화하는 방향의 노동법 개정을 시행했다. 이러한 변화가 노동세력을 자극하는 것은 불가피했고, 한동안 정체기를 가졌던 노동운동이 다시 활성화되었다. 한편, 한국의 국제사회 위상을 높임과 더불어 대통령 자신의 위신을 높이려는 동기에서 김영삼 정부는 원화가치의 고평가를 유지하고자 했고, 환율시장에 개입하여 상당한 외화를 시중에 방출했다. 이러한 현상은 재벌기업의 차입경영과 그로 인한 금융기관의 부실화 등의 다른 원인과 결합하여, 결국 1997년의 아시아 금융위기 국면에서 한국의 외환위기를 야기했다. 외환위기를 수습하기 위해 김영삼 정부는 국제통화기금(IMF)에 구제금융을 요청했고, 이를 수용한 IMF는 한국 경제정책의 관리권한을 갖게 되어 고금리, 부실금융회사 정리 및 구조조정, 긴축재정, 자유변동환율제 도입, 기업지배구조 개혁과 노동시장 유연화 등의 시행을 강요했다. 이에 따라 다수의 기업과 은행이 부도나 합병으로 사라졌고, 다수의 근로자가 직장을 잃었다. 한국은 비교적 단기간 내에 경제위기에서 회복하여 IMF의 구제금융 차입금을 상환했지만, 상당한 후유증을 앓게 되었고 이는 경제·사회적 양극화, 고용불안, 청년실업, 노인빈곤, 자살률 증가 등 현재까지도 이어지고 있는 부정적 효과로 나타났다.

김영삼 정부 말기의 외환위기를 겪으면서 한국 사회에서 나타났던 문화 형태상의 주요 변화는 운명주의 삶의 양식이 상당한 수준으로 부각된 점이다. 위에서 언급했던 다수의 실직자 발생이나 빈부격차 심화, 그리고 고용불안·청년실업·노인빈곤 등의 현상은 한국 경제가 더 이상 외환위기 이전의 고성장 시대로 되돌아가기 어려워진 상황에서 상당수의 사회구성원에게 미래에 대한 희망을 품기 힘들게 만들었다. 사회적인 규율과 제도의 구속을 받는다는 점에서는 변화가 없었지만, 직장과 가족이라는 주요한 집단의 소속감이 약해진 사람들은 운명주의 삶의 양식으로 변화되었다. 계층주의와 개인주의가 혼합된 문화가 여전히 주류 문화 형태를 유지했지만,[1] 일부 사회구성원은 경제위기 상황과 취약한 사회안전망 하에서 다시 한번 각자도생의 길에 들어섬으로써 다소 극단적인 형태의 개인주의적 삶의 양식으로 움직여갔고, 일부 '도태' 또는 '낙오된' 구성원은 운명주의 삶의 양식으로 전환되었다. 한편에서는 이러한 사회변화를 비판적인 시각에서 바라보면서 한국 사회의 공동체 의식을 고양하고, 기득권층의 행태를 비난하는 평등주의 문화의 비중이 높아졌고, 이는 주로 시민단체의 활성화로 나타났다. 맑스주의나 북한의 주체사상 등에 대한 사회적 수용은 여전히 크게 제한되었으나 비교적 온건한 사회민주주의 계통의 진보적 이념에 대한 심리적 경계가 점차 약해졌고, 그러한 사상을 적극적으로 수용했던 이들이 시민단체 운동의 주축을 형성했다.

---

1) 다만, 이 시점에 이르러서 전통적인 유교 이념과 군대문화의 영향력은 이전에 비해 상당히 약해졌다. 이에 따라 한국 사회에서 계층주의 삶의 양식의 영향력도 점차 약화되는 추세에 들어섰다고 하겠다.

외환위기 국면에서 실시되었던 대통령 선거에서 김대중이 당선되었다. 김종필과의 대선후보 단일화를 이뤄냈던 김대중은 선거 후 자신의 새정치국민회의와 김종필의 자유민주연합의 연합('DJP 연합')을 토대로 국정을 운영했다. 특히 김영삼 정부 말기에 발생한 외환위기를 극복하기 위해 IMF가 요구했던 금융·기업·노동·공공의 4대 분야에서 강도 높은 개혁을 단행했고, 이 과정에서 나온 성과를 기반으로 IMF의 관리체제에서 벗어날 수 있었다. 또한 김대중 정부는 외환위기와 동시에 불거졌던 한국 사회의 취약한 사회복지 체제에 직면해서, 국민기초생활보장제도와 통합방식의 건강보험제도를 포함하는 근대화된 복지국가 체제로 나아가는 성과를 보였다.

김대중 정부에 이어 진보성향의 노무현 정부가 성립되었다. 참여민주주의와 균형발전 사회 등의 국정 목표를 내세웠던 노무현 정부는 진정한 국민주권 시대를 열겠다는 포부를 보였으나 국회의 대통령 탄핵소추 결의를 비롯해 집권기간 동안 나타났던 정치적 혼란으로 인해 제한된 성과를 거두는 데 그칠 수밖에 없었다. 그러나 사회복지 측면에서는 건강보험제도 재정통합, 노인장기요양보험제도 도입, 사회복지전달체계 개편 등 김대중 정부에서 시작된 복지국가로의 진행을 궤도에 올려놓는 성과를 보였다.

김대중·노무현 정부를 거치면서 나타난 주요한 변화는 평등주의 문화 요소가 정부 운영의 한 축을 구성할 수 있음을 보여준 것이었다. 김대중·노무현 정부에는 권위주의 체제 하에서 민주화 운동이나 노동운동 등의 반체제운동에 종사했던 인사가 다수 참여했다. 두 대통령과 그 측근들은 기존의 권위주의적 또는 보수적 정부가 토대를 두었던 '성장'·'개발'·'자조' 등의 가치를 무시하지는 않았지만, '형평'과 '참여' 등 그간 상대적으로 배제되었던 가치에 기반해서 국정을 운영하고자 했다. 복지국가로의 진전도 이러한 가치와 문화의 변화에 힘입은 바 컸다. 그러나 국정의 운영에는 기본적으로 계층주의 문화가 필요하다. 경제·사회질서와 제도의 안정적 운용이 없이는 사회의 유지 자체가 어려워지는데, 계층주의 문화가 제공할 수 있는 핵심적인 요소가 바로 질서와 안정이기 때문이다. 따라서 비록 평등주의 문화 요소가 한국 정부의 운영에 반영되었다고 해도 여전히 계층주의는 주류 문화 형태를 구성하는 주요 요소였다. 또한 국정운영에 참여했던 인사들 역시 계층주의 문화와 평등주의 문화가 혼합된 삶의 양식을 지녔던 것으로 볼 수 있다. 그러나 그동안 권위주의 정부와 보수적 정부에서 견고

하게 구축되었던 기성질서 하에서 이들이 거둘 수 있는 성과는 제한될 수밖에 없었고, 개인주의 및 운명주의 삶의 양식은 상당한 수준으로 지속되었다.

한국전쟁 후 이승만 정부로부터 김대중·노무현 정부에 이르기까지의 기간 동안 형성된 한국 사회의 문화적 특성은 계층주의·개인주의·평등주의·운명주의 문화 형태가 모두 상당한 정도의 지분을 지니고 있다는 점이다. 박정희 정부에서 비롯된 군대식의 계층주의 문화, 국가 주도의 자본주의적 산업화 과정에서 두드러진 개인주의 문화, 그리고 계층주의와 개인주의 문화가 혼합되어 형성된 기성질서와 주류 문화 형태가 한 축을 형성한다면, 다른 편에서는 신자유주의적인 세계화 과정에서 '낙오한' 이들이 갖게 된 운명주의 문화 및 '낙오한' 이들의 어려움을 야기한 사회구조를 지적하면서 기성질서의 부정·부패를 비판하고 형평과 참여의 가치를 내세우는 평등주의 문화, 그리고 평등주의와 계층주의 문화가 혼합된 도전 세력이 한 축을 형성하고 있다.

2010년대 이후의 상황은 주류 문화 형태(계층주의×개인주의)의 힘이 상대적으로 약화하고, 도전 문화 형태(계층주의×평등주의)의 힘이 성장함으로써 양측이 팽팽한 긴장과 경쟁을 보이는 국면에 처해 있다. 그리고 두 혼합문화 형태의 중간 지대에는 두 세력의 사이를 오가는 사람들이 위치해 있다. 이들 내에는 계층주의 문화 요소 외에도 평등주의 문화 요소와 개인주의 문화 요소가 병존하고 있어서 이들은 상황과 쟁점에 따라 엇갈리는 판단과 행태를 보여주고 있다. 두 개의 경쟁적인 혼합문화 형태 중 어느 한쪽의 힘이 상황을 주도하지 못함으로 인해 한국 사회는 상당한 분열과 갈등을 겪고 있고, 중간 지대에 존재하는 사회구성원의 쏠림에 따라 시계추의 움직임과 같은 변화를 보여주고 있으며, 이러한 현상이 일정 기간 지속될 것으로 보인다.

노무현 정부 후 한국 사회는 보수적인 이명박·박근혜 정부와 상대적으로 진보적인 문재인 정부를 겪었고, 이어서 다시 보수적인 윤석열 정부의 국정운영을 겪고 있다. 그러나 이러한 정권 변화에도 불구하고, 이전 정부들에서 형성되었던 문화 형태 간의 다이나믹스에 주목할 만한 변화가 나타났다고 보기는 힘들다.[2]

정부와 행정에 초점을 맞춰보면, 정부의 운영 및 행정과 관련된 현상에서는 계층주

---

[2] 박근혜 대통령의 탄핵과 관련해서 '촛불집회'로 표명된 평등주의 문화의 영향력이 두드러졌지만, 이는 이미 형성되어 있던 평등주의 삶의 양식이 특정 사건과 관련해서 외부로 드러난 것으로 해석하는 것이 적절한 것으로 판단된다.

의가 주된 문화 형태를 구성한다. 이는 비단 한국만의 특징이 아니고, 세계 어느 나라에서도 사회질서와 제도의 유지를 담당하는 정부의 운영과 행정은 계층주의 문화 형태를 주요 구성인자로 할 수밖에 없다. 다만, 계층주의와 짝을 이루는 다른 문화 요소가 무엇인지가 중요한데, 한국은 개인주의 문화가 그 위치를 담당하고 있다. 따라서 정부의 규모와 재정 수준, 시장에의 개입 방식, 정부 정책문제의 범위, 국가복지의 수준 등에서 한국은 상대적으로 제한되어 있다. 다만, 2000년대 이후 평등주의 문화 형태가 한국 사회 내에 확대되면서 정부의 운영뿐 아니라 사회문제의 인식과 해석 및 정책적 개입과 관련해서 평등주의 문화 요소가 점차 영향력을 확대하는 현상이 나타나고 있다. 앞으로 이러한 문화 및 문화 담지세력 간의 경합과 긴장이 어떤 방향으로 전개되는지에 따라 한국 사회와 정부의 모습이 달라질 것으로 예상해 볼 수 있을 것이다.

찾아보기

〈ㄱ〉
감독(oversight)	37
개방형 직위제도	106
개인주의 문화	24, 34, 35, 56
개인주의자	48, 151
거버넌스 체제	48, 174, 175, 176, 191
격자(grid)	22, 23
경쟁(competition)	38, 42
경쟁가치모형	20
계층적 책임	147
계층제	49, 174, 175, 188, 189, 192
계층주의 문화	23, 32, 122
계층주의자	47, 150, 217
고위공무원단제도	105, 107
고전적 행정	49
곰리(Gormley)	96
공무원 노동조합법	110
공무원의 책임성	146
교육부	136, 137
국민기초생활보장법	233, 235
국민기초생활보장제도	212, 223, 238
근대화 이론	18
기본욕구	54, 55, 199

〈ㄴ〉
네트워크	49, 52, 53, 175

〈ㄷ〉
다면평가제	108, 109
대응 전략	160, 161
더글라스(Mary Douglas)	20, 23, 29, 213
돌봄협의체 운영 체계	138

〈ㄹ〉
록하트(Lockhart)	216, 217

〈ㄹ〉
롬젝(Romzek)	156
롬젝과 듀브닉(Romzek & Dubnick)	146

〈ㅁ〉
문화 개념	17, 18
문화이론	20, 21, 22, 23, 26, 27, 214, 218, 219

〈ㅂ〉
방과 후 돌봄서비스	124, 132, 134, 140
방과 후 학교	125, 126
법적 책임	148
복지국가의 유형론	203, 208
복지국가의 형태	54
비항상성(contrieved randomness)	39

〈ㅅ〉
사회민주주의적 복지국가	204, 207
사회보장국가	203
사회복지국가	203
사회복지전담공무원	144, 145, 153, 158
사회적 위험	55
삶의 양식	149, 155, 160, 167
상호성(mutuality)	38
시장	51
신공공관리론(NPM)	51, 52, 190
신제도론	19

〈ㅇ〉
알몬드(Gabriel Almond)	18
에스핑-앤더슨(Esping-Andersen)	198, 204
연계형 정부	182
영국 행정개혁 사례	177
욕구(needs)	198
운명주의 문화	24, 32, 34
운명주의자	47, 150

집단-격자 문화이론과 **정부·행정의 분석**

A Cultural Analysis of Government and Administration :
Applying Grid-Group Cultural Theory

윌다브스키(Aaron Wildavsky)	20, 29, 30, 213

〈ㅈ〉

자유적 복지국가	203, 204
잔여적 복지제도	203
적극적 국가	203
전문가적 책임	147, 148
정책변동의 설명요인	215
정치적 정향	18
정치적 책임	147, 148
제도적 복지제도	203
조합주의적 복지국가	204, 205, 206
지역아동센터	127, 128
지역인재추천채용제도	105
직무성과계약제	107, 108
직위공모제도	105, 106
집단(group)	22, 23
집단-격자 문화이론	20, 22, 238

〈ㅊ〉

책임성 갈등	149, 150, 156, 162, 164, 167
청소년 방과 후 아카데미	129, 130, 131, 135
총액인건비제도	111, 112

〈ㅋ〉

카메론(Kim Cameron)	20
퀸(Robert Quinn)	20

〈ㅌ〉

통제	95
통합(integration)	41
트리앤디스의 문화유형론	20

〈ㅍ〉

파슨스(Talcott Parsons)	18
평등주의 문화	24, 32, 58
평등주의자	47, 151, 152
피터스(Peters)	96

〈ㅎ〉

하부집단	34
한국 행정문화 분석	74
행정국가	49, 50
행정문화 분석	68
행정문화의 변화과정	70
행정통제의 원형과 혼합형	40, 97
협력(partnership)	43
혼합형 대응 방안	44
후드의 통제 유형론	97

CCT	178, 179, 180, 181
EVLN	46, 149
JUG	182, 184, 185, 186, 187, 188
Whitehall Group	185

저자 소개

A Cultural Analysis of
Government and Administration :
Applying Grid-Group Cultural Theory

주재현(朱宰賢)

1997년 영국 런던정경대학(LSE)에서 정치학 박사학위를 취득하고(논문제목: Policy Dynamics in South Korea: State Responses to Low Wage Levels and Compensation for Pollutions Victims, 1961-1988), 한국행정연구원 부연구위원과 세종대학교 교수를 거쳐 2003년부터 명지대학교 행정학과 교수로 재직중이다. 주요 관심분야는 정책변동, 사회복지정책, 관료제 통제 등이다. 다수의 중앙정부 부처와 지방자치단체, 그리고 공공기관의 자문 및 평가위원으로 활동하였고, 한국정책학회와 한국행정학회 등 여러 학회의 임원과 편집위원을 역임하였다. 1997년 LSE에서 우수학위논문상(William Robson Memorial Prize)을 받았고, 2010년 명지대학교 학술상, 2020년 한국정책학회 학술상(우수논문상)을 수상하였다. 국내외의 저명 학술지에 다수의 논문을 발표하였고, 단독 및 공동으로 여러 저서를 출간하였다. 최근의 주요 논문 및 저서로는 "집단-격자 문화이론과 정책형성: 국민기초생활보장제도 사례분석"(『한국정책학회보』, 2019), "장애인 고용문제에 대한 정부개입의 변화과정 분석: 영국 렘플로이 사례를 중심으로"(『장애와 고용』, 2020), 『행정의 책임과 통제』(법문사, 2020), 『영국 거버넌스 체제 변동 연구』(윤성사, 2021), 『정부관료제의 통제와 행정책임』(법문사, 2023) 등이 있다. (jhjoo61@mju.ac.kr).